Nelles Verlag

Ausgabe 2015

USA

Der Osten, Mittlerer Westen, Südstaaten

Autoren:
Anne Midgette, Gary McKechnie,
Jürgen Scheunemann, Marton Radkai

SASKATCHEWAN
100
MANITOBA
90
ONTAR
MONTANA
NORTH
DAKOTA
L. of the Woods
Thunder Bay
Lake Superior
MINNESOTA
Bismarck
Missouri
Yellowstone
Duluth
Superior
Marquette
MICHIGAN
UNITED STATES OF AMERICA
SOUTH
DAKOTA
James
St. Paul
MINNEAPOLIS
WISCONSIN
Lake Michigan
128
124
WYOMING
Pierre
40
MILWAUKEE
Casper
Sioux Falls
Sioux City
Madison
Grand Rapic
Dubuque
IOWA
CHICAGO
Cheyenne
NEBRASKA
Omaha
Des Moines
Peoria
Platte
Lincoln
INDIANAP
DENVER
ILLINOIS
KANSAS CITY
Springfield
COLORADO
Smoky Hill
Topeka
Jefferson City
SAN LOUIS
Mississippi
INDI
Pueblo
KANSAS
Evansv
Arkansas
Wichita
MISSOURI
Ohio
Springfield
Paducah
Santa Fe
Tulsa
Nashvill
NEW MEXICO
Canadian
TENNES
Albuquerque
Oklahoma City
213
MEMPHIS
Arkansas
Little Rock
OKLAHOMA
Pecos
Red River
ARKANSAS
Birmin
30
DALLAS
Jackson
ALABA
EL PASO
Ft. Worth
Shreveport
TEXAS
MISSISSIPPI
Colorado
Mob
Baton Rouge
Pen
Austin
LOUISIANA
NEW ORLE
HOUSTON
SAN ANTONIO
Rio Grande
Galveston
205
MEXICO
Nuevo Laredo
Laredo
Corpus Christi
Gulf of Mexico
MONTERREY
TORREON
100
Brownsville
90

KARTENVERZEICHNIS

Liebe Leserin, lieber Leser,

AKTUALITÄT wird in der Nelles-Reihe groß geschrieben. Unsere Korrespondenten dokumentieren laufend die Veränderungen der weltweiten Reiseszene, und unsere Kartografen berichtigen ständig die auf den Text abgestimmten Karten.
Wir freuen uns über jeden Korrekturhinweis! Unsere Adresse: Nelles Verlag, Machtlfinger Str. 11, D-81379 München, Tel. +49 (0)89 3571940, Fax +49 (0)89 35719430, E-Mail: Info@Nelles-Verlag.de, Internet: www.Nelles-Verlag.de
Haftungsbeschränkung: Trotz sorgfältiger Bearbeitung können fehlerhafte Angaben nicht ausgeschlossen werden, der Verlag lehnt jegliche Produkthaftung ab. Alle Angaben ohne Gewähr. Firmen, Produkte und Objekte sind subjektiv ausgewählt und bewertet.

LEGENDE

- Öffentliches bzw. bedeutendes Gebäude, Denkmal
- Hochhaus
- Hotel, Restaurant
- Einkaufszentrum, Markt
- Touristeninformation
- Kirche, Synagoge
- U-Bahn, Polizei
- Sehenswürdigkeit
- Campingplatz
- Hospital, Postamt

- Newport — im Text genannter Ort
- National Park, National Forest
- Internationaler Flughafen
- Strand
- UNESCO Welterbe
- Mt. Temper 3573 — Berggipfel (Höhe in Fuß)
- 13 — Entfernung in Meilen
- 90 — Interstate Highway
- 1 — U.S. Highway
- 3 — State / Provincial Highway

- Staatsgrenze
- Provinzgrenze
- 90 — Interstate highway
- gebührenpflichtige Autobahn
- vierspuriger Highway
- Fernverkehrsstraße
- Hauptstraße
- Eisenbahn
- Fußgängerzone
- Fähre

IMPRESSUM

USA
Der Osten, Mittlerer Westen, Südstaaten

Auflage 2015
Druck: Bayerlein, Germany
Einband durch DBGM geschützt

 - N13 -

17 REISE-INFORMATIONEN

EAGLES
51

IM LAND DER UNBEGRENZTEN MÖGLICHKEITEN

Der Faszination Amerikas kann sich niemand verschließen. Seit Jahrhunderten zieht dieses Land Einwanderer aus aller Welt an. Aus Europa kommen heute vor allem Touristen, die im Sommer in das Land der unbegrenzten Reisemöglichkeiten strömen, um die endlose amerikanische Wildnis zu erleben; die Straßenschluchten von New York, die verträumten Dörfer in Neuengland im Glanz des farbenprächtigen *Indian Summer*, die faszinierenden Wasserfälle und Seen im Norden, den tiefen Süden mit seinem schwülen Klima, schließlich die entspannte Atmosphäre an den Stränden Floridas. Amerika ist ein weites Land, schier unermesslich, von Gegensätzen gezeichnet und scheinbar so leicht zu begreifen.

Aufbruch ins gelobte Land?

Amerika, du hast es besser
Als unser Kontinent, der alte,
Hast keine verfallenen Schlösser
Und keine Basalte.
Dich stört nicht im Innern
Zu lebendiger Zeit
Unnützes Erinnern
Und vergeblicher Streit,

dichtete Goethe um 1800, als man in Weimar erbittert über den magmatischen Ursprung von Basalt stritt – während zugleich Menschen aus Europa flohen, um politische Freiheit, sozialen Aufstieg und Chancengleichheit in der Neuen Welt zu finden. Der *American Dream* war und ist das Streben nach Glückseligkeit in *dieser* Welt – *the pursuit of happiness* – ungeachtet der Rasse, Herkunft und Religion. Daran hat sich für die heutigen Einwanderer, die meist aus Mexiko und China kommen, nichts geändert. Diese optimistische, positive Lebenseinstellung ist auch für viele Touristen ein Grund, in die USA zu reisen. Die lockere Unbeschwertheit ist einnehmend, es scheint so ganz anders zu sein als das alte, grüblerische Europa: Kaum irgendwo kann man so unbeschwert Urlaub machen, kaum irgendwo bietet ein Land so viele verschiedene Klima- und Naturzonen – *Amerika, du hast es besser?*

Vorherige Seiten: Weite Prärien prägen South Dakota. Uramerikanische Sportart – Football. Links: Dies ist unser Land!

Millionen von Urlaubern, die Jahr um Jahr in die USA strömen, verstehen das Land und seine Gesellschaft bei jedem Besuch ein wenig besser – oder kommen noch verständnisloser zurück. Denn je tiefer man eindringt in diese Kultur, desto vielschichtiger und weniger begreifbar erscheinen manchem Amerika und die Amerikaner.

Die freundlich-glatte „Have a nice day"-Fassade der US-Amerikaner mag auf Mitteleuropäer auf den ersten Blick besonders anziehend wirken. Sie kann allerdings Risse bekommen, wenn der Tourist naiv hinterfragend in eines der nationalen Fettnäpfchen tappt, die Themen wie Patriotismus, Fahnenkult, Waffentick, strenge Bibelgläubigkeit, Lebensverhältnisse von Schwarzen und Indianern, Todesstrafe oder Abtreibung darstellen können. Zudem hat die Alkohol-Paranoia mancher Bundesstaaten einige für europäische Autofahrer verblüffende Gesetze hervorgebracht.

Das Land der Gegensätze

Kaum ein Land ist so mit Vorurteilen und Klischees behaftet wie die USA. Denn die amerikanische Konsumkultur ist auf der ganzen Welt bekannt, der *American Way of Life* in vielen Ländern durch Film, Fernsehen und Magazine den Menschen fast so vertraut wie die eigene Kultur. Besonders Westdeutschland ist nach dem Zweiten Weltkrieg vom „Großen Bruder" Amerika politisch und teils auch kulturell geprägt worden. Amerika scheint uns so nahe

zu sein, für viele zu nahe. Viele europäische Touristen glauben, die USA und ihre Menschen schon zu kennen, bevor sie überhaupt dort gewesen sind.

Wenn man schließlich ins ferne Amerika reist und zum ersten Mal zwischen den Wolkenkratzern New Yorks steht, wird man überwältigt sein vom echten Amerika. Überwältigt, weil alles noch größer, bunter, aufregender, schneller und vor allem vielfältiger ist als in jedem Spielfilm und jeder Vorstellung. In Amerika, schrieb John Barrymore einmal, könne man für einen Dollar den Lebensvorrat an Aspirin kaufen – aber schon in zwei Wochen aufbrauchen. Amerika kann anstrengend sein. Tatsächlich ist man beim ersten Mal hin- und hergerissen zwischen eigenen Vorurteilen, mit denen jeder Reisende ein fremdes Land betritt, und den ersten Eindrücken. Das Land scheint es seinen Besuchern leicht zu machen, weil Abziehbild und Realität oft so genau zu passen scheinen. Doch wer länger verweilt oder wiederkommt, wer Amerikaner jenseits des freundlichen Lächelns im Supermarkt kennenlernt, wird auch erkennen müssen, dass dieses Land ganz anders ist als die Klischees uns glauben machen wollen. Dann ist Amerika, wie wir es zu kennen glauben, plötzlich ganz weit weg.

Amerika ist das Land der Gegensätze. Das ist gerade für europäische Besucher, die aus relativ sicheren und homogenen Gesellschaften kommen, nur schwer zu begreifen. In den USA kann vieles nebeneinander Bestand haben, was in anderen Ländern so nicht akzeptiert werden könnte. Amerikaner lassen es dabei bewenden, nehmen es hin oder ändern es eines Tages, wenn es sie tatsächlich stört. Den größten Fehler, den man als Besucher der USA begehen könnte, wäre es, das Land der unbegrenzten Möglichkeiten in Schwarzweiß-Mustern, nach unseren europäischen Maßstäben, zu bewerten oder Amerikaner gar belehren zu wollen. Denn unendlich sind die Möglichkeiten hier tatsächlich – im positiven wie im

Oben und rechts: Die USA, das Land der Gegensätze – glitzernde Fassaden und bittere Armut liegen dicht beieinander.

negativen Sinne. Immerhin, die Versuchung ist da, weil der europäische Tourist vieles aus seinem Heimatland wiederkennt. Und doch spürt er, dass die amerikanische Gesellschaft von seinem Heimatland weit entfernt ist.

We do it our way ist eine stehende amerikanische Redewendung, mit der Fremde höflich darauf hingewiesen werden, dass man bestimmte Dinge hier eben so und nicht anders erledige. Derselbe Satz wird auch *fellow Americans* ins Gesicht gesagt: Denn Amerika ist ein provinzielles Land. Was die Regierung im fernen Washington beschließen mag, interessiert den Rancher in South Dakota nur wenig.

Das Land der Freiheit

Auch wenn Amerika auf den ersten Blick wie ein zweites, größeres Europa wirken mag, ist es doch etwas völlig anderes. In den USA hat sich eine Gesellschaft mit neuen Vorstellungen, Normen und Bräuchen entwickelt, die mit den Ursprungsländern nur noch wenig gemeinsam haben.

Dazu gehört der Individualismus, der das vielleicht kennzeichnendste Merkmal der US-Gesellschaft ist. Die grenzenlose Freiheit, das vielversprechende Fackellicht der Freiheitsstatue, die Millionen von Einwanderern in New York begrüßte, bedeutet in den USA politische wie wirtschaftliche Entfaltung. Das Versprechen der Unabhängigkeitserklärung, dass alle Menschen gleich geschaffen seien und ein Recht auf Leben, Freiheit und das Streben nach Glück hätten, ist heute so verheißungsvoll wie 1776.

Die Freiheit des einzelnen wird in den USA bitterernst genommen und von den Bürgern notfalls (mit der amerikanischen Lust an Gerichtsklagen) auch juristisch eingefordert.

Das geht natürlich auf Kosten anderer; der Solidaritätsgedanke hat in Amerika einen zweitrangigen Stellenwert. Aber es gibt gesellschaftliche Solidarität, auch in den USA, sie drückt sich nur anders aus, selten staatlich. Der große Gegensatz zwischen Allgemeinwohl und persönlichen Rechten und Freiheiten wurde in der amerikanischen

Geschichte wiederholt ausgetragen. Wie bei einer riesigen Pendelbewegung, schlägt das Herz des Volkes manchmal, wie etwa in den sechziger Jahren, für sozialen Ausgleich und Gerechtigkeit. In anderen Zeiten, wie etwa während der Reagan-Jahre, scheint dagegen das ganze Land in krassem Sozialdarwinismus zu versinken.

Für extreme Meinungen und raschen Wandel ist die US-Gesellschaft offen. Wer durch Amerika fährt, sollte dies bedenken, weil es manche – auch brutale und scheinbar unverständliche – Reiseeindrücke erklärt.

Die Amerikaner

Gelassene Toleranz ist vielleicht das auffallendste Merkmal vieler Amerikaner: Hilfsbereitschaft und Freundlichkeit, höfliche Neugier und zugleich menschliche Distanz. Als pragmatisch und unkompliziert im Denken, kreativ und leicht chaotisch gelten die US-Bürger gemeinhin.

Etikette und feste Vorschriften zählen in vielen Lebensbereichen wenig, Amerikaner geben sich gerne leger und entspannt, ohne stillos oder unhöflich zu werden. In weiten Teilen der USA wird es nicht so wichtig genommen, wie jemand aussieht oder sich kleidet. Die fast sprichwörtliche Freundlichkeit der Menschen wird oft missverstanden. Denn Europäer glauben gerne, dass Amerikaner eben wegen dieser Freundlichkeit oberflächliche Wesen ohne jeden Sinn für Tiefergehendes seien. Doch ein *How are you* oder *Have a nice day* sind Höflichkeitsfloskeln, die das Leben in einer so widersprüchlichen Gesellschaft nur erleichtern sollen. Das wissen auch die Amerikaner, die ihre eigene Höflichkeit sehr wohl als oberflächlich begreifen, aber auch als nützlich. Und wer nach vierzehn Tagen USA-Aufenthalt wieder zum ersten Mal in ein europäisches Geschäft geht, wird verstehen, um wieviel einfacher ein freundliches Miteinander ist. Im übrigen ist diese Freundlichkeit in Städ-

Oben: „Miss Liberty" – Göttin der Freiheit. Rechts: Professionelle Höflichkeit prägt den Dienstleistungsbereich.

ten wie New York selbst den Amerikanern oft abhanden gekommen. Hier geht es ebenso ruppig zu wie in jeder Großstadt in anderen Ländern auch.

Allerdings macht es die spezifisch amerikanische Freundlichkeit einem Touristen nicht gerade leicht, die Finessen der amerikanischen Mentalität kennen zu lernen, weil Nuancen oder bestimmte Redewendungen über richtiges oder falsches Benehmen entscheiden können. Überdies sind Amerikaner so zurückhaltend, dass sie andere fast nie belehren oder korrigieren, sondern nur ein neutrales „Hm" vernehmen lassen, das nichts über die wahren Gefühle des Betreffenden verrät. Um einen Amerikaner wirklich kennen zu lernen, bedarf es einiger Zeit; der lässig hingeworfene Satz *Let's have a drink sometime* ist eine Abfuhr – ein Amerikaner, der Sie wirklich kennen lernen möchte, vereinbart sogleich einen festen Termin.

Die Freundlichkeit geht in den USA einher mit einer unglaublichen Hilfsbereitschaft. Wer nach dem Wege fragt, wird oft direkt hingefahren oder begleitet. Man hilft sich gegenseitig, nicht nur am einsamen Straßenrand, sondern auch im Geschäft wie auf der Straße, im Nationalpark wie im Hotel. Wo Kulturen aus aller Welt zusammenprallen, ist Toleranz, verknüpft mit Offenheit, Hilfsbereitschaft und Freundlichkeit, das Band, das eine so bunte Nation zusammenhält. Freundlichkeit und Hilfsbereitschaft sind also nicht nur Überbleibsel der Pionierzeit, sondern der Kitt, der diese Gesellschaft zusammenschweißt.

Moral und andere Verklemmungen

Seltsame Blüten treiben andere Verhaltensweisen in den USA. Dazu gehört die sprichwörtliche Prüderie der Amerikaner: Nackte Haut ist verpönt, entsprechende Begriffe werden schamvoll verschwiegen. Auf der anderen Seite leben sich amerikanische Jugendliche an High Schools und Colleges derart wild

aus, dass einem Europäer angst und bange werden kann. Die doppelte Moral bezahlen die US-Bürger mit Rekorden – der höchsten Schwangerschaftsrate bei Teenagern und den höchsten Infektionszahlen für Geschlechtskrankheiten in allen Industrienationen.

Die amerikanische Höflichkeit gebietet es darüber hinaus, die religiösen Gefühle des anderen strikt zu achten. Fluchen in der Öffentlichkeit (und sei es auch nur ein schnell hervorgestoßenes *shit*) werden mit Empörung und Kopfschütteln registriert. Da aber Amerikaner nun einmal pragmatisch eingestellt sind, haben sie auch hier einen Ausweg gefunden, um dennoch fluchen zu können – man sagt einfach *Shute.*

Mit solchen und anderen Heucheleien muss leben, wer durch die USA reist. Das gilt auch für die doppelte Moral im Umgang mit Alkohol und Zigaretten: Die gesundheitsbewussten Amerikaner verzichten auf beides (wobei Alkohol vielen noch immer als Teufelsdroge gilt) – gleichzeitig wirft der verklemmte Umgang mit Alkohol riesige Probleme für Jugendliche auf.

Oben: Morgendliche Rushhour auf dem Weg nach Manhattan Midtown, New York City. Rechts: Easy Rider in Florida, Key West.

Oft belächelt wird die Ignoranz der Amerikaner gegenüber den Problemen anderer Staaten und Kulturen. Tatsächlich steht die relative Vielfalt der Gesellschaft mit ihren unzähligen kulturellen Einflüssen im paradoxen Gegensatz zum Interesse vieler Amerikaner an fremden Kulturen. Ein wichtiger Grund liegt in der schieren Größe des Landes, das gut 27 mal so groß ist wie die gesamte Bundesrepublik: Für einen US-Bürger in Mississippi, immerhin ein Staat von der halben Größe Deutschlands, ist das europäische Geschehen weit, weit weg. Und ziemlich uninteressant. Schließlich liegt Boston schon in einer ganz anderen Welt – da ist die Metropole Berlin ein Fleck auf einem anderen Stern. Dieses Nichtwissenwollen wird überdies durch lokal ausgerichtete Medien und einen miserablen Schulunterricht an den High Schools noch unterstützt.

Highways und Traumautos

Der Begriff „Straßenkreuzer“ ist wohl ohne ein davor stehendes „amerikanisch“ kaum denkbar. Wer träumte nicht davon, mit einem „Amischlitten“ über den Highway zu gleiten? Diese Wagen scheinen aus einer anderen, besseren Zeit zu stammen, den fünfziger Jahren, als man noch an unbegrenzte Ressourcen glaubte, die Straßen noch nicht überquollen, Umweltschutz ein Fremdwort war und die USA sich als Weltmacht behaupteten.

Davon ist heute nur das Gefühl der Weite geblieben; die amerikanische Sorglosigkeit, das Gefühl der absoluten Mobilität, *on the road* und damit frei zu sein. So aufregend und abenteuerlich ist Autofahren nur in Amerika: Die Freiheit der Straßen ist hier so grenzenlos wie der Himmel endlos erscheint, nur die bunten Neonlichter der Motelketten sind in den einsamen, schwülen Sommernächten kurze Unterbrechungen auf dem Weg zum Reiseziel.

Die amerikanische Populärindustrie hat diese Idee des modernen Cowboys

in einem eigenen Genre, den *Road Movies*, verarbeitet – der *Easy Rider* ist nichts anderes als das Urbild des amerikanischen Helden, der unter erfolgreichen amerikanischen Männern eine merkwürdige Auferstehung feiert: Galten Dennis Hopper und Peter Fonda auf ihren schweren Maschinen im *Easy Rider* Ende der sechziger Jahre als motorisierte Rebellen, gilt eine blankgeputzte Harley Davidson heute unter amerikanischen Yuppies als Statussymbol.

Das Auto ist, wie so vieles, eine amerikanische Erfolgsgeschichte; Henry Ford und sein Model T, der erste serienmäßig gebaute Wagen der Welt, sind zum amerikanischen Nationalmythos geworden. Das Auto wurde zum Symbol des Wohlstands, zum Maßstab des Lebensstils, zum Schrittmacher der Städtearchitektur. Es gibt fast keine Dienstleistung in den USA, die man nicht bequem vom Auto aus nutzen kann: Drive-ins gibt es bei Fast-Food-Ketten ebenso wie bei Banken, Postämtern und Büchereien. Im 20. Jahrhundert haben sich die Amerikaner den eigenen Kontinent dann noch einmal erobert – diesmal im vollklimatisierten Straßenkreuzer.

Das Naturerlebnis Amerika

Die USA sind das Land der unbegrenzten Naturerlebnisse: Fast alle Klimazonen dieser Erde sind in diesem Land anzutreffen – heiße Wüsten und eiskalte Arktis, weite Prärie und Hochgebirge, subtropische Sümpfe und azurblaue Gewässer. Die Weite und schiere Größe des Kontinents überwältigte die ersten Siedler aus Europa. Die Neue Welt bot einen Tier- und Naturreichtum, den man im alten Europa schon lange nicht mehr kannte.

Daran hat sich bis heute relativ wenig geändert. Wenn auch die Ostküste dicht besiedelt ist, große Städte mit Wolkenkratzern das Bild zu beherrschen scheinen, so sind die USA doch nach wie vor ein gigantisches Naturwunder – auch im Osten. Wie unermesslich weit das Land ist, zeigt die dünne Siedlungsdichte in den USA: Auf einen Quadratkilometer kommen hier nur 27,6 Menschen – in der Bundesrepublik sind es

225! Auch der Verstädterungsgrad ist in Mitteleuropa wesentlich höher als in den USA: Während dort nur knapp 75 % aller Menschen in Städten leben, sind es in Deutschland ca. 86 %.

Trotz der Umweltzerstörung ist Amerika ein Land der wilden, unbezwingbaren Natur geblieben – in Neuengland ebenso wie in Florida. Auch wenn Amerikaner verschwenderisch mit ihrer Energie umgehen, so nehmen sie paradoxerweise die Gefahren für Nationalparks und Wälder aufmerksam wahr.

Eine Reise durch den Osten der USA ist eine Reise durch Regionen, die unterschiedlicher kaum sein könnten: Viel stärker als in den meisten europäischen Ländern, prägen die geografischen Eigenheiten jeweils eine Fülle von spezifischen, kulturellen und regionalen Besonderheiten einer Region. Obgleich man in Boston und Miami dieselbe Sprache spricht, scheinen beide Städte doch Welten auseinander zu liegen.

Oben u. rechts: Gegensätze auch in der Natur – die mondähnliche Landschaft der Badlands und die grünen Küsten Neuenglands.

Da ist zunächst Neuengland, die Wiege der Nation, wie es viele nennen. Tatsächlich sind die Staaten dieser Region, Maine, Massachusetts und Vermont, New Hampshire, Connecticut und das kleine Rhode Island, gar nicht der älteste Teil der Nation. In Virginia siedelten die Engländer zuerst. Neuengland wirkt mit seinen kleinen Farmen inmitten lieblicher Hügel, den *vers monts*, eher europäisch, mit einem Hauch Großbritannien. Landschaftlich ist es ebenso vielfältig wie das alte Europa: Von den Klippen der wilden Atlantikküste in Maine über die sandigen Buchten in Massachusetts bis hin zu den Wiesen von New Hampshire. Neuengland ist vielleicht im Herbst am schönsten, wenn sich die Bäume zur Zeit der *foliage* in bunte Schönheiten verwandeln.

Die Mittelatlantikstaaten, New York, New Jersey, Pennsylvania, Delaware und Maryland, bilden das Grenzgebiet zwischen Nord und Süd – Schauplätze der amerikanischen Geschichte, bis heute geprägt von Europa. Abseits des Molochs New York, der internationalsten und daher unamerikanischsten al-

ler amerikanischen Städte, sind diese Bundesstaaten ländliches Hinterland, in das sich nur selten ausländische Touristen verirren. Viele Amerikaner begegnen New York mit Abscheu; eine stehende Redewendung ist der Wunsch, die ganze Stadt mit einem Bulldozer einfach in den Atlantik zu schieben und noch einmal von neuem aufzubauen.

Weit davon entfernt sind die Großen Seen und ihre Anliegerstaaten Illinois, Michigan, Minnesota, Ohio, Indiana und Wisconsin. Die landschaftliche Unberührtheit dieser Grenzregion zwischen Kanada und den USA bietet Stille und Abgeschiedenheit. Viele Bundesstaaten, etwa Minnesota und Wisconsin, sind bis heute durch deutsche und skandinavische Einwanderer geprägt. Dazwischen liegen die alten Industriestädte Chicago, Detroit und Pittsburgh, die den Niedergang der Stahl- und Autoindustrie mühsam überlebt haben.

Die weite Prärie wurde einst von Städten wie Chicago und Kansas City aus erobert: Der mittlere Westen, von Missouri bis nach North und South Dakota, ist scheinbar endloses Weideland vor den Rocky Mountains. Eine gewaltige Ebene so groß wie Europa, in der einst Büffelherden und Indianervölker zu Hause waren. Heute erinnert fast nichts mehr an den Wilden Westen, die Vernichtungskriege gegen die Ureinwohner und die Büffelherden.

Schließlich der Süden: Die Mason-Dixon-Linie, die Grenze zwischen Pennsylvania und Maryland, grenzt bis heute Nord und Süd voneinander ab. Aber der wirkliche Süden beginnt erst hinter dem Potomac, in Virginia. Diese einstmals reiche und stolze Kolonie ist heute – ebenso wie die anderen Südstaaten – eine Region, die zwischen tragischer Vergangenheit und problematischer Gegenwart verharrt. Der verlorene Bürgerkrieg, der alltägliche Rassismus und der Kampf um die Gleichberechtigung des schwarzen Amerika – das alles ist hier so lebendig wie einst. Und deshalb ist der tiefe Süden vielleicht der Landesteil mit den krassesten Gegensätzen, in dem es zudem – wegen des subtropischen Klimas – langsamer und provinzieller zugeht als im Rest der USA, allein Florida mit seiner schnell-

lebigen Leichtigkeit hat den alten Süden endgültig hinter sich gelassen. Erst in den 1970er Jahren erwachte der Süden aus seiner Rückständigkeit: Politiker wie Jimmy Carter, Bill Clinton und Al Gore waren die Stellvertreter des *New South*, offen, modern und liberal.

Das Ende des amerikanischen Jahrhunderts?

Das 20. Jahrhundert wird oft als das amerikanische bezeichnet, und tatsächlich waren die USA Ende des 20. Jh. die einzige Welt- und Supermacht. Unter den Schwingen des amerikanischen Adlers suchten ganze Völker Schutz; andere wurden mit Druck auf die amerikanische Seite gebracht.

Doch mit dem Vietnam-Krieg wurde der amerikanische Traum für manche zum Alptraum. Die Niederlage in Vietnam, die Machenschaften Richard Nixons, die Öl- und Wirtschaftskrise Mitte der 1970er Jahre und am Ende die offensichtliche Schwäche des Präsidenten Jimmy Carter angesichts des Geiseldramas in Teheran, ließen zum ersten Mal Zweifel aufkommen an der Richtigkeit des amerikanischen Weges.

Oben: Die Südstaaten betonen die eigene Identität. Rechts: Chinesischer Konditor.

Die auf Carter folgenden Präsidenten Reagan und Bush sen. stellten militärische Präsenz in den Vordergrund ihrer Politik und stockten den Militärhaushalt auf. Besonders Reagan verstärkte die Aufrüstung. Nach Ende des Kalten Krieges wurden Abrüstungsverträge unterzeichnet. Doch die USA setzten weiter auf militärische Intervention, nun an anderen Fronten: 1987 wurden Flotteneinheiten in den Persischen Golf entsandt, unter George Bush kam es 1991 zum 2. Golfkrieg, der den Rückzug irakischer Truppen aus dem von ihnen überfallenen Kuwait erzwang.

Innenpolitisch verschärften sich die Kontraste zwischen Arm und Reich, die Wirtschaft steuerte auf eine Rezession zu. Die sozialen Missstände entluden sich im Sommer 1992 in Rassenunruhen in Los Angeles.

Große Hoffnungen richteten sich auf den Demokraten Bill Clinton, der im selben Jahr die Wahlen gewann. Er kürzte den Verteidigungshaushalt und setzte auf ein umfangreiches Reformprogramm. In seiner achtjährigen Regierungszeit erlebte das Land einen wirtschaftlichen Aufschwung.

Nach einer beispiellosen Wahl-Farce im Jahr 2000, die geprägt war von fehlerhaften Stimmzetteln und per Hand ausgezählten Wählerstimmen, musste sich der Demokrat Al Gore dem Republikaner George W. Bush jun. geschlagen geben, der 2005 nach seiner Wiederwahl seine zweite Amtszeit begann.

Die erste große Bewährungsprobe des Präsidenten war „9-11“: Am 11.9.2001 steuerten radikal-islamische Todespiloten zwei entführte Flugzeuge in die Twin Towers des New Yorker World Trade Center, ein drittes stürzte in das Pentagon in Washington. Über 3000 Menschen fanden bei den größten Terroranschlägen der Geschichte den Tod. Alle Augen richteten sich auf Präsident Bush, der fortan nur noch ein Ziel verfolgte: *revenge,* Rache. Amerikanische Truppen marschierten 2001 in Afghanistan ein – auf der Jagd nach Osama bin Laden, Führer des Terrornetzwerkes Al Qaida, das hinter den Anschlägen steckte. Die Amerikaner beendeten die Schreckensherrschaft der Taliban in Afghanistan; Osama wurde jedoch erst 2011gefasst – in Pakistan.

Nach dem verfrüht als „erfolgreich“ proklamierten Afghanistan-Feldzug geriet ein weiteres islamisches Land ins Blickfeld der Amerikaner: Mit der Behauptung, der Irak besäße Massenvernichtungswaffen, begann im April 2003 der „3. Golfkrieg“, der zum Sturz des Diktators Saddam Hussein führte. Dieser wurde zwar acht Monate später gefangen genommen, es wurden jedoch keine Massenvernichtungswaffen im Irak gefunden. Die amerikanischen Truppen sollten dem Irak den Weg in die Demokratie ebnen; tatsächlich wurde der Irak durch den Eingriff der USA, die keinen vernünftigen Plan für einen Frieden nach dem Sieg hatten, im End-

effekt zu einem gescheiterten, ethnisch und religiös gespaltenen Krisenstaat.

2007 begann mit sprunghaft ansteigenden Zinsen für Immobilienkredite die Weltfinanzkrise, die ihren Höhepunkt mit dem Zusammenbruch der US-amerikanischen Großbank Lehman Brothers im September 2008 erreichte.

Ab 2009 verbanden sich große Hoffnungen mit dem neuen demokratischen Präsidenten Barack Obama, dem ersten Afroamerikaner im Weißen Haus, der sich zunächst mit der Finanz- und Wirtschaftskrise konfrontiert sah. Mitte 2009 ging, nach 101 Jahren Automobilbau, General Motors in die Insolvenz. Ab 2010 bemühte sich Obama, das archaische Krankenversicherungswesen zu reformieren.

Das Jahr 2012 stand im Zeichen des Präsidentschaftswahlkampfs, den Obama gewann. Seine umstrittene allgemeine Krankenversicherung („Obamacare“) konnte er Ende 2013 einführen. Die 2013 enthüllte globale Überwachungs- und Spionageaffäre der NSA und das Thema „Überwachungsstaat“ sorgten auch 2014 für Schlagzeilen.

NOW

macy's

PASSENGER
CARS ONLY
RAL PARK
WEST
DON'T
HONK
$350
PENALTY

NEW YORK CITY

DOWNTOWN MANHATTAN
MIDTOWN MANHATTAN
UPPER MANHATTAN
HARLEM UND DER NORDEN

Echte New Yorker sind davon überzeugt, dass ihre Stadt, die angeblich niemals schläft, der Nabel der Welt ist. Sie verweisen dabei gerne auf die weltberühmte Skyline der Stadt mit ihren Wolkenkratzern, dem Zentrum der internationalen Geschäfts- und Finanzwelt. Und sie sind stolz auf den Broadway, für viele der Inbegriff New Yorks. Doch dieser ist nur die Spitze der Kulturszene des *Big Apple*, die von der kleinen Galerie und den Theatern des Off-Off-Broadway bis hin zur vornehmen Metropolitan Opera für jeden Geschmack etwas bietet.

New York (ca. 8.5 Millionen Einwohner) ist eine kosmopolitische Stadt, deren Bevölkerung aus allen Ländern der Welt stammt. Zwar gibt es hier nicht nur Millionäre, sondern auch sehr hohe Mieten, Armut, Kriminalität, soziale Ungerechtigkeit und manchmal ethnische Spannungen. Doch all das vermischt sich zu einer eigentümlichen Energie, die Tag und Nacht in den Straßen der Stadt pulsiert.

Der Name *Manhattan* stammt von *mannahattanink*, dem Wort der Irokesen für „Insel". Die holländischen Siedler, die das Land 1626 „gekauft" hatten, bauten dort die Festung Nieuw Amsterdam. Diese eroberten die Briten und benannten die Gegend 1674 nach dem Herzog von York. Nach der Unabhängigkeitserklärung 1776 diente New York kurze Zeit als Hauptstadt, bevor Washington D.C. diese Funktion übernahm. Dennoch wurde die Stadt zur *boomtown*, deren wegweisende Bauwerke, wie etwa die erste große Hängebrücke (die Brooklyn Bridge, 1883) oder der erste Wolkenkratzer (das Flatiron Building, 1902) noch heute zu den bemerkenswertesten der Stadt zählen.

Vorherige Seiten: Sundowner auf der Dachterrasse des 230 Fifth inmitten der Skyscraper Manhattans. Macy's Thanksgiving Day Parade. Links: Bethesda Fountain und Terrace im Central Park.

Zahllose europäische Einwanderer – darunter viele Juden –, vor allem aus Irland, Deutschland, Italien, Griechenland, Polen und Russland hatten Anteil an der Erfolgsstory New Yorks. Viele arbeiteten hart, um sich aus den ärmlichen Verhältnissen in den Einwanderer-Mietskasernen zu befreien und ihren amerikanischen Traum zu verwirklichen. Ihre Kultur und ihre Paraden (u. a. Steuben, St. Patrick's Day) bereichern die multinationale Metropole.

Doch auch aus anderen Teilen der Welt strömten und strömen die Menschen nach New York: Asiaten und Lateinamerikaner – besonders viele Chinesen und Puertoricaner – prägen das Gesicht ganzer Stadtviertel, ebenso wie die vielen Afroamerikaner, die in New York leben. Natürlich bringt diese Mi-

schung der Kulturen und Religionen auch Schwierigkeiten mit sich: Immer wieder gibt es Konflikte zwischen Arm und Reich, Schwarz und Weiß. Im New Yorker Alltag jedoch ist Toleranz das Rezept für ein friedliches Miteinander.

Keine Rolle spielten Hautfarbe oder soziale Schicht am 11. September 2001, dem Tag, der die Stadt bis ins Mark traf und sie für immer veränderte: Zwei Flugzeuge, gesteuert von radikal-islamistischen Attentätern, rasten in die Zwillingstürme des World Trade Center, zerstörten die Gebäude und rissen fast 2800 Menschen in den Tod. Die Zerstörung dieses Zentrums der amerikanischen Wirtschaft, das auf der ganzen Welt als Symbol für Reichtum und Macht des amerikanischen Staates stand, versetzte die Stadt und ihre Einwohner in einen nachhaltigen Schockzustand. Der Mythos der starken, unzerstörbaren Metropole war gebrochen, ihr Stolz jedoch nicht: Wiederaufbaupläne wurden relativ schnell geschmiedet, doch die Arbeiten gingen, durch Querelen belastet, langsamer voran als geplant. Ground Zero wird wohl noch bis 2014 eine Riesenbaustelle bleiben.

Oben: Brooklyn Bridge. Rechts: Namenslisten im Einwanderungsmuseum von Ellis Island.

DOWNTOWN MANHATTAN

Der **Battery Park** an Manhattans Südspitze verdankt seinen Namen den Kanonen, die hier die Festung vor Angriffen schützten. Heute bietet der Park neben Gedenkstätten auch den Blick (und den Fährableger) zum Wahrzeichen des New Yorker Hafens: der **Freiheitsstatue** auf **Liberty Island**. „Freiheit erleuchtet die Welt" – unter diesem Motto schenkte 1886 das französische Volk den USA diese Kupferstatue. Wegen dringender Renovierungsarbeiten bleibt das Innere der Statue bis Herbst 2012 für Besucher geschlossen. Die Fährschiffe laufen Liberty Island und das benachbarte Ellis Island nach wie vor an. Nach der Wiedereröffnung werden sowohl das Museum als auch die berühmte Riesendame selbst inklusive der Krone wieder für die Öffentlichkeit

Stadtplan S. 33, Info S. 43

zugänglich sein (aktuelle Infos unter www.nps.gov/stli).

Um den Blick auf die Freiheitsstatue ohne die Warteschlangen auf Liberty Island zu genießen, kann man auch mit der kostenlosen **Staten Island Ferry** an ihr vorbeifahren (vom benachbarten Municipal Ferry Terminal).

In **Castle Clinton**, einer roten Sandsteinburg im Battery Park, kann man Tickets sowohl für Liberty Island als auch für **Ellis Island** kaufen. Das dortige Museum dokumentiert die Einwandererströme – etwa zwölf Millionen Menschen –, die von 1892 - 1932 über diese Insel in das Land geschleust wurden.

Battery Park, das älteste Viertel der Stadt, ist zugleich ein modernes Finanzzentrum, so dass hier historische Gebäude einen Gegensatz zu den anonymen Hochhäusern bilden: Zu den ältesten Bauten der Gegend gehört das **Customs House** am Battery Park; es wurde auf dem Gelände des holländischen Fort Amsterdam erbaut und beherbergt das **National Museum of the American Indian**. An der Pearl Street steht auch die restaurierte **Fraunces Tavern** aus der britischen Kolonialzeit (1719) mit Museum und Restaurant.

An vergangene Zeiten erinnert die schlichte **Trinity Church** von 1846 am Broadway mit ihrem 92-m-Turm. Von einem alten Friedhof umgeben, passt sie nicht mehr so recht in diese geschäftige Wolkenkratzer-Gegend.

Die **Wall Street**, die gegenüber der Kirche beginnt, ist heute als Finanzzentrum weltberühmt, so dass kaum jemand die ursprüngliche Bedeutung des Straßennamens kennt: Hier verlief der Schutzwall des holländischen Forts.

Ein Stück die Straße hinunter liegt die neoklassizistische **Federal Hall** – 1842 erbaut an fast genau jener Stelle, wo George Washington 1789 als erster Präsident der USA seinen Amtseid ablegte. In den Räumen um die Rotunde ist eine interaktive Ausstellung zur Verfassung zu sehen. Um 1900 im selben Stil errichtet wurde die Börse, die **New York Stock Exchange** (Innenbesichtigung nicht mehr möglich). Gegenüber informiert das **Museum of American Finance** über die Geschichte des Geldes und der Börse.

Die **Federal Reserve Bank** an der Liberty Street ist eine von zwölf staatlichen Banken, die Geld an private Kreditinstitute ausgibt. 1924 im Stil eines Florentiner Renaissance-Palastes erbaut, verwahrt sie im Keller die größte Goldmenge der Welt – 5000 Tonnen.

Wo bis zum Terroranschlag am 11. September 2001 die beiden Türme des World Trade Center standen, klafft eine große Lücke: die **World Trade Center Site** (*Ground Zero*), um die herum neue Wolkenkratzer entstehen; das neue, 541 m hohe **One World Trade Center** besitzt Aussichtsetagen in 400 m Höhe. Über die 9/11-Tragödie informiert das **9/11 Tribute Center** (120 Liberty St.). Das **9/11 Memorial** und das **9/11 Memorial Museum** ehren die Opfer des Anschlags (Museumsticket muss für einen bestimmten Zeitpunkt reserviert werden unter www.911memorial.org).

Gegenüber, im **World Financial Center**, beeindruckt der spektakuläre **Wintergarten**, ein weitläufiges Atrium aus Stahl und Glas mit Restaurants und Läden unter Palmen. Außerhalb führt eine **Einkaufspromenade** unter Bäumen am **Hudson River** entlang.

Oben: New York Stock Exchange (Börse).

Im Zentrum von Downtown liegt der dreieckige **City Hall Park**, flankiert vom **Woolworth Building**. Es wurde 1913 erbaut und war 17 Jahre lang New Yorks höchster Wolkenkratzer (240 m). Die **City Hall**, Sitz der Stadtregierung, stammt von 1811. Dort zog 2002 als Nachfolger von Rudy Giuliani Bürgermeister Michael R. Bloomberg ein.

Mit der **Schermerhorn Row**, Museumsschiffen, dem **Einkaufszentrum Pier 17** und dem **Fulton Fish Market** lockt der **South Street Seaport Historic District** viele Besucher an. Hier starten auch **Hafenrundfahrten**.

In einer Ecke des City Hall Parks beginnt der Fußgängerweg über die **Brooklyn Bridge**. Mit ihren „gotischen" Bögen und den goldfarbenen Kabelsträngen ist sie New Yorks schönste und älteste Brücke, die auf der anderen Flussseite im Nobelviertel **Brooklyn Heights** endet, wo man von der **Esplanade** den schönsten Blick auf **Manhattans Skyline** genießt; am Fuß der Brücke bietet das **River Café** leckeres Essen und eine ausgezeichnete Aussicht.

Ethnische Stadtviertel

Zwischen Brooklyn- und Manhattan Bridge, abseits der Hauptschlagader Canal Street, liegt das bunte Gewirr der Straßen, die als **Chinatown** bekannt sind. Tatsächlich fühlt man sich hier wie mitten in Fernost: Restaurants werben in chinesischer Schrift, das chinesische Neujahrsfest wird im Januar oder Februar mit Drachenumzügen und Feuerwerk gefeiert, Läden verströmen aromatische Gerüche von Tee und Gewürzen – eine sehr exotische Atmosphäre.

Man kann in Chinatown gut essen, sofern man den Inhalt seines Tellers nicht genau identifizieren will. Beliebt sind *dim sum*, gefüllt mit Schweine- oder Rindfleisch, Gemüse oder Fisch.

Viele der rund 150 000 Chinesen, die

Info S. 43

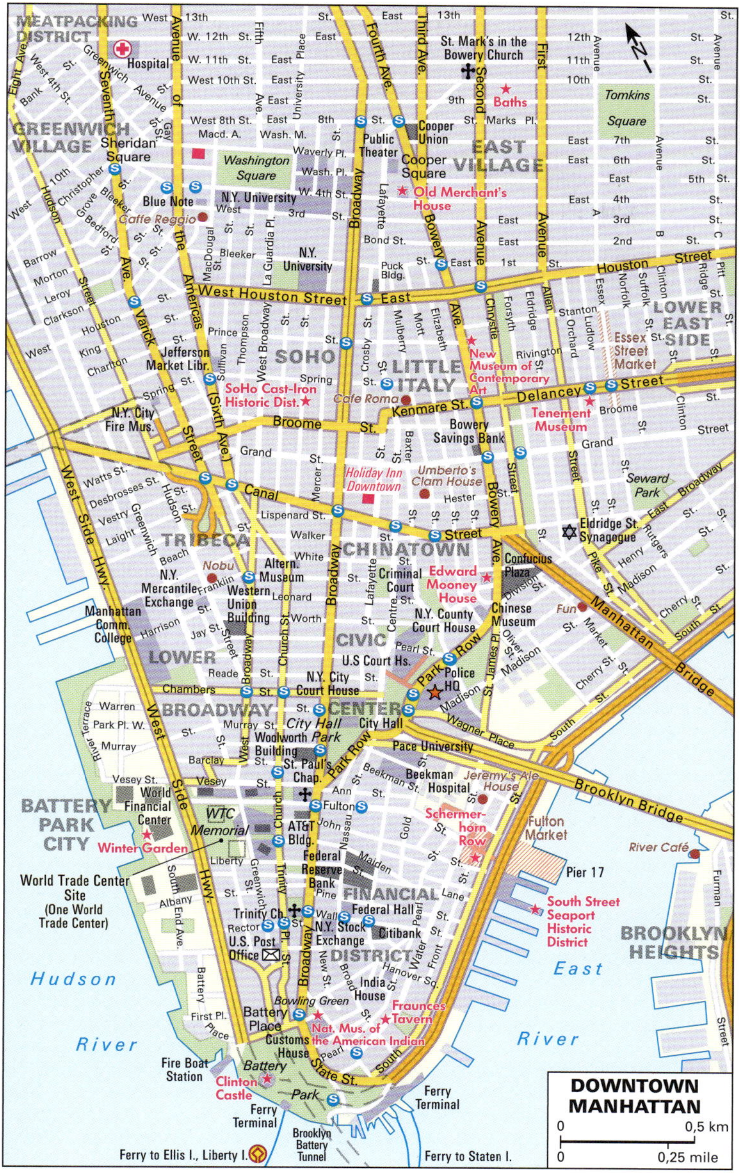

MEATPACKING DISTRICT
GREENWICH VILLAGE
EAST VILLAGE
LOWER EAST SIDE
SOHO
LITTLE ITALY
TRIBECA
CHINATOWN
CIVIC CENTER
LOWER BROADWAY
BATTERY PARK CITY
FINANCIAL DISTRICT
BROOKLYN HEIGHTS
Hospital
Sheridan Square
Washington Square
N.Y. University
Blue Note
Caffe Reggio
St. Mark's in the Bowery Church
Baths
Tomkins Square
Cooper Union
Public Theater
Cooper Square
Old Merchant's House
Puck Bldg.
Jefferson Market Libr.
SoHo Cast-Iron Historic Dist.
New Museum of Contemporary Art
Essex Street Market
Cafe Roma
Tenement Museum
Bowery Savings Bank
N.Y. City Fire Mus.
Holiday Inn Downtown
Umberto's Clam House
Seward Park
Eldridge St. Synagogue
Confucius Plaza
Nobu
Altern. Museum
Western Union Building
N.Y. Mercantile Exchange
Manhattan Comm. College
Criminal Court
Edward Mooney House
N.Y. County Court House
Chinese Museum
Fun
Manhattan Bridge
U.S Court Hs.
Police HQ
N.Y. City Court House
City Hall Park
City Hall
Pace University
Woolworth Building
St. Paul's Chap.
Beekman Hospital
Jeremy's Ale House
Brooklyn Bridge
World Financial Center
WTC Memorial
Winter Garden
World Trade Center Site (One World Trade Center)
AT&T Bldg.
Schermerhorn Row
Fulton Market
River Café
Pier 17
Federal Reserve Bank
Trinity Ch.
Federal Hall
N.Y. Stock Exchange
Citibank
South Street Seaport Historic District
U.S. Post Office
India House
Bowling Green
Fraunces Tavern
Battery Place
Nat. Mus. of the American Indian
Customs House
Battery Park
Clinton Castle
Fire Boat Station
Ferry Terminal
Brooklyn Battery Tunnel
Ferry to Ellis I., Liberty I.
Ferry to Staten I.
Hudson River
East River
West Side Hwy.
Broadway
Bowery
Canal Street
West Houston Street
Houston Street
Delancey Street
Broome St.
Kenmare St.
Park Row
Wall St.
State St.
DOWNTOWN MANHATTAN
0 0,5 km
0 0,25 mile

Oben: Chinatown – laut, exotisch, bunt und überfüllt – dehnt sich zusehends in die benachbarten Stadtviertel aus. Rechts: Im Jüdischen Viertel in der Lower East Side von Manhattan.

hier leben, sind erst in den letzten Jahrzehnten eingewandert. Die Sprache ihrer alten Heimat, ihre Traditionen, aber auch die Triaden, die chinesische Mafia, sind hier noch immer lebendig.

Auf Chinatowns Ostseite liegt die **Bowery Avenue**, deren Name sich von dem holländischen Wort *bouwerij* (für Bauernhof) ableitet. Mit Bauern haben die armen Schlucker, die hier Hauseingänge und billige Absteigen bevölkern, nichts gemein. Dabei ist das auffälligste Gebäude der Avenue ironischerweise ein Symbol des Reichtums – die verschwenderisch verzierte **Bowery Savings Bank** (1894), die im Zuge einer aufwändigen Renovierung in einen venezianischen Ballsaal namens **Capitale** mit einer über 20 m hohen Decke verwandelt wurde.

Im Osten Manhattans liegt die **Lower East Side**, jüdisches Zentrum seit den 1880er Jahren. Früher galt das Viertel als dreckig und beengt; heute hat sich die Lebensqualität enorm verbessert. Neueste Attraktion im Viertel ist das **New Museum** (235 Bowery Ave.) mit zeitgenössischer internationaler Kunst. Einen Hauch der Armut vergangener Tage verströmen noch die Mietskasernen (19. Jh.) entlang der **Eldrige Street**. Reichtum dagegen strahlt die als Museum genutzte **Eldrige Street Synagogue** aus. Das **Lower East Side Tenement Museum** bietet interessante Touren zum Thema Einwanderer an.

Die **Canal Street** gilt als inoffizielle Grenze zwischen Chinatown und **Little Italy**, einem traditionsreichen Einwandererviertel rund um die **Mulberry Street** mit bemerkenswertem kulinarischem Angebot. Früher galt es als Mafiahochburg; das letzte in aller Öffentlichkeit verübte Verbrechen war 1972 der Mord an Mafiaboss „Crazy Joe“ Gallo in **Umberto's Clam House**, einem renommierten Speiselokal. Ein weiteres vorzügliches Restaurant ist das **Caffe Roma** in der Broom Street. Während des *San Gennaro Festival* im

September sind die Paraden und das Essen ein Muss!

SoHo, TriBeCa und das Village

Auf der West Side liegen die bei Künstlern und Yuppies beliebten Viertel SoHo und TriBeCa. In der Gegend „South of Houston Street" – **SoHo** – wurden in den 1980ern alte Warenhäuser und Fabriken renoviert, heute säumen **Kunstgalerien**, Gourmettreffs und Boutiquen die Straßen. An der **Greene Street** sind im **SoHo Cast-Iron Historic District** restaurierte gusseiserne Fassaden zu bewundern, etwa am **Haughwout Building** von 1857 (Broadway/Broome St.). Am **West Broadway** haben sich Museen und „In"-Künstlertreffs angesiedelt.

SoHo wurde so *trendy*, dass Leute mit geringeren Einkommen in anderen Vierteln nach einer Bleibe suchen mussten. Dabei entdeckten einige die leeren Fabrikgebäude weiter südlich – so wurde das neue In-Viertel **TriBeCa** geboren (The Triangle Below Canal Street = Das Dreieck südlich der Canal Street), wo Robert de Niro das Restaurant **TriBeCa Grill** betreibt (375 Greenwich St./Franklin St.).

Nördlich von SoHo liegt eines der charmantesten und ältesten Viertel von Manhattan: **Greenwich Village**, in dem sich die studentische Szene konzentriert und das vor allem wegen seiner jungen Avantgarde bekannt ist. Im Herzen des Village und am Anfang der Fifth Avenue liegt der beliebte **Washington Square** mit seinem charakteristischen Triumphbogen. Der kleine Park ist Treffpunkt von **Straßenkünstlern**, Schachspielern und spielenden Kinder.

Sein jugendliches Flair verdankt der Platz auch der **New York University**, die sich in den umliegenden Gebäuden niedergelassen hat. Die Studentenszene breitet sich bis in die MacDougal-, Thompson-, Sullivan- und Bleecker Street aus. Das **Caffe Reggio** in der MacDougal Street gilt als das älteste Café New Yorks (1785 eröffnet). Auch Jazz Clubs wie das **Blue Note** sind eine Institution des freundlichen Viertels. Die Haupteinkaufsstraße **Eighth Street**

MIDTOWN MANHATTAN

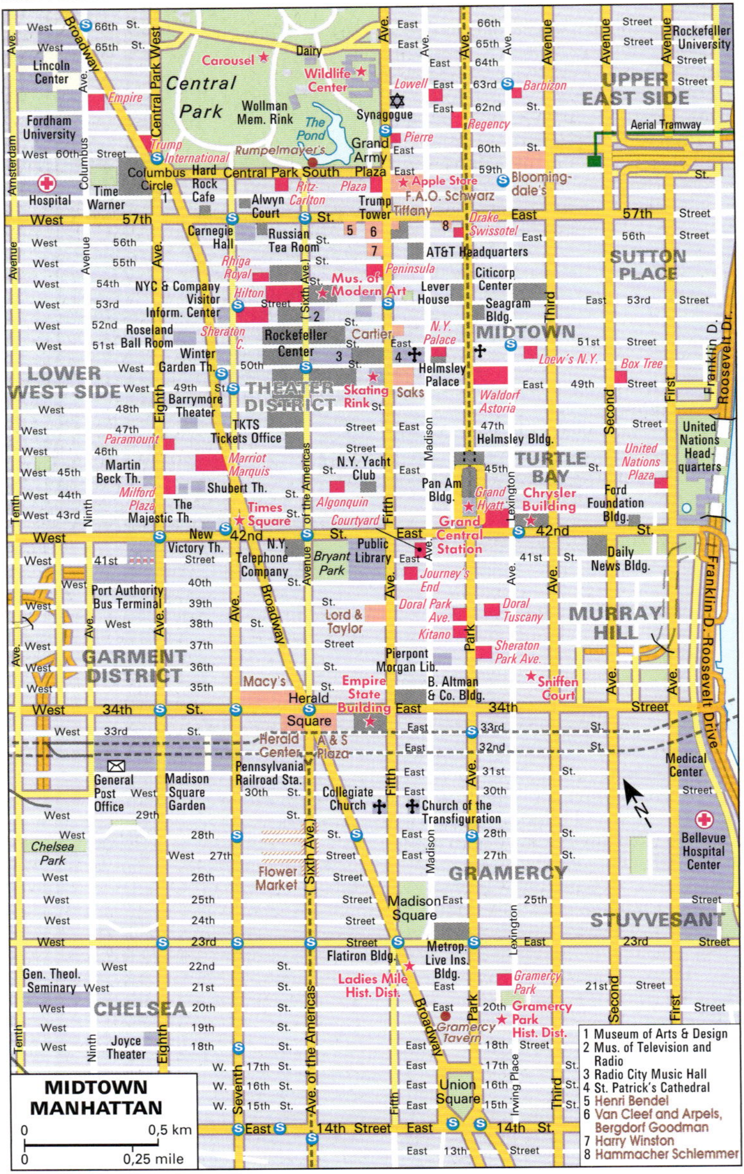

lockt mit vielen Geschäften und Restaurants. Weiter westlich, um die **Christopher Street**, liegt New Yorks Schwulenzentrum.

Nordwestlich lockt der angesagte **Meatpacking District**, das Ex-Schlachterviertel um die **Gansevoort Street**. Hier beginnt der neue **High Line Park** auf der Hochbahntrasse.

Östlich des Broadway liegt das historische „NoHo“ mit dem **Merchant's House Museum** von 1832 (23 East 4. St). Darauf folgt das Ex-Slumviertel **East Village**, heute eine angesagte Wohngegend. Vorbei an den Szenekneipen, Piercing- und Tatoo-Studios der Straße **St. Marks Place** kommt man nach „**Alphabet City**“ mit den Avenues A, B, C, und D, wo die New Yorker Subkultur zu Hause ist. Von der ethnischen Vielfalt zeugen hier u. a. die indischen Lokale an der **6th Street**.

MIDTOWN MANHATTAN

Das Gitterraster aus Nord-Süd-Avenues und nummerierten Straßen von **Midtown** beginnt nördlich der 14th Street. Trennlinie zwischen West und East Side ist die **Fifth Avenue**. Hier liegt das Herzstück der Stadt: Theater, Geschäfts- und Warenhäuser. Nur der Broadway durchschneidet das Raster.

An der 23th Street steht das dreieckige **Flatiron Building**, das 1902 mit 83m das höchste Gebäude der Welt war.

An der 34th Street begegnet man New Yorks berühmtestem Bauwerk: dem **Empire State Building**, lange Zeit das höchste Gebäude der Stadt (381 m). Unbedingt sollte man auf eine der Aussichtsterrassen im 86. und 102. Stock hinauffahren und den grandiosen Ausblick auf die Stadt genießen.

Weiter Richtung Broadway liegt am Herald Square **Macy's**, das sich „größtes Kaufhaus der Welt“ nennt.

Rechts: Das Chrysler Building ist ein Meisterwerk des amerikanischen Art déco.

Die Straßen westlich von hier und bis zum Port Authority Bus Terminal (West 42nd Street) wird wegen der vielen Bekleidungsfirmen auch **Garment District** genannt. Modeeinkäufe tätigt man entlang der **7th Ave.**, der „**Fashion Avenue**“ – oder an der **5th Avenue**.

Nicht weit von Macy's erhebt sich der **Madison Square Garden**, eine gewaltige Sportarena, in der nicht nur Profi-Basketballer ihre Turniere austragen; Schwergewichtler Wladimir Klitschko wurde dort 2008 Doppelweltmeister.

Hinter der 34th ist die **42nd Street** die nächste große Ost-West-Achse. Am East River befinden sich die **United Nations**, deren Gebäude in den 1940er Jahren erbaut wurde. Als beste Zeit für einen Besuch gelten die Monate zwischen September und Dezember, wenn die UN-Generalversammlung tagt. Weiter westlich steht das im Art déco-Stil gebaute **Chrysler Building**, der auffälligste Wolkenkratzer der Stadt. Ein Stück weiter, am ehemaligen Pan Am Building, liegt die prachtvolle **Grand Central Station** mit ihren goldleuchtenden Tierkreiszeichen an der

Info S. 43

Hallendecke. Ebenfalls sehenswert: die mahagonigetäfelte **Oyster Bar**.

An der Ecke zur Fifth Avenue bewachen steinerne Löwen den Eingang zur **New York Public Library**. Schließlich gerät man mitten in das Chaos des **Times Square** mit neongrellen Reklametafeln, Restaurants, Attraktionen und Theaterliebhabern, die bei **TKTS** um verbilligte Restkarten für Broadway-Shows anstehen. Von hier bis zu den fünfziger Hausnummern bildet der **Broadway** den legendären **Theater District**; die traditionsreichen Häuser wie das „Shubert" oder das „Majestic" liegen jedoch in Seitenstraßen.

An der 50th St. hat sich in der **Radio City Music Hall** eine längst vergangene Zeit erhalten, in der Kinofilme noch zusammen mit Bühnenshows gezeigt wurden. In diesem altehrwürdigen Theater finden heute große Konzerte mit Stars und Sternchen statt.

Auf dem Platz vor dem **Rockefeller Center** liegt eine **Eislaufbahn**, wo im Winter Zuschauer den Eisläufern zusehen. Ein klassischer Vorweihnachtsbummel sieht auf der **Fifth Avenue** so aus: Vom Bekleidungsgeschäft **Lord & Taylor** (39th St.) die Avenue hinauf, an den Schaufenstern von **Saks**, **Cartier** oder **Tiffany** vorbei, eine Pause bei den Schlittschuhläufern; dann folgt ein Blick in die **St. Patrick's Cathedral** (51st St.). Weiter gehts am Kaufhaus **Bergdorf Goodman**, am **Trump Tower** (mitWasserfall in der Marmorlobby) und einem Luxus-Einkaufscenter vorbei zum Spielzeugparadies **F.A.O. Schwarz**, dessen Front der vielfotografierte Glaskubus des rund um die Uhr geöffneten **Apple Store** ziert.

Ein Muss ist das **Museum of Modern Art** (MoMa) an der 53rd St. (westl. der 5th Ave.). Nach spektakulärer Erneuerung und Erweiterung durch den japanischen Architekten Yoshio Taniguchi hat es seine Fläche verdoppelt. So können die weltberühmten Sammlungen mit Werken u. a. von Matisse, Pollock, Picasso, Warhol und etlichen anderen Legenden der modernen Kunst noch attraktiver präsentiert werden.

Oben: Am Times Square. Rechts: Let's have a break! (Central Park).

 Stadtplan S. 36, Info S. 43

Eine Pilgerstätte für Musikfreunde ist die **Carnegie Hall** (57th St./7th Ave), die 1891 mit Unterstützung von Andrew Carnegie erbaut und 1986 restauriert wurde. Nebenan befindet sich das legendäre Lokal **Russian Tea Room**.

UPPER MANHATTAN

Der Central Park

Eine Oase mitten in Manhattan und Treffpunkt für die ganze Stadt ist der **Central Park**. Frederick Law Olmsted, Amerikas berühmter Landschaftsarchitekt, legte ihn 1857 an. Die Wege führen an kleinen Felsen vorbei, an Skulpturen und vielen Wiesen, die im Sommer von Ruhesuchenden und Sportlern belagert werden. Im Central Park gibt es aber auch andere Erholungsmöglichkeiten: Auf der Südseite liegen die **Wollman Rollschuhbahn**, das **Carousel** mit den handbemalten Holztieren und der **Central Park Zoo**, wo es neben den tanzenden (mechanischen) Bären der Delacorte-Uhr auch echte Tiere zu bestaunen gibt. Im benachbarten **Kinderzoo** haben Erwachsene nur in Begleitung von Kindern Zutritt!

Das Traditionsrestaurant **Tavern on the Green** an der 67th St.wartet derzeit auf einen neuen Besitzer. Beliebt sind die **Sheep Meadow** („Schafswiese") und der **Great Lawn**, wo man Frisbee spielt oder Drachen steigen lässt. Das **Delacorte Theater** spielt Theaterstücke von Shakespeare, *Shakespeare-in-the-Park* genannt. Es liegt gleich neben dem viktorianisch-gotischen **Belvedere Castle** am Great Lawn. Im Sommer belagert das Publikum mit Decken und Picknick bereits Stunden vor einer Aufführung die ganze Wiese, um so einen guten Platz für die Open-Air Vorstellungen der Metropolitan Oper zu ergattern.

Die Upper East Side

Der Central Park teilt das obere Manhattan in zwei Teile: Die **Upper East Side** gilt als teures Wohnviertel; an der vornehmen **Park Avenue** stehen Apartmenthäuser aus der Zeit um 1900, Boutiquen und Galerien haben sich entlang

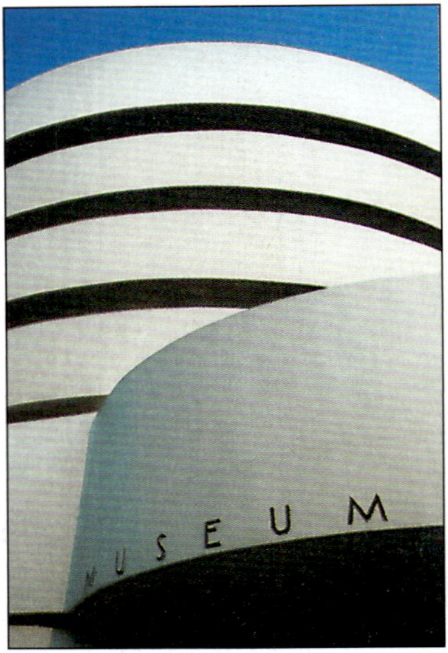

der **Madison Avenue** zwischen exklusiven Cafés niedergelassen.

Bloomingdale's an der Ecke 59th St. und Lexington Ave sind ein Paradies für Kauflustige. Die Einkaufsstraße **Lexington Ave** kommt ohne die vornehme Exklusivität der Madison Ave aus.

Entlang dem Central Park verläuft die **Fifth Avenue**, die hier „**Museumsmeile**" genannt wird. Die Frick Villa in der 70th St. beherbergt die hervorragende **Frick Collection** (vor allem Malerei des 14.-18. Jh.). An der Madison Ave (72nd St.) gibt das **Whitney Museum of American Art** einen Einblick in die amerikanische Kunst des 20. Jahrhunderts. Das **Metropolitan Museum**, in Bedeutung und Größe dem Louvre vergleichbar, erhebt sich an der 82nd St. (berühmte ägyptische Sammlung; Malerei und Plastik aus allen Epochen).

Die **Neue Galerie/Museum for German and Austrian Art** zeigt u. a. Werke von Schiele und Kokoschka.

Oben: Guggenheim Museum – Pilgerstätte für Freunde moderner Architektur und Kunst.

Weitere Museen auf der „**Museumsmeile**" sind z. B. das von Frank Lloyd Wright 1959 erbaute spiralförmige **Guggenheim Museum** (89th St., moderne Kunst bis ca. 1960 sowie hochkarätige Wechselausstellungen), das **Cooper-Hewitt Museum** (91st St., im alten Carnegie Museum; dekorative Kunst) und das **Jüdische Museum** (92nd St.).

Die Upper West Side

Am **Columbus Circle** stehen das **Trump International Hotel**; die neuen, 80 Etagen hohen **Time-Warner-Wolkenkratzer** mit vielen Geschäften und das neue **Museum of Arts & Design** mit 2000 Designobjekten auf 12 Etagen. Von diesem Verkehrsknoten zieht sich die **Central Park West Avenue** parallel zum Park nach Norden. Prächtige alte **Apartmenthäuser** säumen diese Straße, beispielsweise das exklusive **Dakota** (72nd St.). 1980 wurde dieses „historische" Gebäude von 1884 schlagartig berühmt, als hier **John Lennon** vor seiner Wohnung erschossen wurde. Gegenüber, im Central Park, ließ Yoko Ono zum Gedenken an ihren Gatten 1985 die **Strawbery Fields** mit dem **Imagine-Mosaik** anlegen,

Am Broadway, 62nd bis 66th St, steht das **Lincoln Center**, Zentrum der darstellenden Künste in New York. Hier finden sich die **Metropolitan Opera**, die **City Opera** (im New York State Theater), New Yorks Philharmonisches Orchester (**Avery Fisher Hall**), die exklusive **Juilliard School** für Musik und Theater, **Jazz at L.C.** und etliche weitere Theater- und Konzertstätten.

Parallel zum Park verläuft die **Columbus Avenue**, eine Einkaufsmeile, die für ihre jungen Designer und eigenartigen Boutiquen bekannt ist. Wer mit Kind unterwegs ist, sollte unbedingt an der 81st St. im **Museum of Natural History** haltmachen. Im zweitgrößten Museum New Yorks können Besucher selbst experimentieren, im **IMAX-Kino** Filme auf Großleinwand sehen

Info S. 43

Washington Heights, The Cloisters
Studio Museum, Apollo Theater
Mount Morris Park
HARLEM
Columbia University
MORNINGSIDE HEIGHTS
Morningside Park
Cathedral of St. John the Divine
Cathedral Parkway
Central Park North
EAST HARLEM
Jefferson Park
Franklin D. Roosevelt Drive
Lasker Rink
Harlem Meer
The Mount
Conservatory Garden
N.Y. Int. Youth Hostel
Marakech
The Pool
El Museo del Barrio
Hospital
Metropolitan Hospital
East River
UPPER WEST SIDE
The Tennis House
J. K. O. Reservoir
Central Park
CARNEGIE HILL
Int. Center of Photography
Jewish Mus.
Wales
Cooper-Hewitt Mus.
Guggenheim Museum
YORKVILLE
Neue Galerie
The Great Lawn
Excelsior
Zabar's
Hayden Planetarium
Penny Whistle Toys
Delacorte Theater
Metropolitan Museum of Art
Belvedere Castle
Mus. of Natural History
N.Y. Hist. Society
Ramble
The Lake
Loeb Boathouse
Conservatory Pond
Carlyle
Milburn
Whitney Mus. of American Art
Sotheby Parke Bernett
UPPER EAST SIDE
Dakota
Strawberry Fields
Bandshell
Frick Collection
Asia Society
LOWER WEST SIDE
Tavern on the Green
Sheep Meadow
The Mall
Children's Zoo
Rockefeller University
7th Regiment Armory
Temple Emanu-El
Dairy
Carousel
Central Park Zoo
Lowell
Lincoln Center
Metropolitan Opera
Empire
Wollman Rink
Trump International
The Pond
Grand Army Plaza
Regency
Pierre
Time Warner
Columbus Circle
Central Park South
Bloomingdale's
Broadway
Amsterdam Ave.
Columbus Ave.
Central Park West
West End Ave.
Fifth Ave.
Madison Ave.
Park Ave.
Lexington Ave.
Third Ave.
Second Ave.
First Ave.
York Ave.
116th St.
96th St.
86th St.
79th St.
72nd St.
59th St.
UPPER MANHATTAN
0 0,5 km
0 0,25 mile

oder im **Hayden Planetarium** abenteuerliche Space Shows verfolgen.

Weiter den Broadway hinauf (81nd St.) liegt **Zabar's**, New Yorks größtes und hochberühmtes Delikatessengeschäft. Hier stehen die Kunden geduldig für *Bagel and Lox*, kringelförmige Lachsbrötchen, an.

Jenseits der 96th Street wirkt die Gegend ärmlich; an der 112th St., zwischen Amsterdam und Columbus Ave, wird seit 1892 (!) an der gedrungenen **Cathedral of St. John the Divine** gebaut. An der 116th St. befindet sich der Campus der **Columbia University**, eine der ältesten (1754 gegründet) und angesehensten Universitäten Amerikas.

HARLEM UND DER NORDEN

Das Gebiet nördlich der 110th St. war früher eine schöne Wohngegend, in der die afro-amerikanische Kultur in den 1920er und 30er Jahren ihre Blüte erlebte. Später verkam der Stadtteil, bis in den 1990er Jahren seine Renaissance begann. In manchen Gegenden ist jedoch immer noch Vorsicht angesagt.

Zwischen 96th und 125th Street liegt Ost- oder **Spanish Harlem**, wo v. a. Hispanics leben. Einen Einblick in die Latino-Kultur gibt das **Museo del Barrio** an der 5th Ave (Nähe 105th St.).

Das Herz von Harlem ist die **125th Street**, wo das berühmte **Apollo Theater** für schwarze Live-Musik steht. Das nahe **Studio Museum** zeigt Fotos aus Harlems Blüte. An der Lenox Ave bietet **Sylvia's Restaurant** die beste Einführung in *Soul Food.*

Im Norden schließt sich **Washington Heigths** an, ein buntes Wohnviertel mit dem ebenfalls von Olmsted entworfenen **Fort Tyron Park**. Das malerisch oberhalb des Hudson gelegene **The Cloisters** hat hier mit Rekonstruktionen französischer und spanischer Klosterräume eine Oase der Stille geschaffen. Kreuzgänge, Kapitelsäle und sakrale Kunstgegenstände finden sich auf dem Areal dieses Klostermuseums.

NEW YORK CITY (☎ 212)

NYC & Company Visitor Information Center, 810 Seventh Avenue (zw. 52nd u. 53rd Sts,) New York, NY 10019, Tel. 484-1200, www.nycvisit.com. Infos über aktuelle Veranstaltungen kann man auch den Zeitschriften *The New Yorker, New York Magazine, New York Times* oder der Wochenzeitung *Village Voice* entnehmen. Gute deutsche Website: www.newyork.de

Infos zu öffentlichen Verkehrsmitteln in New York: www.mta.info

U-BAHN: Die Züge fahren *uptown* oder *downtown*, Ticket $2,50, gilt für 2 Std. Flexibel ist die **MetroCard**, die mit einem bestimmten Betrag aufgeladen wird; auf jeder Fahrt wird dann die entsprechende Summe abgebucht.

BUSSE: MetroCard oder Ticket für $2,50 – exakten Betrag bereithalten, die Fahrer können kein Wechselgeld herausgeben!

FÄHREN: **New York Waterway**, www.nywaterway.com, Linienschiffe, Rundfahrten. Die **Fähre nach Staten Island** (gratis) bietet einen tollen Blick auf die Skyline Manhattans.

TAXIS: Viele Stände an zentralen Plätzen, die gelben *cabs* können aber auch angehalten werden. Der Fahrer muss das Taxameter einschalten und eine Quittung ausstellen.

TOUREN: **Adventure on a Shoestring**, 300 W 53rd St., Tel. 265-2663. Touren durch Stadtviertel. **Gray Line of New York**, 49 W. 45 St., Tel. 397-2600. Diverse Touren. **Circle Line**, Pier 83, W. 42nd St. und Pier 16, South Street Seaport, Tel. 563-3200, Bootstouren zur Freiheitsstatue und Ellis Island, 3-stündige Rundfahrten um Manhattan.

DOWNTOWN MANHATTAN

Nobu, 105 Hudson St., Tel. 219-0500. Japanische Starküche. **Caffe Roma**, 385 Broome St., Tel. 226-8413. Italien. Café.

Jeremy's Ale House, 228 Front St, Tel. 964-3537. Hier trifft man sich nach der Arbeit zum Biertrinken.**Death & Co.**, 433 East 6th St., Tel. 388-0882, So-Do 18-1, Fr-Sa 18-2 Uhr. Eine der besten Bars der USA.

Stadtplan S. 41

Castle Clinton National Monument, Battery Park, Tel. 344-7220, www.nps.gov/cacl, tgl. 8.30-17 Uhr. **National Museum of the American Indian**, One Bowling Greene St., Battery Park, Tel. 514-3700, www.nmai.si.edu, tgl. 10-17, Do bis 20 Uhr. **Museum of American Finance**, 48 Wall St., www.moaf.org, Di-Sa 10-16 Uhr.
Fraunces Tavern Museum, 54 Pearl St., Tel. 425-1778, www. frauncestavernmuseum.org, Mo-So 12-17 Uhr. **Lower East Side Tenement Museum**, 108 Orchard St., Tel. 982-8420, www.tenement.org, nur mit Führung: Zu Öffnungszeiten s. Internetseite.. **New York Stock Exchange**, 20 Broad St., www.nyse.com. **South Street Seaport Museum**, South/Fulton Sts., Tel. 748-8600, www.southstreetseaportmuseum.org, Mi-Sa 10-18 Uhr, Museum mit historischen Schiffen, benachbarter Pier 17 mit Food Court und Geschäften.
Statue of Liberty und Ellis Island, Liberty Island, Kartenverkauf im Castle Clinton tgl. 8.30 (Winter 9.30) bis 17 Uhr oder online (nach 14 Uhr nur Besuch von beiden gemeinsam möglich). Das Ticket berechtigt zu Überfahrt, Besuch der Statue und Weiterfahrt nach Ellis Island und Besuch des Museums. Tel. 1-201-604-2800 (Tickets), www.nps. gov/stli, www.statuecruises.com (Tickets).

MIDTOWN MANHATTAN

Gramercy Tavern, 42 East 20th Street, Tel. 477-0777. Prämierte Küche in kunstsinnig gestyltem Interieur.

Chrysler Building, 405 Lexington Ave./E 42nd St. **Empire State Building**, 350 Fifth Ave./34th St., www.esbnyc.com, tgl. 8-2 Uhr (letzte Auffahrt 1.15 Uhr).
Madison Square Garden, Pennsylvania Plaza, Tel. 465-6741. **Museum of Modern Art**, an der 53rd St., Tel. 708-9400, www.moma.org, tgl. außer Di 10.30-17.30, Fr bis 20 Uhr.
New York Public Library, 42nd St/Fifth Ave., Tel. 930-0800. **St. Patrick's Cathedral**, Fifth Ave./50th St, tgl. 6.30-20.45 Uhr..
United Nations, 1st Ave. (42nd-48th St.), Tel. 963-4475, http://visit.un.org/wcm/content, tgl. Touren, Eingang Ecke 1st Ave./ 46th St.

UPPER MANHATTAN UND DER NORDEN

Sylvia's, Soulfood, 328 Lenox Ave. (zw. 126th u. 127th), Tel. 996-0660. **Zabar's**, Broadway/ 81st St., Tel. 496-1234.

Central Park, Fifth Ave. to Central Park W/59th St. to 110th St., Tel. 360-2777 (Konzert-Info). **The Cloisters**, Fort Tyron Park, Tel. 923-3700, www.metmuseum.org, Di-So 9.30-17, Nov.-Feb. nur bis 16 Uhr. **Columbia University**, Broadway/116th St., www.columbia.edu. Führungen ab Visitors Center, 213 Low Memorial Library.
Cooper-Hewitt National Museum of Design, 2 E 91st St./Fifth Ave., Tel. 849-8400, www.cooperhewitt.org, wg. Renovierung bis 2013 geschl. **Museo del Barrio**, 1230 Fifth Ave. (Höhe 104th St.), Tel. 831-7272, www.elmuseo.org, Di-Sa 11-18, Mi bis 21, So 13-17 Uhr. **Frick Collection**, 1 E 70th St./Fifth Ave., www.frick. org, Di-Sa 10-18, So 11-17 Uhr. **Guggenheim Museum**, 1071 Fifth Ave., Tel. 423-3500, www.guggenheim.org, Mo-Mi, Fr, So 9.30-18, Do 11-18, Sa 9.30-20.30 Uhr.
Hayden Planetarium, Central Park W/81st St., Tel. 769-5100, www.haydenplanetarium.org, tgl. 10-17.45 Uhr. **Jewish Museum**, Fifth Ave./92nd St., Tel. 423-3200, www.jewishmuseum.org, Sa-Di 11-17.45, Do 11-20, Fr 11-16 Uhr. **Lincoln Center for Performing Arts,** Metropolitan Opera House, 70 Lincoln Center Plaza, Tel. 875-5350 (Besichtigung), www.lincoln center.org. **Museum of Arts and Design**, 2 Columbus Circle, www.madmuseum.org, Di-So 11-18, Do/Fr bis 21 Uhr. **Neue Galerie,** 1048 Fifth Ave., Tel. 628-6200, www.neuegalerie.org, Do-Mo 11-18 Uhr.
Metropolitan Museum of Art, Fifth Ave./ 82nd St., Tel. 535-7710, www.metmuseum.org, Di-Do, So 9.30-17.30, Fr, Sa 9.30-21 Uhr.
American Museum of Natural History, Central Park/W 79th St., Tel. 769-5100, www.amnh.org, tgl. 10-17.45 Uhr.
Studio Museum, 144 W 125th St., Tel. 864-4500, www.studiomuseum.org, Do/Fr 12-21, Sa 10-18, So 12-18 Uhr. **Whitney Museum of American Art**, 945 Madison Ave./E 75th St., Tel. 570-3600, http://whitney.org, Mi, Do, Sa, So 11-18, Fr 13-21 Uhr.

VON NEW YORK NACH RHODE ISLAND

CONNECTICUT
NEW HAVEN
RHODE ISLAND

Wenn es eine Region gibt, die man als die Wiege der amerikanischen Nation bezeichnen könnte, so wäre dies Neuengland – denn hier, an der Ostküste, landeten 1620 die *Pilgrim Fathers* mit ihrer bescheidenen Ausrüstung und knappen Vorräten. Viel wichtiger waren ihnen ihre Bibeln und religiösen Überzeugungen, die später einmal ein wichtiger Bestandteil der amerikanischen Mentalität werden sollten. Die Puritaner waren vor der Verfolgung in Europa geflohen und fanden erst in der Neuen Welt ihr „gelobtes Land", wie ihr wichtigster Dichter John Milton in seinem Gedicht *Paradise Regained* schrieb:

Vor ihnen die Welt / offen ihre Heimat zu wählen, die göttliche Vorsehung war ihr Führer: Gemeinsam, Hand in Hand, führte mit suchendem Schritt / nach Eden sie ihr einsamer Weg.

Innerhalb weniger Jahrhunderte wuchs die weiße Bevölkerung auf etliche Millionen an, die verschiedenen Indianerstämme wurden vertrieben oder vernichtet. Aus kleinen Siedlungen wurden Städte; Fischer- und Bauerndörfer stiegen zu florierenden Handels- und Industrieorten auf: Eine Geschichte, die sich bis heute in den alten, restaurierten Häfen, den abgelegenen Dörfern und den lebendigen Museen Neuenglands widerspiegelt.

Vorherige Seiten: Indian Summer in Neuengland. Links: Gute Laune nach einem prächtigen Fang.

CONNECTICUT

Die wichtigste Küstenstraße von New York nach Neuengland ist der **Connecticut Turnpike**. Trotz des allgemeinen Vorurteils, dass sich auf dieser Strecke, dem Torweg nach Neuengland, ein Stopp nicht lohnen würde, finden sich doch einige Sehenswürdigkeiten auf dieser Route. **Greenwich** verfügt über das **Bush-Holley House**, ein schönes Herrenhaus, das von dem Industriemagnaten David Bruce gebaut wurde und das **Bruce Museum**; beide zeigen schöne Sammlungen impressionistischer Maler.

In **Stamford** ist das **Stamford Museum & Nature Center** interessant, eine restaurierte Farm aus dem 19. Jh., in der neben Landwirtschaftsgeräten auch naturalistische Kunst ausgestellt wird. Spaziergänger treffen sich am Stadtstrand **Cummings Park**.

Die historischen Ursprünge von **Norwalk** lassen sich am besten Anfang Juli während der **Highland Scottish Games** entdecken, wenn die Einwohner mit ihren *kilts* und Dudelsäcken, Paraden und kulinarischen Genüssen einen ganzen Tag lang feiern. Einer der örtlichen Industriezweige profitiert von dem Fest ganz besonders: Die **New**

England Brewing Co. an der Marshall St., eine von zahlreichen Mini-Brauereien in Neuengland (Besichtigung kostenlos).

Norwalk hat auch einen geschichtsträchtigen, gut erhaltenen Hafen am Long Island Sound sowie ein **Maritime Aquarium** (zu erreichen über die Abfahrt 14) mit Seelöwen, Haien, einem IMAX-Kino u. a. m. Das Meer hautnah erleben kann man auf einem Bootsausflug zu den reizvollen Norwalk Islands, wo man das **Sheffield Island Lighthouse** (1868) besichtigen kann.

Obwohl Industriestadt, ist auch das zwölf Meilen entfernte **Bridgeport** durchaus einen Besuch wert. Auf dem Collegecampus zeigt das **Housatonic Museum of Art** u. a. Werke von Picasso, Matisse, Miró und Chagall. Auch gibt es sicher bessere Strände als den Pleasure Beach östlich der Stadt, doch ist dort das **Barnum-Zirkusmuseum** in einem wunderschönen Sandsteinpalast untergebracht.

Oben: Campus der Yale University am Abend (New Haven).

NEW HAVEN

Die Stadt **New Haven** mit ihren 130 000 Einwohnern wäre ebenso wie Bridgeport ein reiner Industriestandort, gäbe es hier nicht die berühmte **Yale University**, die als Connecticut Collegiate College bereits 1701 in Killingworth gegründet und 1716 nach New Haven verlegt wurde. Doch auch New Haven verdankt der Industrialisierung seinen Aufstieg zur heutigen Hafen- und Handelsmetropole.

Seit ihren Anfängen ist die Yale University in der britischen Tradition von Oxford und Cambridge auf zwölf Colleges angewachsen und gilt als eine der besten Universitäten der USA. Zu den Yale-Absolventen gehören viele Männer, die in der amerikanischen Geschichte ihre Spuren hinterlassen haben, z. B. die Industriellen Eli Whitney, Samuel Morse und Charles Goodyear; der Schriftsteller Noah Webster, Charles Ives und auch die US-Präsidenten William Howard Taft, George Bush und Bill Clinton.

Die Straßen rund um den Universitätscampus sind von Geschäften und Restaurants gesäumt, die sich in Preisen und Angebot auf die Studenten eingestellt haben. Der weitläufige Campus erstreckt sich über mehrere Häuserblöcke nördlich des sog. **Green**, der ausgedehnten Wiese südlich der neogotischen Universitätsgebäude.

Bei den Führungen über den **Campus** erhält man einen guten Einblick in das akademische Leben und erfährt genau, welche großen Köpfe was wo vollbrachten. Aber eigentlich lädt der Campus eher dazu ein, einfach entlang zu schlendern und die Mischung der verschiedenen Architekturstile zusammen mit dem studentischen Flair auf sich wirken zu lassen. Ein solcher Rundgang durch New Haven könnte an der Wiese mit ihren drei Kirchen beginnen. Die **Center Church**, **United Congregational Church** und die **Trinity Church** stehen dabei symbolisch nicht nur für

Info S. 55

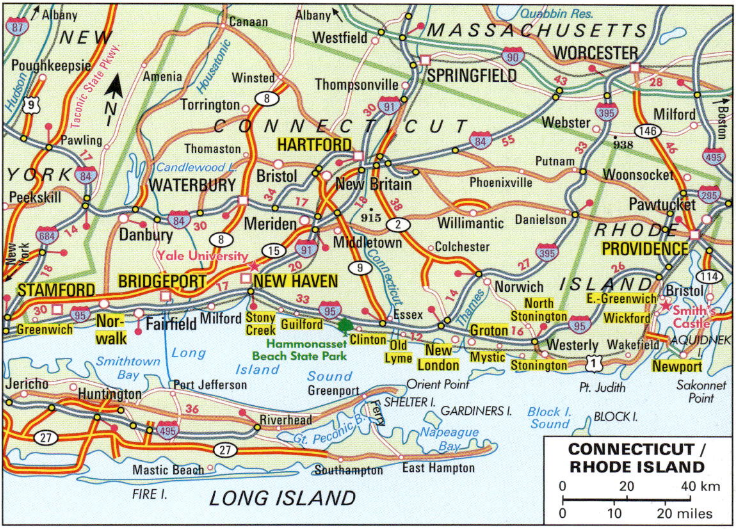

die Stadtentwicklung, sondern geben auch Auskunft über die amerikanische Religionsgeschichte und all ihre Irrungen und Wirrungen.

Das kulturelle Leben in New Haven ist eng mit der Universität verbunden. Die **Sprague Memorial Hall** an der College Street gilt als Bühne für die Yale School of Music, und etwas weiter hinunter an derselben Straße werden die studentischen Theaterinszenierungen oft im **Shubert Theatre** getestet, bevor sie in New York Premiere feiern.

New Haven verfügt außerdem über mehrere Museen, beispielsweise die **Yale Art Gallery** mit ihren Kunstschätzen wie den antiken Skulpturen, der italienischen Kunst des 16. und 17. Jh., den Gemälden von Gauguin, Picasso, Van Gogh und Jackson Pollock, Homers, Audubon sowie einer speziellen Sammlung amerikanischer Möbel.

Andere sehenswerte Museen auf dem Campus sind das **Yale Peabody Museum of Natural History** (Dinosaurier-Halle, Naturgeschichte), die **Beinecke Rare Book and Manuscript Library** (u. a. Gutenberg-Bibel), die **Sterling Memorial Library** mit 4 Mio. Büchern und das **Yale Center for British Art** (insbesondere Kunst vom 16. bis zum 19. Jh.). In der **Collection of Musical Instruments** werden über 800 historische Musikinstrumente (16.-19. Jh.) präsentiert. Kinder werden das **Children's Museum** lieben; Straßenbahn-Oldtimer birgt das **Shoreline Trolley Museum**.

Doch New Haven ist mehr als nur der Geburtsort großer Ideen: Nützliche Dinge wie die Frisbeescheibe wurden hier erfunden, und im Jahr 1900 machte das kleine Familienrestaurant **Louis'** den ersten Hamburger. Hier, an der Crown Street, wird er noch immer so hergestellt wie früher: mit Tomaten oder Zwiebeln, aber ohne Ketchup und sonstige Zutaten. Übrigens zog das kleine Restaurant erst vor wenigen Jahren in die Crown Street; um den Wiederaufbau zu finanzieren, schickten Kunden aus aller Welt Ziegelsteine hierher. Ken Lassen, der Enkel des alten Louis-Besitzers, weiß, wo jeder einzelne dieser Steine herkommt – wer neugierig ist, kann also ruhig fragen.

Info S. 55

Bei **Pepe's** um die Ecke wurde nach amerikanischer Version die erste Pizza der Welt gebacken, mit viel Käse und italienischem Olivenöl – den Neapolitanern dürfte diese Legende weniger gefallen.

Entlang der Küste

Die eher eintönige Fahrt auf der I-95 entlang der Küste von Connecticut geht in Richtung Osten. Malerische Orte wie Branford, Guilford oder Clinton lassen sich besser von der Route 1 aus entdecken. Einige Handwerker verkaufen ihre Waren an der **Bittersweet Farm** in der Nähe von Branford.

Das Dorf **Stony Creek** dient auch als Fährhafen für Schiffe nach Thimble Island. Auf einem kleinen Flecken Land südlich von Clinton liegt der **Hammonasset Beach State Park** mit zahlreichen Freizeitangeboten wie Tauchen oder Segeln.

Oben: Mystic Marinelife Aquarium. Rechts: Galionsfiguren beschwören die Zeit der Segelschifffahrt herauf (Mystic Seaport).

Angesichts der harten Winter in Connecticut mag es überraschen, dass der Staat auch eine Weinindustrie hat. In **Clinton** veranstalten z. B. die **Chamard Vineyards** an der Cow Hill Rd. Touren durch ihre Kellerei mit anschließender Weinprobe.

Auf dem **Connecticut River**, der den Staat in zwei Hälften teilt, werden Bootstouren zur Hauptstadt **Hartford** angeboten. Dort lohnt das **Mark Twain House** einen Besuch, in dem der berühmte Schriftsteller von 1874-91 lebte und „Die Abenteuer des Tom Sawyer" und „Huckleberry Finns Abenteuer" verfasste. Gleich gegenüber wohnte Harriet Beecher Stowe, die Autorin des Klassikers „Onkel Toms Hütte". Im **Wadsworth Atheneum**, Amerikas ältestem Kunstmuseum, hängen Werke französischer Impressionisten und moderner Maler.

Nach der Connecticut-Brücke an der Flussmündung zweigt die Rte. 156 zum Küstendorf **Old Lyme** ab, das schon seit der Jahrhundertwende amerikanische Künstler anzieht. Viele von ihnen wohnten in der Pension von Florence

Karte S. 49, Info S. 55

Griswold, deren ungewöhnliches Haus heute als **Museumsgalerie** dient.

Die Zwillingsstädte **New London** und **Groton** am Thames River verdanken ihren Aufstieg und Fall der Marine, denn die einstigen Marinestützpunkte bekamen nicht nur das Ende des Kalten Krieges, sondern auch die Rezession zu spüren. Groton beherbergt die US Coast Guard Academy, und im **Submarine Force Museum** ist das erste atomgetriebene U-Boot der Welt zu besichtigen.

Die Atmosphäre in **Mystic** ist ganz anders; der Ort wurde durch den Film *Mystic Pizza* (1988) mit Julia Roberts schlagartig berühmt. Außerdem sind die historischen Bauten und Freilichtmuseen des Städtchens bekannt. Nicht versäumen sollte man **Mystic Seaport**, das größte Hafenmuseum der USA, und ein perfekt restauriertes **Walfängerdorf**. In den Werkstätten dieses Live-Museums kann man Handwerkern zuschauen, die noch nach traditionellen Techniken arbeiten.

Direkt am Highway begrüßen Seelöwen den Besucher des interessanten **Mystic Aquarium**. In dem riesigen, abgedunkelten Gebäude mit seinen gewaltigen Becken wird ein lebendiger Eindruck des vielfältigen Meereslebens vermittelt.

Von Mystic lohnt sich ein Abstecher zu den riesigen Hotelkasinos **Mohegan Sun Resort** und **Foxwoods Resort Casino** auf indianischem Territorium. Im **Reservat der Mashantucket Pequot Tribal Nation** ist ein **Indianermuseum** besichtigen, eines der größten der USA: Dioramen in Lebensgröße versetzen Besucher in vergangene Zeiten. Interaktive Computerprogramme, Filme und Videos machen Interessierte mit der 18 000-jährigen Geschichte der Native Americans bekannt. Ein Highlight unter den Ausstellungen ist die **Rekonstruktion eines Pequot-Dorfes** aus dem 16. Jahrhundert.

Die Straße zwischen Mystic und Providence in Rhode Island ist mehr als eine bloße Durchgangsroute: Der Hafen in **Stonington** gehört zu den schönsten an der gesamten Küste von Connecticut. Der **Leuchtturm** aus dem Jahre 1823 dient heute als Museum.

Karte S. 49, Info S. 55

RHODE ISLAND

Rhode Island ist mit nur 1054 Quadratmeilen (2730 km^2) der kleinste US-Bundesstaat. Aber das heißt nicht, dass Rhode Island keine schönen Landschaften zu bieten hätte – es gibt sie hier zuhauf, und dazu kleine Dörfer und endlose Strände.

Der Bundesstaat gilt vielen Amerikanern als etwas merkwürdig. Warum heißt er Rhode Island, wo er doch gar keine Insel ist? Eigentlich lautete die offizielle Bezeichnung ja auch „Rhode Island und Providence Plantagen". Die einzige Insel dieser Kolonie war Aquidnek Island (auf der heute Newport liegt), das die Naragansett-Indianer 1638 an Ann Hutchinson und eine Gruppe anderer Verbannter aus der Massachusetts Bay-Kolonie verkauft hatten. Der Name wurde 1644 offiziell – übrigens aufgrund eines Fehlers, den der Koloniegründer von Rhode Island, Roger Williams, beging: In den Aufzeichnungen von Giovanni da Verrazano fand er die Beschreibung einer Insel, die so groß sein sollte wie Rhodos. Verrazano bezog sich auf Block Island, Williams dachte jedoch, er meinte Aquidnek.

Providence und Newport

Es war auch Roger Williams, der im Jahr 1636 die Haupstadt **Providence** gründete. Das **Roger Williams National Memorial** steht heute an jener Stelle, wo er und seine Gefolgsleute zuerst siedelten.

Heute bietet Providence alles, was zu einer Möchtegern-Großstadt gehört: eine eindrucksvolle Stadtsilhouette, ein historisches Altstadtviertel, bedeutende Denkmäler und ein überdimensionales **Regierungsgebäude (State House)**, dessen selbsttragende Kuppel eine der größten der Welt ist.

Rechts: Segelregatta in Newport, Rhode Island.

Im Süden des State House, am Südufer des Providence River, lockt der **Waterplace Park** mit Spazierwegen, Brücken und einem Amphitheater für Konzerte.

Architektonisch ungeplant wirkt die Anlage mit der **Börse** aus dem 19. Jh., der **City Hall** an der Stirnseite und einem Gebäudeblock moderner Architektur auf der anderen Seite.

Die Exchange Street kreuzt **Westminster Street**, die mittags vor allem von Angestellten aus den umliegenden Büros bevölkert wird. Das neoklassizistische Gebäude mit dem majestätischen Portal ist **The Arcade** von 1828, im Stil einer Pariser Passage – das älteste Einkaufszentrum der USA (Wiedereröffnung Ende 2012).

In der anderen Richtung führt die Westminster Street zum **Providence River**, an dessen gegenüberliegendem Ufer die „Mile of History" liegt, wie die **Benefit St.** genannt wird, wo fast jedes Haus als nationales Denkmal gilt. Etwa das **Athenaeum** (Nr. 251), eine alte Bibliothek, in der einst niemand geringerer als Edgar Allan Poe über den Büchern hockte, oder das **John Brown House**, das Wohnhaus eines reichen Überseehändlers. Die **Brown University** wurde allerdings nach Nicholas Brown, einem Gönner aus der gleichen Dynastie, benannt.

In der Nähe steht das perfekt erhaltene **Governor Stephen Hopkins House** von 1707, in dem der erste amerikanische Präsident, George Washington, auf seiner Reise quer durch die junge Nation ein paar Nächte verbrachte. Die Unterschrift von Gouverneur Hopkins ist auf der amerikanischen Unabhängigkeitserklärung zu finden.

Auf der I-95 in Richtung Süden und dann auf der Rte. 1A passiert man Warwick und **East Greenwich**, wo das Herrenhaus von General James Mitchell Varnum Besuchern offensteht.

In **Wickford** mit dem eindrucksvollen Smith's Castle, einer Plantage aus dem späten 17. Jh., und der Old Narra-

Karte S. 49, Info S. 55

gansett Church schlängelt sich die Straße Richtung Meer und folgt dann der Küstenlinie.

Zwei Brücken, die Jamestown und Newport Bridge, überspannen die Narragansett Bay und Conanicut Island. Schließlich erreicht man **Newport**, das bereits 1639 von William Coddington, einem ebenfalls verstoßenen Anhänger Ann Hutchinsons, gegründet wurde. Viele Faktoren trugen dazu bei, dass Newport den Ruf genießt, die heimliche Hauptstadt der Ostküste zu sein: der kleine, natürliche Hafen, gute Wetterverhältnisse, die ideale Lage am Atlantik und schließlich die religiöse Toleranz in Rhode Island. Bereits im 17. und 18. Jh. gab es etliche religiöse Gruppen in der Stadt, darunter verschiedene Strömungen der Baptisten, Episkopalen und Quäker, eine Handvoll Hugenotten und sogar eine kleine jüdische Gemeinde, die hier um 1650 aus Curaçao angekommen war.

Der Reichtum Newports als blühender Hafenstadt ermöglichte es bereits Mitte des 19. Jh. einigen Familien, pompöse Villen in bester Lage zu errichten. Bis heute gilt Newport als beliebte Sommerfrische vermögender New Yorker. 1883 verlegte der New Yorker Jachtclub seine Regatten hierher, so dass Newport zur Hauptstadt des Jachtsports wurde.

Das Besucherzentrum am Ende der **Long Wharf** ist Ausgangspunkt aller Rundgänge. In der Ferne steht das Anfang des 19. Jh. erbaute **Fort Adams**, heute der Sitz des New Yorker Jachtclubs und eines Jachtmuseums; auch das **Newport Jazz Festival** findet hier statt.

Stets gut besucht ist die **Thames Street**, die sich mit ihren Bars und Restaurants entlang des Hafens windet. Für Freunde italienischer Küche ist hier das stilvolle Restaurant *Pizza Lucia* (Tel. 846-4477) die richtige Adresse.

Über die **Touro St.** erreicht man das **Seventh Day Baptist Meeting House** (1729), neben dem sich die **Historical Society** mit Museum und wechselnden Ausstellungen eingerichtet hat. Einige Schritte weiter steht die **Touro Synagogue** von 1763, die älteste Synagoge der USA.

Die Touro St. führt zur **Bellevue Avenue**, der wohl wichtigsten Straße der ganzen Stadt. Am Touro Square steht die **Redwood Library**, die älteste, ununterbrochen benutzte Bibliothek der USA. Daneben erheben sich hier zwei Gebäude des **Newport Art Museum**, eines davon bietet Wechselausstellungen über Kunst und Fotografie, das andere ältere Gemälde hauptsächlich von Künstlern aus Newport.

Hinter dem Memorial Boulevard, der zu dem kleinen Sandstrand Newport Beach führt, liegt die **International Tennis Hall of Fame**, Schauplatz eines bedeutenden Rasenturniers im Juli. Nebenan steht mit dem neogotischen Holzbau **Kingscote** die älteste der großen New Yorker Sommerresidenzen in Newport (1839) entlang der Bellevue Avenue.

The Elms, das nächste Haus, wurde um die Jahrhundertwende für Edward Berwind, einen Kohlenboss aus Pennsylvania, erbaut; Vorbild für den Architekten war das Pariser Château d'Anières. Auf der linken Seite, hinter der Leroy St., steht das viktorianische **Château-sur-Mer**, das etwas bescheidener als die anderen Villen verziert ist. Einige hundert Meter dahinter, mit Blick auf den Ozean, wartet schließlich der Inbegriff amerikanischen Reichtums, **The Breakers**, das im Stil eines italienischen Palastes für den Großunternehmer Cornelius Vanderbilt erbaut wurde.

Weitere Häuser Großindustrieller sind das **Dark Shadows** an der Ruggles Ave., **Rosecliff**, 1902 errichtet und dem Grand Trianon in Versailles abgeschaut, sowie **Astor's Beechwood**, das **Marble House**, das R. M. Hunt 1892 für W. Vanderbilt entwarf.

Schließlich lockt noch die **Hammersmith Farm**, wo Jacqueline „Jackie" Bouvier Kennedy Onassis geboren wurde. In diesem Landhaus mit vergleichsweise schlichter Einrichtung verbrachten John F. Kennedy und seine Ehefrau Jackie 1953 ihre Flitterwochen (keine Besichtigung).

Oben: Breakers Mansion, Inbegriff amerikanischen Reichtums, wurde 1895 für Cornelius Vanderbilt gebaut (Newport).

Karte S. 49

NEW HAVEN UND CONNECTICUT (☎ 203)

Greater New Haven Convention & Visitors Bureau, 169 Orange St., New Haven, CT 06510, Tel. 777-8550, www.visitnewhaven.com. **Mystic Country/Tourism District**, 27 Coogan Blvd., Mystic, Tel. 860-536-8822, www.mysticcountry.com.

Barnum Museum, 820 Main St., Bridgeport, www.barnum-museum.org, 2012 wg. Renovierung geschlossen. **Bush-Holley House**, 39 Strickland Rd., Greenwich, www.hstg.org, Führg. Mi-So 12-16 Uhr. **Bruce Museum**, 1 Museum Dr., Greenwich, www.brucemuseum. org, Di-Sa 10-17, So 13-17 Uhr. **Florence Griswold Museum**, 96 Lyme St., Old Lyme, www.flogris.org, Di-Sa 10-17, So 13-17 Uhr. **Hammonasset Beach State Park**, 1,2 Meilen südl. der I-95, Abfahrt 62, www.ct.gov/dep/site/default.asp, **Maritime Aquarium**, 10 N Water St., Norwalk (2,5 Meilen südl., I-95 Exit 14 o. 15), www.maritimeaquarium.org, tgl. 10-17, Juli/Aug. bis 18 Uhr. **Mark Twain House**, 351 Farmington Ave., Hartford, www.marktwain house.org, Mo-Sa 9.30-17.30, So 12-17.30 Uhr. **Mystic Aquarium**, 55 Coogan Blvd., Mystic (I-95, Exit 90), www.mysticaquarium. org, tgl. 9-17 Uhr. **Mystic Seaport**, 75 Greenmanville Ave. (CT 27), I-95, Abfahrt 90, www. mysticseaport.org. **Stonington Old Lighthouse Mus.**, 7 Water St, Stonington, www. stoningtonhistory.org/light.htm, Mai- Okt. tgl. 10-18 Uhr. **Wadsworth Atheneum**, 600 Main St., Hartfort, www.wadsworthatheneum.org, Mi-Fr 11-17, Sa, So 10-17 Uhr. **Yale University**, 149 Elm St., New Haven, Führungen Mo-Fr 10.30 u. 14, Sa-So 13.30 Uhr, www. yale.edu. **Yale University Art Gallery**, 1111 Chapel St./York St, www.artgallery.yale.edu. **Yale Peabody Museum of Natural History**, 170 Whitney Ave./Sachem St., www.peabody.yale.edu, Mo-Sa 10-17, So 12-17 Uhr. **Sterling Memorial Library**, 120 Dwight St., www.library.yale.edu. **Yale Center for British Art**, 1080 Chapel St., britishart.yale.edu, Di-Sa 10-17, So 12-17 Uhr. **Yale Collection of Musical Instruments**, 15 Hillhouse Ave., www.yale.edu/musicalinstruments, Di-Fr 13-16, So 13-17 Uhr, Juli/Aug. geschl.

Fähre z. Sheffield Island Lighthouse, Sheffield Island Dock, Tel. 838-2898, www.seaport.org. **Schooner Inc.**, Long Wharf Pier, New Haven, www.schoonerinc.org, Ausflüge mit histor. Segelschiff.

NEWPORT UND PROVIDENCE (☎ 401)

Newport County Convention & Visitors Bureau, 23 America's Cup Ave., Tel. 845-9123, www.gonewport.com **Providence Warwick C & V Bureau**, 1 Sabin St., Providence, Tel. 751-1177, www.goprovidence.com.

Athenaeum Library, 251 Benefit St., Providence, tgl. 9-17, So 13-17 Uhr www.providenceathenaeum.org. **Astor's Beechwood**, www.astorsbeechwood.com, Führungen stdl. 11-16 Uhr. **Belcourt Castle**, www. belcourtcastle.com, keine Besichtigung. **Château sur Mer**, **The Elms**, **Kingscote**, **Marble House**, **The Breakers**, Ochre Point Ave., www.newportmansions.org. **Ft. Adams Park**, Harrison Ave./Ocean Dr., www.riparks. com/fortadams.htm. **James Mitchell Varnum House**, 57 Pierce St., East Greenwich, www. varnumcontinentals.org, Juni-Aug. Sa/So 10-16 Uhr. **Tennis Hall of Fame**, 194 Bellevue Ave., Newport, www.tennisfame.com, tgl. 9.30-17 Uhr. **Newport Art Museum**, 76 Bellevue Ave, www.newportartmuseum.org, Mo-Sa 10-17, So 12-16 Uhr. **Newport Jazz Festival**, www.festivalnetwork.com. **Old Narragansett Church**, Church Ln., Wickford, Tel. 294-6365. **Redwood Library/Athenaeum**, 50 Bellevue Ave., Newport, www.redwoodlibrary.org, Führg. tgl. 14 Uhr. **Rhode Island State House**, 82 Smith St., Providence, www.rilin.state.ri.us. **Seventh Day Baptist House**, 82 Touro St., Newport, www.newporthistorical.com. **Smith's Castle**, an der US 1, nahe North Kingstown, www. smithscastle.org, Führg. Do-So (Juni-Aug.) bzw. Fr-So (Mai, Sept., Okt.) 12, 13, 14, 15 Uhr. **Touro Synagogue**, 85 Touro St, Newport, www.tourosynagogue.org, nur mit Führung, Termine auf Website. **Museum of Newport History**, Thames/Touro St., www.new porthistorical.org, Mai-Sept. 10.30-18.30 Uhr.

VON MASSACHUSETTS NACH MAINE

DIE KÜSTE VON MASSACHUSETTS
CAPE COD
BOSTON / MAINE

Massachusetts, der „Bay State", wie er auch stolz genannt wird, ist ein ganz besonderer Bundesstaat: Hier, am Cape Cod, kam 1620 die *Mayflower* an. In Massachusetts begann 1773 auch der amerikanische Unabhängigkeitskrieg mit der *Boston Tea Party*. Hier wurden außerdem bedeutende Amerikaner geboren, darunter Henry Thoreau, Ralph Waldo Emerson, Emily Dickinson, die Kennedys und Leonard Bernstein. Und in diesem Staat, in dem viele der besten US-Bildungseinrichtungen liegen – darunter Harvard, das MIT, die Boston University und das Radcliffe College, um nur einige zu nennen – gibt es auch eine reiche Kulturlandschaft.

DIE KÜSTE VON MASSACHUSETTS

Diese 700 Meilen (1120 km) lange, etwa zehntägige Reise von Boston nach Maine folgt zwar dem Küstenverlauf Neuenglands, dennoch sollte man Massachusetts landeinwärts erkunden, denn auch hier gibt es unzählige Sehenswürdigkeiten: **Sturbridge Village** – ein Freilichtmuseum zum Neuengland des frühen 19. Jh.; das Puritaner-Dorf **Deerfield** nördlich des **Pioneer Valley** mit Northampton und **Amherst**; schließlich **Springfield** und die weitläufigen **Berkshire Hills**, wo jeden Sommer das **Tanglewood-Musikfestival** stattfindet. Große Kunstschätze findet man in den vielen kleinen Museen, wie beispielsweise dem **Norman Rockwell Museum** in Stockbridge.

Links: Betender Ephebe (4. Jh. v. Chr.) – Kunst der griechischen Antike im G.W.V. Smith Art Museum, Springfield (Massachusetts).

Von Providence kommend erreicht man auf der Interstate 195, südöstlich der Hauptstadt von Rhode Island, bei Fall River den **Battleship Cove Heritage Park**, einen Hafen für die Kriegsmarine: Hier sind unter anderem das U-Boot *Lionfish* und der Zerstörer *Joseph P. Kennedy* zu besichtigen; auch die *U.S.S. Massachusetts*, die angeblich die ersten und die letzten Granaten im Krieg gegen Japan gefeuert hat, liegt hier auf Reede. Ein Außenseiter in dieser kriegerischen Sammlung versteckt sich hier gelegentlich: die Filmkulissen-*Bounty*, auf der die *Meuterei auf der Bounty* gedreht wurde.

Östlich von Fall River liegt **New Bedford**, das einst als die bedeutendste Walfängerstadt der Welt galt, bis diese Industrie in den 1920er Jahren unrentabel wurde. Ein Hauch dieser großen Tage ist noch heute in den von Gaslaternen beleuchteten Straßen des **Historic District** spürbar. Das gefährliche Leben der Walfänger ist im **Whaling Museum** dargestellt.

CAPE COD

Route 6 führt nach **Falmouth** am südlichsten Zipfel des **Cape Cod**, das hier einfach *The Cape* genannt wird. Das **Historical Society Museum** auf dem Dorfanger zeigt Ausstellungsstücke aus der Ortsgeschichte. Ansonsten ist Falmouth etwas für ruhige Fahrradtouren oder Strandwanderungen. Besonders schön ist die Gegend um das alte **Nobska Lighthouse** mit einer herrlichen Aussicht auf Martha's Vineyard.

Woods Hole, ein kleines Fischerdorf, ist mittlerweile international bekannt durch das **Ozeanografische Institut**, das Exkursionen für Besucher anbietet, und andere Forschungseinrichtungen. Hier legen auch die Fähren zur früheren Walfängerinsel **Nantucket Island** sowie nach **Martha's Vineyard** ab. Beide Inseln gelten als die begehrtesten Urlaubsziele in Massachusetts. Vor allem Martha's Vineyard mit weiten Sandstränden und pittoresken Dörfern ist Zufluchtsort für VIPs wie die Kennedys oder Bill Clinton. Bekannt ist der Ort auch wegen des erfolgreichen Widerstands gegen die Invasionsversuche des McDonald's-Imperiums.

Rechts: Cape Cod, ein Ferienparadies für Angler und Segler.

Cape Cod ist eine langgestreckte sandige Halbinsel, deren Form fast an einen Arm mit angespanntem Bizeps erinnert. Die Hauptverkehrsader des Kaps ist die 60 Meilen lange Rte. 6, die im Sommer – besonders um den 4. Juli (Tag der Unabhängigkeit) – zu einem langen Parkplatz werden kann.

Wer von Falmouth in Richtung Norden fährt, durchquert **Mashpee**, mehr Siedlung als Dorf, das den Wampanoag-Indianern gehört. Die Geschichte des Stammes wird im **Wampanoag Indian Museum** an der Rte. 130 mit Alltagsgegenständen dokumentiert. Das Gemeindehaus der Indianer und ihre alten Grabstätten liegen an der Rte. 28.

Etwas abseits dieser Straße liegt auch **Hyannis**, die Heimat des Kennedy-Clans, dem im **Kennedy Museum** (Maine St.) ein Denkmal gesetzt wurde. Mit der maritimen Vergangenheit und Gegenwart der Region beschäftigt sich

Info S. 69

das **Cape Cod Maritime Museum** in toller Lage über dem Hafen.

Über die Rte. 132 gelangt man zurück auf die landschaftlich reizvolle Rte. 6A und nach **Barnstable**, einer weiteren Stadt mit alter Wal- und Fischfang-Tradition. Heute legen hier Touristenboote ab, um auf hoher See nach Beluga-Walen, Haien oder den seltenen Blauwalen und Delfinen Ausschau zu halten.

Nahe Rock Harbor stößt die Rte. 6A wieder auf die Rte. 6. Kurz hinter Eastham liegt das Besucherzentrum der **Cape Cod National Seashore**, die sich über die gesamte Atlantikküste zwischen Chatham und Long Point erstreckt. In der endlosen Dünen- und Graslandschaft mit Leuchttürmen kann man wandern und Vögel beobachten, schwimmen oder einfach tagträumen.

In **Provincetown**, kurz P'town, landete die *Mayflower* nach ihrer Reise über den Atlantik im November 1620 an, die 102 *Pilgrim Fathers* betraten das erste Mal amerikanischen Boden. Doch bald segelten sie weiter; an der Bucht von Massachusetts gründeten sie eine erste Siedlung, das heutige Plymouth.

Das **Pilgrims' Monument** erhebt sich auf dem 77 m hohen High Pole Hill und kann erklommen werden – oben hat man einen spektakulären Panoramablick. Am Fuß des Denkmals wird das Leben der *Pilgrim Fathers* erzählt, auch ein Schiffswrack gehört zu Ausstellung. Der Vergangenheit des Ortes als Fischereihafen widmet sich das angeschlossene **Provincetown Museum**.

Seinen puritanischen Wurzeln zum Trotz ist Provincetown heute berühmt für seine unkonventionelle, freizügige Künstler- und Schwulenszene, seine Galerien, Cafés und Nacktbadestrände; bekannte Amerikaner lebten und arbeiteten hier, so der Bühnenautor Eugene O'Neill, die Jazzsängerin Billie Holliday und die Autoren Sinclair Lewis, Truman Capote und John Dos Passos.

Die puritanische Moral wird noch in der **Plimoth Plantation** lebendig gehalten, einem ausgezeichneten Freilichtmuseum abseits der Rte. 3, das man am besten auf dem Weg von Cape Cod nach Boston besucht. In der Siedlung sowie in den Museen der Stadt Plymouth kann man bei verschiedenen

Info S. 69

Ausstellungen einen langen, unterhaltsamen und lehrreichen Tag verbringen.

Die historische Siedlung der *Pilgrim Fathers* wurde in der Plantation so originalgetreu wie nur möglich nachgebaut – die Bewohner werden in ihrer alltäglichen Arbeit von Schauspielern so perfekt dargestellt, dass man fast glaubt, die Zeit sei hier im Jahr 1620 stehen geblieben: Sprache, Kleidung und die Lebensgeschichten der Bewohner stimmen bis ins letzte Detail. Fragt man einen dieser professionellen Puritaner etwa nach Holland, England oder nach der Überfahrt, erhält man garantiert eine Antwort, die er so auch im 17. Jh. gegeben hätte. Unten am Dock erklärt die Besatzung der *Mayflower II* alle Arbeiten an Bord des (nachgebauten) Schiffes, das einst den Ozean überquerte. Über einen kurzen Fußweg gelangt man vom Dorf der Puritaner zur Wampanoag-Siedlung, in der Indianer das tägliche Leben des Stammes demonstrieren.

Oben: Elegantes Hotel im viktorianischen Stil (Ende 19. Jh.), Cape Cod.

BOSTON

Boston ist die Hauptstadt von Massachusetts und das geistig-kulturelle Zentrum Neuenglands. Die Stadt mit über 600 000 Einwohnern besitzt einen großen Hafen, einen internationalen Flughafen, ein U-Bahnnetz, eine geschäftige Kulturszene mit Theaterviertel und eines der weltweit führenden Orchester. Hier findet man auch ein Chinatown sowie eine Vielzahl von Universitäten und Colleges – kurz: alles, was eine Metropole ausmacht. Man spricht sogar einen eigenen Dialekt und ist stolz auf eine Spezialität – *Boston Baked Beans.* 1630 von englischen Puritanern unter John Winthrop gegründet, wurde Boston kurz darauf zur Hauptstadt der „Massachusetts Bay Colony“ ernannt. Anfang des 18. Jh., als hier eine der ersten Zeitungen der Neuen Welt herausgegeben wurde, spielte Boston im internationalen Handel der Kolonien bereits eine wichtige Rolle. Mit der *Boston Tea Party* nahm 1773 der amerikanische Unabhängigkeitskrieg seinen Ausgang in Boston.

Die Stadt lässt sich gut zu Fuß oder mit der U-Bahn erkunden: die rote und orange Linie führen nach Downtown Crossing. Die Station liegt am östlichen Ende des **Boston Common**, einem der Dreh- und Angelpunkte Bostons. Der Platz diente bereits als Weidegrund und Exerzierplatz, als Freiluftkirche für Prediger, sogar als Exekutionsstätte; noch heute finden hier Demonstrationen statt.

Beacon Hill

Für seine Besucher hat Boston mehrere markierte Touren zu den Sehenswürdigkeiten der Stadt angelegt. Vom Common aus kann man zunächst eine Runde durch **Beacon Hill** drehen, dem noblen Viertel für die Bostoner Elite und einstigen Wohnort der *Boston Brahmins* (alte Bostoner Familien), mit Häusern vorwiegend aus dem 19. Jh.

Info S. 69

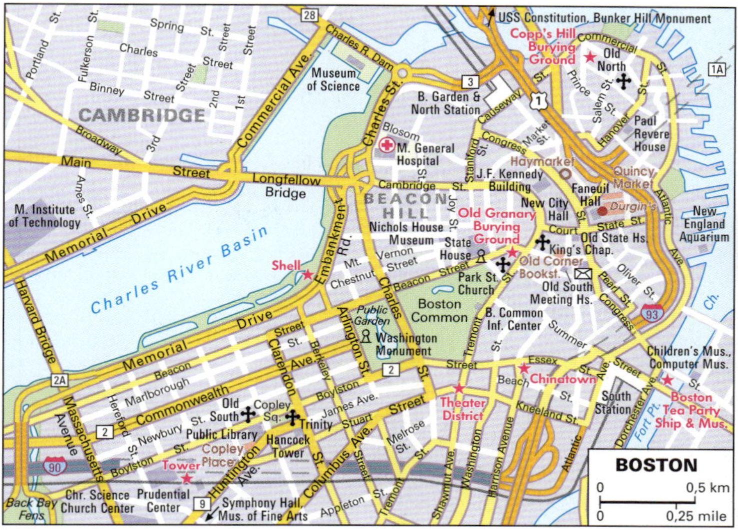

Am Eingang zum Common erinnert das **Shaw Civil War Monument** an das 54. Regiment, eine rein afro-amerikanische Einheit, die im Bürgerkrieg unter der Führung des weißen Bostoners Robert Gould Shaw kämpfte. Das Denkmal markiert den Beginn des **Black Heritage Trail**, der sich durch Beacon Hill schlängelt, wo im 19. Jahrhundert auch viele (freie) Afro-Amerikaner lebten. Über sie berichtet das **Museum of Afro-American History**.

Das große Gebäude mit der goldenen Kuppel ist das **State House**, Ende des 18. Jh. errichtet und heute der Sitz der Landesregierung. An der eleganten **Mt. Vernon Street**, nach Henry James „die einzige ehrbare Straße in Amerika", liegt das **Nichols House Museum**, das einen Eindruck vermittelt, wie prunkvoll eine Dame in Beacon Hill früher lebte.

Weiter geht es zum exklusiven, parkähnlichen **Louisburg Square**, der seinen Namen der Belagerung der französischen Festung verdankt. Der Rückweg zum Ausgangspunkt lässt sich abwechslungsreich durch die mit riesigen Kieseln gepflasterte **Acorn Street** und **Charles Street** mit ihren Antiquitätenläden, Galerien und Cafés gestalten.

Freedom Trail – Der Weg der Freiheit

Der wichtigste Besichtigungsweg durch Boston ist der **Freedom Trail**. Er führt zu allen Stätten, die mit dem Unabhängigkeitskampf zu tun haben. Vom Common geht es zunächst zur **Park Street Church** an der Ecke Park/Tremont Sts. In dieser Backsteinkirche mit ihrem schlanken, weißen Kirchturm aus Holz begann 1829 der Sklavereigegner William Lloyd Garrison seinen Kreuzzug gegen die Leibeigenschaft. Hinter der Kirche liegt der **Old Granary Burying Ground**, neben dem früher einmal ein Kornspeicher (*granary*) stand. Hier haben bedeutende Persönlichkeiten ihre letzte Ruhestätte gefunden, darunter John Hancock und Samuel Adams, beide Unterzeichner der Unabhängigkeitserklärung. Auch Paul Revere liegt hier begraben; der Silberschmied ritt in der Nacht des 18. April 1775 von Boston nach Lexington und

Info S. 69

weiter nach Concorde, um die Kolonisten vor der Ankunft der britischen Armee zu warnen.

An der Ecke Tremont/School St. steht die ursprünglich anglikanische **King's Chapel**, ein flacher Granitbau aus dem 18. Jh. In der **School Street** gibt es längst keine Schule mehr, aber jene, die hier einmal stand, besuchten u. a. Benjamin Franklin und Josiah Quincy, der zweite Bürgermeister in der Stadtgeschichte. Am Ende der Straße (Ecke Washington St.) liegt der **Old Corner Bookstore**, der älteste Buchladen der USA – seit 1829 wird er ununterbrochen betrieben.

Schräg gegenüber erhebt sich das **Old South Meeting House**, das im Herzen der Bostoner einen besonderen Platz einnimmt, denn hier begannen die Kolonisten im Dezember 1773 mit ihren Überfällen auf britische Teelieferungen, um gegen die Steuergesetze der Krone zu protestieren.

Oben: Das Old State House (1712) inmitten von Hochhäusern verschiedener Epochen. Rechts: Ein markanter Ort der Bostoner Hafenfront – der Bogen des Boston Harbour Hotels, Rowes Wharf.

Das **Old State House**, ein hübsches kleines Backsteingebäude aus dem Jahr 1712, versteckt sich zwischen den Bürohochhäusern an der Washington Street. Wie der Löwe und das Einhorn auf den Ecken des Daches andeuten, wurde es als Sitz der damaligen Kolonialregierung erbaut. In gewissem Sinne begann und endete hier die Revolution: Auf dem Vorplatz fand das „Massaker von Boston" statt, bei dem im März 1770 zum erstenmal britische Soldaten fünf amerikanische Kolonisten erschossen. Und später wurde genau hier den Bostonern die Unabhängigkeitserklärung vorgetragen.

Die Regierung fände heute im Old State House keinen Platz mehr – die Wolkenkratzer des Government Center bieten da schon einen großzügigeren Rahmen. Die **City Hall** und das **JFK Federal Building** formen zusammen einen beeindruckenden modernen Bürokomplex, der die umliegenden historischen Bauten buchstäblich in den Schatten stellt.

 Stadtplan S. 61, Info S. 69

Vis à vis dieser mächtigen Fassade aus Glas, Stahl und Beton liegen „Herz und Bauch“ der Stadt: Die **Faneuil Hall**, die auch gerne als „Wiege der Revolution“ bezeichnet wird, ist heute ein Museum für historische Waffen, Uniformen und Flaggen. 1742 schenkte Peter Faneuil die Halle der Stadt. Das erste Stockwerk diente damals als politische Versammlungshalle der Unabhängigkeitsbefürworter, während das Erdgeschoss als Markthalle genutzt wurde. Doch beide Räume erwiesen sich schnell als zu klein, so dass die Politiker wieder ins Old South Meeting House gingen, während 1826 auf Initiative von Josiah Quincy die Hallen des **Quincy Market** für die Händler gebaut wurden. Heute gibt es rund um den lebhaften und geschäftigen Markt auch zahlreiche Restaurants und Boutiquen. *Durgin Park* bietet nicht nur köstliche Bostoner Spezialitäten, sondern auch das unverschämteste Personal der Ostküste.

Weiter nördlich hat sich die Stadt verändert, seit mit Ende des Projekts *Big Dig* die I-93 in Tunnels verläuft und das Viertel North End nicht mehr von der restlichen Innenstadt trennt. Fisch, Muscheln oder Austern kann man im **Old Union Oyster House** probieren, dem ältesten Restaurant der USA (1826).

Der Freedom Trail verläuft weiter durchs Italiener-Viertel **North End** zum **Paul Revere House** (1676), in dem Revere von 1770 bis 1800 lebte. Ein Stück weiter, in der Hull St., befindet sich die **Old North Church** mit dem **Copp's Hill Burying Ground**, den die Briten als Artillerieposten nutzten, um **Bunker Hill** während eines großen Gefechts am 17. Juni 1775 unter Beschuss zu nehmen. Der Rundblick vom Monument ist einmalig.

Endpunkt des Freedom Trails ist das älteste intakte Kriegsschiff der amerikanischen Flotte, die **U.S.S. Constitution**. Mit der grünen U-Bahn-Linie kommt man zum **Museum of Science** (mit **Hayden Planetarium**) am Charles River Damm. Wer sich für Ozeanografie, Raumfahrt, Computer oder Astronomie interessiert, ist hier richtig.

„Boston Tea Party“ und Museen

Vom Quincy Markt aus ostwärts erstreckt sich das Hafenviertel Bostons mit dem sehenswerten **New England Aquarium**, dessen mehrgeschossiges, zylindrisches Beckendesign fast so interessant ist wie die Fische selbst. Eine beliebte Attraktion ist auch das benachbarte Simons IMAX Theatre mit grandiosen Filmen im Riesenformat.

Im **Boston Harbor** fand die berühmte *Tea Party* statt. Als Indianer verkleidete Bostoner Bürger enterten am 16. Dezember 1773 im Hafen liegende englische Schiffe und warfen Teeladungen über Bord, um gegen die Politik Englands gegenüber seinen amerikanischen Kolonien zu protestieren. **Museum** und **Schiffe**, vor Jahren bei einem Feuer zerstört, können seit Sommer 2012 wieder besichtigt werden.

Das nahe **Children's Museum** (für Kinder ab 5 Jahren) kommt bei jung und alt gleichermaßen an.

Stadtplan S. 61, Info S. 69

Über die Beach St. gelangt man in die **Chinatown**, einen exotischen Stadtteil voller Restaurants und Lädchen. Das Angebot an asiatischen Waren ist vielfältig, angefangen bei Rückenkratzern bis hin zu chinesischen Pilzen.

Die parallel verlaufende Kneeland St. ist das Herz des **Theater District**, wo man sich, gute Englischkenntnisse vorausgesetzt, im Charles Playhouse die seit über drei Jahrzehnten laufende Krimikomödie *Shear Madness* ansehen sollte – nicht zuletzt, um eine wundervolle Kostprobe des Bostoner Humors zu genießen (s. im Internet unter www.shearmadness.com).

Back Bay und umliegende Stadtviertel

Westlich des Boston Common liegt **Back Bay**, ein Wohn- und Geschäftsviertel, wo sich die Läden im Umfeld der **Commonwealth Avenue** konzentrieren. Am Charles River Basin entlang führt die **Esplanade**, die sich im Sommer mit Leben erfüllt, wenn in der **Shell** Konzerte aller musikalischen Genres stattfinden.

Oben: Warten auf Besucher (Gardner Museum, Boston). Rechts: Lektüre auf den Stufen zum Wissenschaftstempel Harvard.

Der **Copley Square** südlich der Commonwealth Ave. ist nach dem Common und der Faneuil Hall das dritte Zentrum Bostons: Auf engstem Raum sind hier die verschiedensten Architekturstile vertreten – von der neoromanischen **Trinity Church** über die Neorenaissance der **Boston Public Library** bis hin zu der neogotischen **New Old South Church** und dem hypermodernen **John Hancock Tower**, den der Architekt I. M. Pei in den 1970er Jahren entwarf. Die Aussichtsplattform auf der obersten Etage wurde nach 9/11 geschlossen.

Gegenüber vom Copley Plaza Hotel, in dem traditionell die amerikanischen Präsidenten absteigen, liegt **Copley Place**, ein gigantischer Shopping-Komplex mit einem Restaurant im obersten Stockwerk. Ein gläserner Gang führt zum **Prudential Center**, einem weiteren Einkaufszentrum. Auf der obersten

Stadtplan S. 61, Info S. 69

Etage befindet sich das höchste **Observation Deck** der Stadt mit fabelhafter Aussicht.

In der Nachbarschaft steht eine seltsame Verquickung zweier Kirchen aus dem 19. Jh., die eine gigantische Kuppel überwölbt – quasi der Petersdom der Gemeinschaft *Christian Science*. Die **Symphony Hall**, ein Bau der Jahrhundertwende mit hervorragender Akustik, besticht dagegen durch Schlichtheit.

Die Huntington St. führt hinunter zum bedeutenden **Museum of Fine Arts**, dessen ständige Ausstellung großartige Werke europäischer Maler vom Mittelalter bis zum 20. Jh. umfasst. Ebenfalls am **Back Bay Fens**, einem großen Park, den Frederic Olmsted entworfen hat, liegt das **Isabella Stewart Gardner Museum**. Hier sind u. a. Gemälde von Tizian und Botticelli ausgestellt. Erstes neues Kunstmuseum seit fast einem Jahrhundert war das 2007 eröffnete **Institute of Contemporary Art** (100 Northern Ave.), das bereits einen Preis für seine bahnbrechende Architektur erhielt.

Rund um Boston

Unter all den Orten rund um Boston, die auf einer Reise durch Neuengland einen Besuch lohnen, ragt **Cambridge** eindeutig heraus. Die Gemeinde wurde ungefähr zur selben Zeit gegründet wie Boston und schuf mit der **Harvard University**, dem **Radcliffe College** und dem **Massachusetts Institute of Technology (M.I.T.)** die Grundlage für ihre Berühmtheit als Lehr- und Forschungszentrum.

Eine Tour zu den wichtigsten Sehenswürdigkeiten beginnt an der U-Bahn-Station **Harvard Square** (rote Linie), wo man sich auch nach Führungen durch den Campus erkundigen kann. Nordwestlich der **Christ Church** und dem Common liegt im Schatten des Sheraton Hotels das Radcliffe College, 1879 als reines Frauen-College gegründet. Östlich des Common bildet Harvard Yard das Zentrum der Universität. Besuchen sollte man das **Harvard Museum of Natural History**, das in viktorianischen Hallen wissenschaftliche Exponate zeigt.

Ein ganz anderes Kapitel amerikanischer Geschichte kann man in **Lowell** erkunden (über die I-495 erreichbar). Der Name der Stadt hatte früher wegen der vielen Spinnereien einen unrühmlichen Beigeschmack. Die industrielle Revolution hat in *Spindle City*, das Mitte des 19. Jh. als ideale Arbeiterkommune geplant worden war, deutliche Spuren hinterlassen. In jenen Tagen des Manchester-Kapitalismus waren die Löhne lächerlich niedrig, die Lebensbedingungen der Arbeiter unmenschlich.

Als die Textilindustrie Anfang des 20. Jh. zusammenbrach, wurde Lowell zu einer Geisterstadt, in der die Geister vor allem arbeitslos waren. Ein halbes Jahrhundert später zogen neue Betriebe, vor allem aus der Computerindustrie, hierher; mit dem wirtschaftlichen Aufschwung entstand auch die Idee, Lowell als eine **National Historic Site** zu erhalten, so dass Besuchern amerikanische **Industriegeschichte** in einem **Freilichtmuseum** lebendig vor Augen geführt wird.

Nördlich von Boston gelangt man auf der 1A nach **Salem**. Das Städtchen ist vor allem wegen der Hexen-Hysterie bekanntgeworden, die von seinen religiösen Führern im Jahr 1692 entfacht wurde und mit der Einkerkerung Hunderter, darunter auch Kinder, und 19 Gehängten endete. Im **Salem Witch Museum** am Marktplatz werden die damaligen Ereignisse multimedial nacherzählt. Der Schriftsteller Nathaniel Hawthorne, der 1804 in Salem geboren wurde, spann eine Fabel um die Vorfahren dieser Hexen-Jäger im **House of the Seven Gables**. Die Romanvorlage, ein unheimliches Kapitänshaus von 1668 (54 Turner St.), kann man besichtigen.

Ganz nebenbei besitzt Salem auch noch das älteste Museum der USA: Das von der East India Marine Society 1799 gegründete **Peabody Essex Museum** zeigt u. a. asiatische Kunst und Objekte der Seefahrt. Nicht versäumen sollte man auch die prächtigen Villen in der **Chestnut Street**.

MAINE

Nach einer kurzen Fahrt durch New Hampshire beginnt jenseits des Piscataqua River die Küste von **Maine**, die sich immer zerklüfteter und wilder zeigt, je weiter man Richtung Norden vorstößt. Maine ist der größte und zugleich der am dünnsten besiedelte Staat Neuenglands, wobei die meisten Menschen in einem schmalen Streifen entlang der Küste leben. Wegen der vielen *Acadians*, die um 1750 nach der „Großen Vertreibung" aus Kanada hierher zogen, wird in einigen Gegenden Maines sogar kanadisches Französisch gesprochen.

Rte. 1 durchzieht zwischen der Küste und der I-95 alle Dörfer und Städte, die auf dem Weg nach Portland liegen. In der alten Künstlerkolonie **Ogunquit** locken unzählige Galerien, u. a. die **Barn Gallery** an der Bourne Rd. **York**, der älteste in Karten verzeichnete Ort Amerikas (1641), ist heute lediglich ein großes Dorf, das eine Geschichtstour durch sechs alte Häuser anbietet. Unter all den schicken Badeorten entlang der südlichen Küste ist **Kennebunkport** am bekanntesten – hier baute der frühere US-Präsident George Bush Sen. sein Haus. In Oak Hill führt die Rte. 77 um **Cape Elizabeth** herum nach **Two Lights**, wo versteinerte Bäume an der Küste liegen. Bei **Cape Elizabeth** steht der älteste Leuchtturm Maines, das **Portland Head Light** von 1791.

Portland

Immerhin zwölf Jahre lang – zwischen 1820 und 1832 – war **Portland** die Hauptstadt von Maine. Wenn man die **Million Dollar Bridge** (auf der Rte. 77) überquert hat, geht es rechts ab in die Commercial St., die zur *waterfront* führt. In den ehemaligen Hafengebäuden mit ihren alten Backsteinfassaden befinden sich heute Restaurants, Cafés und Geschäfte. Hier sollte man unbedingt Maines Hummer probieren – falls

Info S. 69

man dies nicht schon auf dem Weg hierher tat – oder Essen und Bier bei **Gritty's** genießen, einer Mini-Brauerei in der Fore Street. Nicht verpassen sollte man auch die Leuchttürme der U.S. Coast Guard Moorings, besonders das Leuchtschiff #112, die *Nantucket*.

In der Nähe der **Schiffswerft** legen die Postboote zu ihren Fahrten durch die **Casco Bay** ab. Auch Touristen können mitfahren, und während der Postbote bzw. Steuermann, das Boot um die vielen Inseln lotst, erzählt er Geschichten über die See und die Fischerei, von den mächtigen Stürmen und dem deutschen U-Boot-Kapitän, der im Zweiten Weltkrieg mit seinem Boot unter den Abfangnetzen hinwegtauchte und sich später eine der Inseln kaufte, die er ausspioniert hatte.

Auf Portlands Hauptverkehrsstraße, der **Congress Street**, fällt die Mischung aus Baustilen aus dem 19. und 20. Jh. auf. Die Ursache dafür war ein Großbrand im Jahr 1866 und der damalige Geldmangel für Neubauten. Anschließend wurde der **Lincoln Park** für alle Fälle als Feuerbarriere angelegt.

Die **City Hall** von 1909 (Nr. 389) ist im Stil der Renaissance gehalten, während der Baustil der vom Feuer verschont gebliebenen **First Parish Church** (auf derselben Straßenseite) typisch ist für die frühe Republik. Ein Fest für die Sinne sind die Obst- und Gemüsestände im **Public Market** (Monument Square).

Ebenfalls an der Congress St. liegt das **Portland Museum of Art**, das über eine interessante Sammlung amerikanischer Malerei von Homer bis Hopper verfügt. Entlang der Elm St. stehen moderne Gebäude Seite an Seite mit älteren: die **Public Library**, nur einen Schritt von dem reich verzierten Gebäude der **Fidelity Trust Company** entfernt, eine Konstruktion im Stil der amerikanischen Art Nouveau. Die in den 1970er Jahren erbaute **Casco Bank** bildet einen modernen Kontrast zum Bürgerkriegsdenkmal **Our Lady of Victories**.

Von Portland nach Acadia

Entlang der Küste von Maine hat jede Bucht ihren eigenen Reiz, jede Land-

Info S. 69

zunge ihre eigenen Naturschönheiten – lange, saubere Strände, felsige Küsten, eisblaues Wasser und hübsche kleine Fischerdörfer.

Einen unvergesslichen Eindruck der amerikanischen Konsumgesellschaft erhält man in **Freeport**, mehr eine Ansammlung von Discount-Geschäften als eine Kleinstadt. Im berühmten *Outdoor Supply Store* **L. L. Bean**, kann, wer will, mitten in der Nacht ein Kanu oder Fischerstiefel kaufen.

In **Brunswick** lohnen das **Peary-MacMillan Arctic Museum** und das **Museum of Art** einen Besuch; auch das Haus, in dem Harriet Beecher-Stowe „Onkel Toms Hütte" schrieb, kann besichtigt werden. **Bath**, rund zehn Meilen östlich von Brunswick, ist vor allem wegen seines Schiffsbaus und den Bath Iron Works (BIW) bekannt. Das **Maine Maritime Museum**, eines der interessantesten seiner Art in Maine, informiert über die ruhmreiche Vergangenheit des Schiffbaus. In **Augusta**, der 31 Meilen nördlich von Brunswick gelegenen, ruhigen Hauptstadt konzentriert sich die geologische, ökologische, soziale, wirtschaftliche und politische Geschichte des Bundesstaates. Das **Maine State Museum** zeigt Exponate zur Naturgeschichte und zur Wirtschafts- und Sozialgeschichte von Maine. Im **Old Fort Western Museum** wird das Leben hinter den Palisaden eines abgelegenen Forts des 18. Jh. nachgestellt.

Oben: Ein Hummerkoch an seinem Freiluftherd (Maine).

Eine der Halbinseln, die einen Besuch lohnen, ist **Boothbay**. Etwas abseits der Rte. 27, die hinunter nach **Boothbay Harbor** führt, liegt **Railway Village**, das die Atmosphäre eines alten neuenglischen Dorfes bewahrt hat: Hier gibt es noch eine Schule mit nur einem Klassenzimmer, eine kleine Bank, ein Hotel, einen Friseur und eine ganze Menge Model-T-Fords in perfektem Zustand. Von Boothbay Harbour legen die Fähren nach **Monhegan Island** ab, an dessen Klippen sich Künstler und Naturfreunde treffen.

Mittlerweile ist die Landschaft wilder, und Autofahrer müssen auf Elche achtgeben, die hier die Straßen überqueren oder einfach darauf herumstehen. Schließlich erreicht man den **Acadia National Park** auf **Mt. Desert Island**, einer der meistbesuchten Nationalparks der USA, was angesichts der eher geringen Fläche (156 km^2) überraschen mag. Hier kann man sich an der Schönheit dieses Parks mit seinen Kiefern- und Tannenwäldern erfreuen; klare Seen und die zerklüftete Küste sind Überbleibsel der Eiszeit, ebenso wie die Sandstrände und **Thunder Hole**, ein Fjord, in den die Fluten des Atlantiks donnernd hineindrängen.

Von Menschenhand geschaffen sind die Wanderwege bis hinauf zum **Mount Cadillac**, mit 478 m die höchste Erhebung an der Atlantikküste. In **Bar Harbor** legen die Boote der Walsafaris ab. Von **Northeast Harbor** aus kann man eine Fähre nach **Little Cranberry Island** nehmen.

Karte S. 67

MASSACHUSETTS / CAPE COD (☎ 508)

Berkshire Visitors Bureau, 3 Hoosac St., Adams, MA 01220, Tel. 413-743-4500, http://berkshires.org. **Cape Cod Chamber of Commerce**, Centerville, Tel. 362-3225, www. capecodchamber.org. **Martha's Vineyard Chamber of Comm.**, Beach Rd., Vineyard Haven, Tel. 693-0085, www.mvy.com

Battleship Cove, Fall River, www.battleshipcove.org, I-195, tgl. 9-16.30, Sommer bis 17.30 Uhr. **Cape Cod Nat. Seashore**, Besucherzentrum Eastham, www.nps.gov/caco. **Falmouth Historical Society Museum,** www.falmouthhistoricalsociety.org, Ende Mai-Anf. Okt. Di-Fr 10-16, Sa 10-13 Uhr. **John F. Kennedy Museum**, 397 Main St., Hyannis, Sommer Mo-Sa 9-17, So 12-17, sonst bis 16 Uhr. **Cape Cod Maritime Museum**, 135 South St., Hyannis, Mitte März-Mitte Dez. Di-Sa 10-16, So 12-16 Uhr. **New Bedford Whaling Museum**, 18 Johnny Cake Hill, www.whalingmuseum.org, tgl. 9-17 Uhr. **Norman Rockwell Museum**, MA 183, Stockbridge, www.nrm.org, tgl. 10-16, im Sommer 10-17 Uhr. **Old Sturbridge Village**, US Hwy. 20W, www.osv.org, Mitte April-Ende Okt. tgl. 9.30-17, sonst Di-So 9.30-16 Uhr. **Pilgrim Monument / Provincetown Museum**, High Pole Hill, www.pilgrim-monument.org, April-Mai und Mitte Sept.-Dez. 9-17, Juni-Mitte Sept. 9-19 Uhr. **Plimoth Plantation**, 3 Meilen südl. bei MA 32, Plymouth, www.plimoth.org, Mitte März-Nov. tgl. 9.30-17 Uhr.

Hyannis Whale Watcher Cruises, Millway Marine, Barnstable Harbor, Hyannis, Tel. 362-6088, www.whales.net. **Dolphin Fleet of Provincetown**, Tel. 240-3636, www.whalewatch.com **Woods Hole Car/ Passenger Boat Trips**, Tel. 477-8600, http://www.steamshipauthority.com. Fähren nach Martha's Vineyard, Nantucket Island.

BOSTON & UMGEBUNG (☎ 617)

Greater Boston C & V Bureau, 2 Copley Plaza, Tel. 536-4100, www.bostonusa.com. **Greater Merrimack Valley C & V Bureau**, 40 French St., Lowell, Tel. 978/459-6150, www.merrimackvalley.org (auch für Lexington/Concord). **Salem Office of Tourism**, 10 Liberty St., Tel. 978-741-3252, www.salem.org

Boston Tea Party Ships, Congress St. Bridge. **Children's Museum**, 300 Congress St, www. bostonchildrensmuseum.org, tgl. 10-17, Fr bis 21 Uhr. **Museum of Afro-American History**, 46 Joy St., Mo-Sa 10-16 Uhr. **Museum of Fine Arts**, 465 Huntington Ave., www.mfa.org, tgl. 10-16.45, Mi-Fr bis 21.45 Uhr. **Museum of Science**, 7 Science Park, www.mos.org, tgl. 9-17, Fr bis 21 Uhr. **New England Aquarium** mit IMAX Theatre, Central Wharf, www. neaq.org, Mo-Fr 9-17, Sa/So 9-18 Uhr. **Old South Meeting House**, 310 Washington St., April-Okt. tgl. 9.30-17, sonst 10-16 Uhr. **Old State House**, 206 Washington St., www.bostonhistory.org, tgl. 9-17, Juli/Aug. bis 18 Uhr. **Paul Revere House**, 19 North Sq., tgl. 9.30-17.15, Nov.-Mitte April nur bis 16.15 Uhr. **State House**, Beacon/Park Sts., www.sec.state. ma.us/trs, Führg. Mo-Fr 10-16 Uhr. **Symphony Hall**, Huntington/Massachusetts Aves., www.bso.org. **USS Constitution**, Charlestown Navy Yard, Boston Nat. Hist. Park, www. ussconstitutionmuseum.org, Mitte April-Mitte Okt. 9-18, sonst 10-17 Uhr. **Harvard Mus. of Nat. History**, 11 Divinity Ave./26 Oxford St., Cambridge, www.hmnh.harvard.edu, tgl. 9-17 Uhr. **Lowell Nat. Hist. Park**, 67 Kirk St., Lowell, www.nps.gov/lowe. **Peabody Essex Mus.**, E India Sq., Salem, www.pem.org, Di-So 10-17 Uhr. **Witch Museum**, Washington Sq. N, Salem, www.salemwitchmuseum.com, tgl. 10-17, Juli/Aug. bis 19 Uhr.

MAINE (☎ 207)

Acadia National Park, Besucherzentr. nordwestl. von Bar Harbor, www.nps.gov/acad. **Barn Gallery**, Shore Rd., Ogunquit, www. barngallery.org, Ende Mai-Sept. Mo-Sa 11-17, So 13-17 Uhr. **Maine Maritime Mus.**, 234 Washington St., Bath, www.mainemaritimemuseum.org, tgl. 9.30-17 Uhr. **Gritty McDuffs Brewing Co.**, 396 Fore St., Portland, www.grittys.com. **Maine State Mus.**, Augusta, www.state.me.us/museum, Mo-Fr 10-17, Sa 10-16, So/Mo geschl.

VON NEW YORK NACH MONTREAL

HUDSON RIVER
HUDSON HIGHLANDS
ALBANY / ADIRONDACKS
MONTREAL

Die meisten Fremden denken bei dem Namen **New York** zuerst an die Stadt, „die niemals schläft". Doch New York bezeichnet auch den ausgedehnten, dünn besiedelten und ländlich geprägten **Bundesstaat** mit Naturschönheiten wie den Adirondacks oder den majestätischen Niagarafällen.

Diese 616 km lange Reise verläuft zum großen Teil auf der Rte. 9, die sich durch den gesamten Staat schlängelt, von der dörflichen Idylle des Hudson Valley durch Kiefernwälder bis zu den tiefen, kalten Seen in den Adirondacks. „Immer den Hudson hinauf" lautet das Motto des Staates New York und so folgt diese Route einige Zeit dem Fluss, einem der Hauptanziehungspunkte in New York State, durchquert Albany, New Yorks Hauptstadt, und führt bis in die kanadische Provinz Quebec, die bis heute französisch geprägt ist.

Ein Ausflug in die Geschichte

Die amerikanische Geschichte hat im Bundesstaat New York viele frühe Spuren hinterlassen: Bereits 1609 segelte der englische Abenteurer Henry Hudson im Dienst der Niederlande mit seinem Schiff *Half Moon* den Fluss hinauf, der seitdem seinen Namen trägt. Seine Reise beendete er mit der Gründung Albanys. Französische Entdecker kamen derweil vom Norden den St. Lawrence herunter, darunter Samuel de Champlain, der 1609 den größten See des Staates (Lake Champlain in den Adirondacks) nach sich benannte. Damals trieben die französischen Trapper und Kaufleute Handel mit den Indianern, in diesem Gebiet zumeist Irokesenstämme. Diese hatten bereits um 1570 ihre jahrelangen Fehden beendet und eine *Five Nations* genannte Konföderation gebildet. Noch heute bewohnen einige ihrer Nachfahren die wenigen staatlichen Reservate. Die Sprache der Indianer überlebte in vielen Ortsnamen wie Saratoga, Adirondack, Otsego oder Ticonderoga.

Vorherige Seiten: Ausblick von West Point in das Hudson Valley. Links: Halloween und die Kürbisse der Region – eine untrennbare Einheit.

Der Frieden zwischen Weißen und Indianern hielt indes nicht lange, denn wegen seiner strategischen Lage wurde in und um New York oft Krieg geführt. Der Hudson, eine lebenswichtige Versorgungsroute, wurde im Unabhängigkeitskrieg erbittert umkämpft. Die Indianer standen dabei im Lauf der Geschichte auf verschiedenen Seiten – mal kämpften sie für die Briten, dann wieder für die Franzosen, später auch für die Kolonisten.

New York verfügt über ein großes kulturelles und volkstümliches Erbe;

Karte S. 75, Info S. 83

die indianischen Legenden wurden von den Weißen mit eigenen Versatzstücken angereichert.

Das kulturelle Leben des Staates ist dagegen dem Hier und Jetzt verpflichtet: New York rühmt sich nicht nur einiger der hervorragendsten amerikanischen Universitäten, sondern auch lebendiger Kunst- und Kulturszenen in Buffalo und Rochester, Albany und Syracuse. Empfehlenswert sind auch Kunstfestivals wie das Lake George Opera Festival in Saratoga, der Kunstpark in Lewiston oder das Sommer-Theater in den Catskills.

DER HUDSON RIVER

Wer aus New York City kommt, fährt über den Saw Mill Parkway (Rte. 9A) zunächst durch das **Westchester County**. Der Landkreis gilt als ziemlich versnobte Wohngegend, einer von vielen New Yorker Vororten, der bis Ende der 1940er Jahre stolz auf seine strikte Rassentrennung war! Einige dieser Städte, wie **Larchmont**, **Rye**, **Scarsdale** oder **Hastings-on-Hudson** sind zweifellos sehr schön. Zwar gelten sie als Heimat der Gutbetuchten, Musterbeispiele für gute Etikette sind sie deshalb jedoch noch lange nicht. Scarsdale etwa geriet in Verruf, als die dramatische Liebesgeschichte zwischen einem berühmtem Arzt und einer Internatsdirektorin mit dem mysteriösen Tod des verlassenen Geliebten endete.

Der Weg stadtauswärts führt an Industriegebieten vorbei zum Hudson hinunter, wo die Gegend erstaunlich schnell ländlich wird. Sie lässt sich am besten über die Rte. 9 erschließen; entlegene Straßen führen hier durch **Hastings-on-Hudson**, **Dobbs Ferry** oder **Irvington**, früher einmal Heimat der reichsten und berühmtesten New Yorker wie etwa Louis Tiffany. Ein anderer Mann wohnte hier in der Nähe und gab der Stadt ihren Namen – Washington Irving, einer der populärsten amerikanischen Schriftsteller des 18. Jh. **Sunnyside**, Irvings ehemaliges Haus, ist heute ein Museum.

Oben: Blick auf den Hudson River im Herbst.

Info S. 83

Die **Lyndhurst Villa**, ein weiteres Herrenhaus in der Nähe und ein eher skurriles, neogotisches Bauwerk, thront hoch auf einem Felsen über dem Hudson. Lyndhurst wurde 1830 für einen Bürgermeister von New York erbaut, dann aber von dem Eisenbahn-Tycoon Jay Gould übernommen und ist heute zu besichtigen.

Das Dörfchen **Tarrytown**, eine der frühen holländischen Siedlungen in dieser Gegend, hat seinen einzigartigen ländlichen Charme bis heute bewahrt. Geschichte wird auch im **Philipsburg Manor** lebendig, wo nicht nur Bauten aus der Zeit des Unabhängigkeitskrieges wiedererrichtet, sondern auch jene Handwerkskünste wiederbelebt wurden, die früher solche Häuser möglich machten. Auf dieser Schulfarm werden sogar Kühe und Schafe artgerecht gehalten, und Kinder können die Flachsspinnerei oder einen Webstuhl ausprobieren.

Bis 1969 war Philipsburg Manor in Privatbesitz, bis es schließlich John D. Rockefeller Jr., dessen Familie in der Gegend bereits über Grundbesitz verfügte, aufkaufte und restaurieren ließ. Die großen Ländereien der Rockefellers, **Kykuit** genannt und im nahegelegenen **Pocantico Hills** gelegen, erreicht man auch mit einem Shuttlebus von Philipsburg Manor aus. Die Dorfkirche in Pocantico Hills ist besonders stolz auf ihre Fenster, die auf Entwürfen von Matisse und Chagall basieren.

Ein Kontrast zu den vielen herrschaftlichen Häusern entlang dieser Route liegt in **Ossining** – das wohl berühmteste Bauwerk des Ortes ist sein berüchtigtes Gefängnis, weltweit bekannt als *Sing Sing*. Tagesbesuche für durchreisende Touristen werden hier nicht gestattet, längere Aufenthalte sind jedoch leicht möglich ...

Zu den wohlhabenden Amerikanern holländischer Abstammung, die sich in New York niedergelassen haben, gehörten auch die Van Cortlandts. Die Hauptgebäude ihres ehemaligen Besitzes in

Croton-on-Hudson sind nach einer Restaurierung heute als Museum zugänglich. Auch das Gutshaus **Boscobel** in **Garrison,** etwas weiter nördlich, kann besichtigt werden. Das 1806 erbaute Haus galt als herausragendes Beispiel für die Architektur des frühen 19. Jh., musste später jedoch einem Veteranen-Krankenhaus weichen. Denkmalschützer legten dennoch die Überreste frei und konnten das Haus durch Spendengelder wieder komplett aufbauen.

DIE HUDSON HIGHLANDS

Hinter der Stadt Peekskill verlässt die Route 9 Westchester und erreicht die **Hudson Highlands**, eine Landschaft voller hoher schroffer Felsen, die den breiten Fluss Hudson einfassen. Die gedämpften Farben dieser Landschaft findet man in den Werken der Hudson-River-Schule wieder. Dieser Maler-Kreis um Frederic Church und Thomas Cole schuf hier im 19. Jh. Gemälde, die das Licht und den Nebel des Hudson Tals in zarten Blau- und Orange-Tönen reflektierten.

Doch jenseits dieser Schönheit sind die Hudson Highlands wirtschaftlich und politisch bedeutsam: Seit die ersten Europäer dieses Gebiet erkundeten, war der Hudson die große wirtschaftliche Lebensader und Handelsroute des Staates, so dass der Fluss während des Unabhängigkeitskrieges hart umkämpft wurde. Und im Jahr 1780 standen die Amerikaner bereits am Rande einer Niederlage, als der verräterische General Benedict Arnold versuchte, das erste Fort der Amerikaner am West Point an die Engländer zu übergeben.

Heute hat die Militärakademie der USA, **West Point**, einen ganz besonderen Stellenwert im nationalen Bewusstsein der Amerikaner. Denn hier studierten Männer wie der große Unionsgeneral und spätere Präsident, Ulysses S. Grant oder auch General „Stormin" Norman Schwartzkopf. Nähere Informationen über die 1802 gegründete Akademie erhält man beim angegliederten **Visitor's Center**, das auch geführte Touren über den Campus anbietet.

Rechts: Dekorativ platzierte alte Kanonenrohre in West Point.

Bildungseinrichtungen

Etwas weiter nördlich biegt die Route 299 nach **New Paltz** ab. Vielen ist die Stadt als Heimat einer Fakultät der im ganzen Staat allgegenwärtigen SUNY bekannt, der **State University of New York**. Hier liegt aber auch Amerikas älteste Straße, die **Huguenot Street** mit ihren Backsteinbauten aus dem frühen 18. Jh., in denen zum Teil sogar noch das Originalmobiliar steht.

Hinter dem Fluss beginnt wieder die größere Route 9 und führt nach **Poughkeepsie**, das vor allem wegen des **Vassar College** bekannt ist, früher einmal ein reines Frauen-College, das zu den so genannten „Sieben Schwestern" zählte: Damit waren die sieben Colleges für Frauen gemeint, die das Gegenstück zu den sieben Männer-Elite-Colleges der Ivy League bildeten (Harvard, Yale, Princeton usw.). Heute studieren an Vassar, wie an den meisten anderen Colleges auch, Frauen und Männer gemeinsam, und das College ist deshalb nicht weniger angesehen.

Das im Straßenbild etwas heruntergekommene Poughkeepsie ist derzeit bemüht, die alten Backsteinfassaden im **Union Street Historic District** wiederherzustellen.

Die nächste Bildungseinrichtung entlang des Weges liegt in **Hyde Park** und ist allgemein als CIA bekannt, obwohl sie mit Spionage nichts zu tun hat: das **Culinary Institute of America** widmet sich vielmehr der Ausbildung amerikanischer Chefköche und betreibt vier erstklassige Restaurants, in denen Gäste feinste Menüs zu vernünftigen Preisen essen können.

Karte S. 75, Info S. 83

New Yorker Familiensitze

In Hyde Park lebten im Lauf der Jahre einige der berühmtesten Familien Amerikas. Der beliebte amerikanische Präsident **Franklin D. Roosevelt** wohnte zum Beispiel etwas südlich der Stadt in Springwood. Besucher finden das Haus im Originalzustand vor; später wurden nur das **Franklin D. Roosevelt Museum** und eine Bibliothek hinzugefügt. In der Nähe liegt **Val-Kill**, wo die bei Amerikanern äußerst populäre Eleanor Roosevelt nach dem Tod ihres Mannes lebte. Auch dieses Haus steht Besuchern offen.

Nördlich davon liegt die herrschaftliche **Vanderbilt Villa**, ein *Country House*, das als bescheidener Sommersitz dienen sollte. In seiner ganzen Pracht erinnert es allerdings eher an Versailles – aber auch das war ja „nur" eine Sommerresidenz.

Das Anwesen wurde für den Enkel von Cornelius Vanderbilt erbaut und wirkt mit seiner kostbaren Einrichtung wie ein alter europäischer Herrensitz. Der Architekt, Stanford White, sicherte sich seinen Platz in der amerikanischen Gesellschaftschronik nicht nur durch den Bau von Herrenhäusern, sondern auch durch die Art seines Todes: 1906 wurde er von dem eifersüchtigen Ehemann einer Revuetänzerin erschossen. Ein weiteres Werk Whites war 1895 die Renovierung der **Mills Mansion** ein Stück weiter nördlich.

Rhinebeck und die Catskills

Das Städtchen **Rhinebeck** gibt sich bescheiden; als größte Sehenswürdigkeit hier gilt das älteste Wirtshaus Amerikas, das **Beekman Arms** (1766). Technisch Interessierte sollten außerdem einen Blick in das **Rhinebeck Aerodrome** werfen, ein Luftfahrtmuseum, das Flugzeuge aus der Zeit vor 1937 zur Schau stellt – manchmal auch in Aktion.

Weiter nördlich liegt die **Clermont State Historic Site**, ehemals Heimat des patriotischen Livingston-Clans: Robert Livingston gehörte zu den fünf Autoren der Unabhängigkeitserklärung, war dann einer der ersten Minister des jungen Landes und investierte schließlich in ein Experiment seines Schwiegersohnes Robert Fulton. Das Ergebnis war das erste Dampfschiff der Welt, das natürlich *The Clermont* getauft wurde.

Am nördlichen Ende der Hudson Highlands, über dem Steilufer des Flusses, steht eines der ungewöhnlichsten Bauwerke der Region – das **Olana**, eine etwas merkwürdige Mischung aus Burg und Moschee, früher einmal die Heimat des Malers Frederic Church.

Die **Catskills**, eines der beliebtesten Urlaubsgebiete New Yorks, reichen bis an den Hudson heran, liegen aber vor allem westlich der Rte. 9. Die raue, waldreiche Landschaft ist für groß angelegte Landwirtschaft oder Industrie nicht geeignet, so dass sich diese Region ihren ländlichen Charakter bewahren konnte. Dies freut insbesondere Urlauber, aber auch die Künstlergemeinden und all jene gestressten New Yorker Yuppies, die jedes Jahr in die Sommercamps und die Kurorte der Catskills pilgern (siehe S. 85).

ALBANY

Viele Besucher glauben, New York City sei die Hauptstadt des Staates New York – weit gefehlt. Diese Ehre gebührt **Albany**, einer ehemals holländischen Siedlung. Treffender ist dies allemal, denn das kleine Albany verkörpert den Charakter des Staates, diese Mischung aus Stadt und Land, Urbanität und Provinzialität, viel besser als der großstädtische, hektische *Big Apple*.

Die Stadt liegt an der Stelle, an der Hudson 1609 mit der *Half Moon* seine Expedition beendete; noch immer bestimmen die Backsteinbauten der holländischen Siedler das Straßenbild. Am besten und buntesten zeigt sich das niederländische Erbe auf dem alljährlich im Mai stattfindenden Tulpenfestival.

Rechts: Das State Capitol von New York State in Albany.

Die moderne Architektur der **Empire State Plaza** verdeutlicht, dass Albany das Zentrum der New Yorker Politik ist. Rund um die Plaza gruppieren sich elf moderne Gebäude aus Glas und Marmor, die während der Gouverneurszeit Nelson D. Rockefellers entstanden. Das mit 44 Stockwerken höchste von ihnen ist der **Corning Tower**. Von der Aussichtsplattform genießt man einen wundervollen Ausblick auf das Hudson Valley und die Adirondacks. Sehenswert ist das **New York State Museum**, u. a. mit einer bewegenden Ausstellung zu den Geschehnissen am 11. September 2001.

Die Geschichte ist in Albany allgegenwärtig: Rund um den **Quackenbush Square** stehen Originalbauten aus der holländischen Kolonialzeit, im Umland sind einige restaurierte Häuser aus dem 19. Jh. erhalten wie beispielsweise **The Pastures** mit ihren hübschen kleinen Vorgärten.

Daneben sind das als Ten Broeck Villa bekanntgewordene **Arbour Hill** aus dem Jahr 1798 sowie das **Cherry Hill Mansion** sehenswert. Hier wohnten vier Generationen der Rensselaer Familie und hinterließen im Lauf der Zeit Möbel aus zwei Jahrhunderten.

Im **State Capitol**, das im Baustil einem französischen Schloss nachempfunden ist, wird die Urgeschichte an den Wänden eines Treppenhauses dargestellt: Zwar sind alle Stufen der Evolution, von der Mikrobe zum Säugetier, aufgeführt, doch die Entwicklung vom Affen zum Menschen fehlt. Das verwundert kaum, war doch die Darwinsche Evolutionstheorie im streng religiösen Amerika des 19. Jh., als das Treppenhaus gebaut wurde, verpönt.

Saratoga Springs

Nördlich von Albany liegt die Zuflucht der Reichen und Berühmten: Das Kurbad **Saratoga Springs** orientiert sich an seinen europäischen Vorbildern von Belgien bis Baden-Baden. In den

Heilquellen nehmen die Kurgäste ein Bad, wetten tagsüber auf der Pferderennbahn und abends am Roulette-Tisch. Angeblich schworen bereits die Indianer – lange vor der Ankunft der Europäer – auf die Heilkräfte der hiesigen Mineralquelle. Doch erst die Europäer bauten an dieser Stelle das Kurbad; schon 1863 entstand hier die erste amerikanische Pferderennbahn, einige Jahre später folgte das Spielkasino, in dem heute übrigens das städtische Museum untergebracht ist. Noch immer ist die Rennsaison in jedem Sommer der Hauptanziehungspunkt in Saratoga Springs, das auch „Königin der Quellen“ genannt wird.

Im Sommer ist der Kurort allerdings von Besuchern überlaufen. Während die Pferderennen nur im August stattfinden, bietet das **Saratoga Performing Arts Center** den ganzen Sommer über neben Jazz-Konzerten auch Veranstaltungen mit bedeutenden Ensembles wie dem New York City Ballet oder dem Philadelphia Orchestra.

Wer den Touristenmassen aus dem Weg gehen will, sollte in der Vor- oder Nachsaison hierher kommen – dann lässt sich die einzigartige Mischung aus städtischer Kultur und ländlichem Charme viel besser genießen. Auf die Spuren amerikanischer Geschichte kann man sich per Auto im **Saratoga National Historic Park** begeben, wo eine für den Ausgang des Unabhängigkeitskrieges wichtige Schlacht geschlagen wurde. Und für entspannende Momente bietet sich ein Besuch im Kurbad an, z. B. die **Lincoln Mineral Baths** von 1920, oder ein Blick ins nahe **National Bottle Museum**.

DIE ADIRONDACKS

Der größte Nationalpark außerhalb Alaskas, die **Adirondacks**, umschließt mit seinen 1,5 Mio. Hektar eine friedliche Landschaft aus Kiefernwäldern, Seen und Bergen. Einige Indianerstämme nutzten den Park ausschließlich als Jagdgebiet – das Wort Adirondack ist ein indianisches Wort für „Rindenfresser“, ein Spottname für all jene Stämme, die das ganze Jahr über hier leben mussten.

Schon bald nachdem die ersten Weißen in diese Gegend gekommen waren, zuerst Pelzhändler und später Soldaten, verwandelten sich die Adirondacks gegen Ende des 19. Jh. in ein Erholungsgebiet. Wohlhabende Familien wie die Morgans, Rockefellers und Vanderbilts bereisten diese Region während ihres Sommerurlaubs. Die Vanderbiltsche Variante dieser „naturverbundenen" Ferien bestand darin, ganze Waggonladungen ihres Haushalts zum „Lager" heranzukarren, so dass ständig eine Vielzahl von Dienern zur Stelle war, um Picknicks zu bereiten und alle Wünsche der Herrschaften zu erfüllen.

Die Adirondacks sind zu jeder Jahreszeit wunderschön, selbst während des klirrend kalten Winters: Einer Legende zufolge gab es einmal einen Holzfäller, der im Winter Dutzende von Kerzen kaufte, sie anzündete und abwartete, bis die Flammen gefroren. Schließlich brach er die erstarrten Flammen ab, gab diese als Erdbeeren aus und verkaufte sie an ahnungslose Nachbarn.

Wenngleich es heutzutage nicht mehr ganz so kalt sein mag, genügend Eis und Schnee zum Ski- und Schlittenfahren oder Schlittschuhlaufen gibt es immer. Bereits zweimal wurden hier in Lake Placid die Olympischen Winterspiele ausgetragen, 1932 und 1980. Empfehlenswert ist auch ein Besuch im Herbst, wenn die Berge in eine strahlende Mischung aus gelben, roten und orangefarbenen Blättern getaucht sind, und die Farmer an ihren Ständen Apfelwein und Kürbisse verkaufen.

In der Stadt **Lake George**, gleich hinter **Fort William Henry** (einem restauriertem Überrest aus dem Siebenjährigen Krieg im 18. Jh.), gabelt sich die Rte. 9. Die 9N ist zwar ein Umweg nach **Hague** und Fort Ticonderoga, doch sie führt am Ufer des George-See entlang und bietet die schöneren Aussichten, insbesondere bei **Bolton Landing** und **Silver Bay**. Am Nordende des Sees liegt **Ticonderoga** mit seinem gleich-

Info S. 83

namigen Fort, dessen Name soviel bedeutet wie „Land zwischen den Wassern"; damit sind die beiden größten Seen New Yorks gemeint, der Lake Champlain und der Lake George.

Ebenfalls beeindruckende Ausblicke auf die Landschaft der Adirondacks bietet eine Tour linksseitig des George-Sees, sofern man der Rte. 28 nach Norden zum **Blue Mountain Lake** folgt. Dort befindet sich das **Adirondack Museum**, dessen Ausstellungen über Bergbau, Holzfällerei und andere Wirtschaftszweige in dieser Region informieren.

Von hier aus führt die Rte. 30 zu den riesigen, alten Camps der Rockefellers, Vanderbilts und Posts. Rte. 3 verläuft vom **Tupper Lake** über den **Upper Saranac Lake** zum Rockefeller-Lager **The Point**, heute ein Nobelhotel. Nach dem Bau eines Sanatoriums am Saranac 1884 war die Region lange Zeit ein Erholungszentrum für Tuberkulose-Patienten, die – wie etwa der Schriftsteller Robert Louis Stevenson – wegen der gesunden Luft hierher kamen.

Oben: Indian Summer am Loon Lake, Adirondacks.

Die Rte. 86 windet sich am Saranac vorbei nach **Lake Placid**, wo noch heute viele der alten Olympiagebäude öffentlich genutzt werden.

Im höchstgelegenen Skigebiet im Osten der USA, **Whiteface Mountain**, wird vor allem Alpinski gefahren. Auch im Sommer fahren Sessellifte zum Gipfel hinauf, wo sich ein atemberaubender Blick bis nach Montreal und zum Mount Marcy, dem mit 1629 m höchsten Berg im Staat New York, bietet. In Gipfelnähe erblickt man den See **Tear-in-the-Clouds**, aus dem sich der Hudson speist. Östlich der Rte. 73 liegt die **John Brown Historic Site** an jener Stelle, wo der gleichnamige Sklavereigegner einst lebte und begraben wurde.

Die Straße geht am Mount Van Hoevenberg wieder in die Rte. 9N über und führt Richtung Norden zu den **High Falls George**, die sich in die spektakuläre **Ausable Chasm** ergießen. Die Schlucht erstreckt sich über mehrere hundert Meter Tiefe und zwei Kilometer Länge.

Info S. 83

MONTREAL

Weiter nördlich, am Lake Champlain entlang, überquert der Highway bald die Grenze und führt in die kanadische Provinz Quebec. Nach den langen Autofahrten auf den eintönig anmutenden amerikanischen Straßen wirkt diese einzige französischsprachige Provinz Kanadas mit ihren zweisprachigen Straßenschildern sehr international. Die Hauptstadt Quebecs heißt Quebec City, die größte und bedeutendste Metropole der Provinz ist aber unbestritten **Montreal**.

In der Stadt (3,3 Mio. Einwohner) vermischen sich Neue und Alte Welt: Zwei Drittel der Bevölkerung sprechen Französisch, und hier lebt die größte französische Bevölkerungsgruppe außerhalb Frankreichs. Vom Einfluss des Mutterlandes geprägt sind beispielsweise die engen Gassen des Altstadtviertels, während die Wolkenkratzer Montreals das rege Handels- und Finanzzentrum des Landes bilden. Der große, 300 Jahre alte Hafen ist einer der wichtigsten in Kanada.

Oben: Vieux Montreal am Abend, Blick auf den Marché Bonsecours.

Montreal bietet ein reichhaltiges kulturelles Angebot und einen wunderschönen **Botanischen Garten** sowie ein Sportstadium für seine Baseball-Mannschaft, die *Montreal Expos*.

Im Stadtzentrum, direkt am Ufer des St.-Lawrence-Flusses, liegt die reizvolle Altstadt Montreals, **Vieux Montreal**. Die Stadtgeschichte erschließt sich am besten bei einem Spaziergang, der vielleicht am **Place d'Armes** endet. Hier schlugen die ersten Siedler einst die Irokesen-Stämme in die Flucht; außerdem steht hier das **St. Sulpice Seminary** aus dem Jahr 1685, das älteste Gebäude der Stadt.

Einen Besuch wert ist auch die **St. Paul Street** mit der Kirche **Notre-Dame de Bonsecours**, in der eine Ausstellung die Geschichte der ersten Siedler erzählt. Einen wunderbaren Blick auf die Stadt genießt man von der Kapelle **St. Joseph's Oratory**, die sich auf dem Hügel Mont Royal inmitten eines Parks erhebt.

Karte S. 80

HUDSON RIVER UND HUDSON HIGHLANDS (☎ 914 / 845)

NY State Division of Tourism, 30 S. Pearl St., Albany, Tel. 1-800-CALL-NYS, www.iloveny.com.

Boscobel, 4 Meilen nördl. an NY 9D, Garrison, Tel. 845-265-3638, www.boscobel.org, April-Okt. tgl. 9.30-17, No./Dez. bis 16 Uhr. **Kykuit**, North Tarrytown, Tel. 631-8200, www.hudsonvalley.org, Führungen tgl. außer Di ab ca. 9 Uhr. **Lyndhurst**, 635 S Broadway, Tarrytown, Tel. 631-4481, www.lyndhurst.org, Mitte April-Okt. Di-So 10-17, sonst nur Sa/So bis 16 Uhr. **Staatsburg State Historic Site**, Staatsburg, Tel. 845-889-8851, www.staatsburgh.org. **Old Dutch Church of Sleepy Hollow**, Broadway/Pierson St., Tel. 631-1705, www.sleepyhollowchamber.com. **Philipsburg Manor**, North Tarrytown, Tel. 631-8200, www.hudsonvalley.org, April-Okt. tgl. außer Di 10-17, Nov./Dez. bis 16 Uhr, März nur Sa/So. **Springwood**, Home of Franklin D. Roosevelt National Historic Site, Rte. 9, Hyde Park, Tel. 845-229-9115, www.nps.gov/hofr, Führungen tgl. 9-16 Uhr. **Sunnyside**, W Sunnyside Lane, Irvington, Tel. 631-8200, www.hudsonvalley.org, Führungen April-Okt. tgl. außer Di 10-17, Nov./Dez. bis 16 Uhr, März nur Sa/So. **Van Cortlandt Manor**, Croton-on-Hudson, Tel. 631-8200, www.hudsonvalley.org, April-Sept. tgl. außer Di 10-17, Okt. bis 14 Uhr. **Vanderbilt Mansion**, Rte. 9, Hyde Park, Tel. 845-229-9115, www.nps.gov/vama, nur mit Führung, tgl. 9-16 Uhr. **West Point US Military Academy** (Besucherzentrum am Thayer Gate, Tel. 845-938-2638, www.usma.edu); **West Point Museum**, tgl. 10.30-16.15 Uhr.

RHINEBECK (☎ 914) / ALBANY (☎ 518)

Clermont State Historic Site, an der US 9, bei Albany, nysparks.com/historic-sites/16/details.aspx, Führg. April-Okt. Mi-So 11-17 Uhr. **New York State Museum**, Empire State Plaza, Albany, www.nysm.nysed.gov, Mo-Sa 9.30-17 Uhr. **State Capitol**, State St., Albany, Tel. 474-2418, http://assem bly.state.Ny.us/tour. **Rhinebeck Aerodrome**, 42 Stone Church Rd., Tel. 845-752-3200, www.oldrhinebeck.org. **Olana State Historic Site**, NY 9G, nahe Albany, www.olana.org, Touren April-Okt. 10-16, sonst 10-15 Uhr.

DIE ADIRONDACKS (☎ 518)

Adirondack Tourism Council, I-87 S. Exit 41 & 40, West Chazy, Tel. 846-8016, http://visitadirondacks.com.

Adirondack Museum, 1 Meile nördl. an der NY 29, Blue Mountain Lake, Tel. 352-7311, www.adkmuseum.org, Mitte Mai-Mitte Okt. tgl. 10-17 Uhr. **Fort Ticonderoga**, 2 Meilen östl. an der NY 74, Tel. 585-2821, www.fortticonderoga.org, Mitte Mai-Mitte Okt. tgl. 9-17 Uhr. **Fort William Henry Museum**, Canada St., südl. v. Lake George Vill., Tel. 668-5471, http://fwhmuseum.com, Mai-Okt. tgl. 9-18 Uhr. **John Brown Farm Historic Site**, John Brown Rd. 2, Lake Placid, Tel. 523-3900, nysparks.com/historic-sites/29/details.aspx Mai-Okt. tgl. außer Di 10-17 Uhr. **National Bottle Museum**, 76 Milton Ave., Ballston Spa (bei Saratoga), Tel. 885-7589, www.nationalbottlemuseum.org, Juni-Sept. tgl. 10-16 Uhr, sonst nur Mo-Fr. **Saratoga Spa State Park** (mit Performing Arts Center), Tel. 584-2535, www.nysparks.com/parks/saratogaspa. **Lincoln Mineral Baths & Spa**, Saratoga Springs, Tel. 583-2880. **Saratoga Race Course**, Union Ave., Saratoga Springs, Tel. 584-6200, www. saratogaracetrack.com.

Adirondack Mountain Club, Tel. 668-4447, www.adk.org. ***PFERDESPORT:*** **Lake Placid Horse Show Association**, Tel. 523-9625, www.lakeplacidhorseshow.com.

Dutch Apple River Cruises, Tel. 463-0220, http://dutchap plecruises.com. Hudson-Touren ab Albany und Schenectady. **Lake George Steamboat Company**, Tel. 668-5777, www.lakegeorge steamboat.com.

MONTREAL (☎ 001/514)

Maison du Tourisme, 1255 Peel St., Suite 100, Tel. 873-2015, www.tourisme-montreal.org.

Botanical Garden, Maisonneuve Pk., www2.ville.montreal. qc.ca/jardin.

VON DEN CATSKILLS NACH BUFFALO

CATSKILL MOUNTAINS
COOPERSTOWN
FINGER LAKES
BUFFALO

Der Bundesstaat New York erstreckt sich Richtung Norden bis zu den Großen Seen und ist damit beinahe so breit wie lang. Diese Tour beginnt im waldreichen Catskill-Gebirge im Osten und führt entlang dem bereits 1825 geschaffenen Erie-Kanal westwärts nach Buffalo – eine Reise durch die amerikanische Industriegeschichte.

CATSKILL MOUNTAINS

Das als **Catskill Mountains** bekannte Gebirge ist eine der ursprünglichsten Regionen des Staates New York. Ihr Zentrum bildet der über 300 ha große **Catskill Park** mit zahllosen markierten Wanderwegen und Campingplätzen. Städte wie das historische **Athens** im Nordosten mit seinen alten Gebäuden, Wirtshäusern und Leuchttürmen stehen im Kontrast zu den teuren und modernen, nicht immer geschmackvollen Kurorten entlang der Rte. 17 nach Südwesten. Dieser Landstrich wird scherzhaft „Borschtsch-Gürtel" genannt, weil sich hier viele Juden der Mittelschicht aus New York erholen.

An der Ostgrenze des Parks liegt **Kingston**, New Yorks erste Hauptstadt, die verschiedene Namen trug und unterschiedliche Phasen finanzieller Prosperität durchmachte. Kingston war einst eine Hafenstadt am Hudson-Delaware-Kanal, woran ein gleichnamiges Museum erinnert. Lebendige Stadtgeschichte findet man auch im Museum der **Senate House Historic Site**, wo sich im Jahr 1777 der erste Senat des Bundesstaates New York versammelte, und in der **Alten Holländische Kirche** im historischen Stockade District.

Links: Ob wohl jemand da ist? (Woodstock / Catskills)

Nordwestlich von Kingston liegt **Woodstock**. Seit der Wende vom 19. zum 20. Jh. war diese Gemeinde wegen ihrer Künstler bekannt. Heute ist es wegen des Woodstock Festivals von 1969 berühmt, das hier aber gar nicht stattfand: In letzter Sekunde wurde das größte Musikfestival aller Zeiten auf einen Acker zwischen Bethel und White Lake, knapp 100 km entfernt, verlegt. Hier entstand das **Bethel Woods Center for the Arts** mit Konzertprogramm und Woodstock-Museum.

Im Westen führt die Rte. 28 am riesigen **Ashokan-Staubecken** vorbei, das 1913 errichtet wurde. Damals staute man den Fluss als Trinkwasserreservoir für New York City auf; Tausende von Menschen wurden deshalb aus ihren Häusern verdrängt.

Die Städte Mount Tremper, Phoenicia, Shandaken und Big Indian markieren ein Gebiet, das *French Catskills* genannt wird, weil es hier viele französische Lokale und Hotels gibt.

Karte S. 87, Info S. 89

COOPERSTOWN

Bei **Dunraven** schlägt die Rte. 28 einen Bogen in Richtung Norden nach Oneonta, folgt wieder dem Susquehanna, bevor sie nordwärts in das Otsego Country führt. An der Spitze des Otsego Sees liegt einer der beliebtesten Anziehungspunkte New Yorks: **Cooperstown**. Die Stadt wurde vom Vater des Schriftstellers J. F. Cooper gegründet, der im 19. Jh. Trapper- und Indianerromane verfasste (u. a. *Der letzte Mohikaner, Lederstrumpf*). Im **Fenimore Art Museum** sind Stücke aus dem Besitz des Autors ebenso wie amerikanisches und indianisches Kunsthandwerk zu sehen, darunter auch Kleidungsstücke und Masken.

Im **Farmer's Museum** werden Ausstellungsstücke des Land- und Dorflebens vergangener Tage gezeigt. Sein Hauptanziehungspunkt hat allerdings wenig mit Geschichte zu tun: Mitte des 19. Jh. hatten zwei Brunnenbauer eine drei Meter lange Steinfigur ausgegraben, die *Cardiff Gigant* getauft wurde. Wissenschaftler konnten ihre Herkunft nicht erklären, doch niemand bestritt, dass es sich um eine versteinerte Leiche aus prähistorischen Zeiten handeln könnte. So wurde der „Gigant" zu einer Attraktion, landesweit ausgestellt und brachte seinem Besitzer, dem Mann, auf dessen Land er gefunden wurde, ein Vermögen ein. Doch am Ende gestand der Handwerker, er habe die Figur von Steinhauern aus Ohio erstanden.

Noch sehenswerter ist für viele amerikanische Touristen die **Baseball Hall of Fame**. Hier sind Büsten der berühmtesten Spieler der beliebtesten amerikanischen Sportart zu bewundern, die vermutlich 1839 hier erfunden wurde.

Ein Stück den See hinauf lädt der **Glimmerglass State Park** zum Campen, Angeln und Schwimmen ein. Im Juli und August findet hier die Spielsaison der **Glimmerglass Opera** statt, eine der führenden Sommer-Bühnen Amerikas.

Oberhalb des Sees führt die Rte. 20, bis 1920 eine ungepflasterte Viehtrei-

Oben: Eine überdachte Brücke aus dem Jahr 1889 in Hamden, Catskill Mountains.

Info S. 89

berroute, durch **Richfield Springs**, einstmals ein berühmter Heilkurort. Von den feinen Hotels ist nicht viel geblieben; nur das Kurhaus wurde für die Gäste der Glimmerglass Oper renoviert. Von Richfield führt eine verlassene Landstraße nach **Jordanville**, wo goldglänzende, zwiebelförmige Kuppeln über die Landschaft ragen: Sie gehören zur **Holy Trinity Monastery**, die als das größte russisch-orthodoxe Kloster der Welt gilt.

Die Rte. 20 windet sich weiter durch ländliche Regionen; auf der Interstate 90 geht es weiter durch die städtische Anonymität von **Utica** und **Oneida.** Diese Stadt (und der nahe See) gaben einem bekannten Silberschmuck seinen Namen, als sich hier in der Mitte des 19. Jh. eine Siedlergruppe der „Perfektionisten" niederließ. Die Sekte war in gewisser Weise ein Vorläufer der *Flower Power*-Kinder der 1960er, denn auch sie glaubten an die freie Liebe – monogame Ehen waren genauso verboten wie Privateigentum. Die Kommune hielt dem Druck von außen jedoch nicht lange stand und löste sich nach einigen Jahrzehnten auf. Nur das Silberschmuck-Werk, mit dem sie ihr Geld verdienten, blieb bestehen. Ihr **Mansion House** ist ebenso zu besichtigen wie das **Madison County Historical Society Museum**.

DIE FINGER LAKES

Die **Finger Lakes** bestehen aus insgesamt elf fingerförmigen Seen, die in der Eiszeit hinter zurückweichenden Gletschern entstanden. Diese tiefen Seen sind beliebt bei Anglern, Seglern und Hobbyfotografen, die hier Felsschluchten, Wasserfälle und Weinberge fotografieren. **Skaneateles**, am Nordende des gleichnamigen Sees, war einst Teil der *Underground Railroad* (vgl. S. 94). Heute ist Skaneateles eine Stadt mit viktorianischem Charme an dem wohl reizvollsten der Finger Lakes. Es gibt hier einfach alles, Erholung in wilder Natur ebenso wie feine Abendessen – wie z. B. im Restaurant **Krebs**, das das nach einer umfassenden Renovierung im Sommer 2012 neu eröffnet. Die *Underground Railroad* ver-

lief weiter bis nach **Auburn**, wo man das Haus von **Harriet Tubman** besichtigen kann. Sie selbst war eine entflohene Sklavin, die hunderten anderer Sklaven in der Mitte des vorigen Jahrhunderts zur Flucht in die Freiheit verhalf.

Auch in **Seneca Falls** wirkten bedeutende Frauen, die hier für ihre Rechte, vor allem das Wahlrecht, kämpften. 1848 wurde hier die erste Versammlung der amerikanischen Frauenbewegung abgehalten; heute befindet sich an dieser Stelle die **National Women's Hall of Fame**. Im Women's Rights National Historical Park Visitor Center kann man die Frauenbewegung auf Video nachvollziehen.

Durch die malerische Seenlandschaft führt die Rte. 414 weiter nach **Watkins Glen** und zu dem gleichnamigen Nationalpark mit einer spektakulären Schlucht und 19 Wasserfällen. Die Gegend entwickelt sich immer mehr zu einem Zentrum des Weinanbaus; einige der Weinkellereien, wie die **Glenora Wine Cellars**, veranstalten Führungen und Verkostungen.

Oben: Copperstown nimmt für sich in Anspruch, Baseball erfunden zu haben.

Weiter östlich, am Südufer des **Cayuga Lake**, liegt das wunderschöne **Ithaca**, Sitz der renommierten **Cornell University**. Hübsche Läden, viktorianische Häuser und einigen Museen, wie z. B. das hypermoderne **Johnson Museum of Art** des Architekten I. M. Pei, das **Museum of the Earth** und das interaktive **Sciencenter** lohnen den Besuch. Südlich von Watkins Glen lädt **Elmira** mit dem **National Soaring Museum** ein, wo die ersten Flugapparate ausgestellt sind. Mark Twain schrieb dort Teile seines Romans *Huckleberry Finn*.

Wenn Oneida die Stadt des Silberschmiedehandwerk ist, dann ist **Corning** die Stadt der Glasbläser. Im **Corning Museum of Glass** können Besucher nicht nur gläserne Kunstwerke bewundern, sondern unter Anleitung auch eigene Arbeiten anfertigen.

Ein Meisterwerk der Natur ist der **Letchworth State Park**. Wegen der hochaufragenden Klippen über drei Wasserfällen wird er auch der „Grand

Karte S. 87

Canyon des Ostens“ genannt. Nördlich davon, am Ufer des Ontario-Sees, liegt **Rochester**, das nach der Eröffnung des Erie-Kanals ein rasantes Wachstum erlebte. Heute ist die Stadt als Sitz der Optikindustrie bekannt, Bausch & Lomb sowie Eastman Kodak haben hier ihre Zentralen. Im **George Eastman House** lebte früher der Erfinder der Filmrolle; heute wird hier in einer Ausstellung die Entwicklung der Fotografie präsentiert. Außerdem beherbergt das Haus das **International Museum of Photography**, dessen Fotosammlung aus dem 19. und dem 20. Jh. weltweit einmalig ist.

BUFFALO

Buffalo liegt an der Mündung des Erie-Kanals in den gleichnamigen See. Schon bevor der St. Lorenz-Strom 1959 als Schifffahrtsweg ausgebaut wurde, war Buffalo eine große Hafenstadt; danach stieg es zum bedeutendsten Hafen der Großen Seen auf. Die geschäftige Industriestadt trägt wegen der harten Winter den Spitznamen „Stadt der Schneestürme“.

Früher war Buffalo ein echter Schmelztiegel der Nationalitäten, insbesondere Polen und Iren siedelten hier. Das polnische Erbe findet man auf dem **Broadway Markt**, wo polnische Spezialitäten wie *kielbasa* (Würste) verkauft werden. Zu kulinarischer Berühmtheit gelangte die Stadt allerdings durch die *buffalo wings*, scharf gewürzte Hähnchenflügel, die in jedem amerikanischen Restaurant serviert werden.

Zu den Sehenswürdigkeiten in Buffalo zählt das **Buffalo Museum of Science** (1020 Humboldt Pkwy, www.sciencebuff.org) mit naturgeschichtlichen und naturwissenschaftlichen Ausstellungen. Außerdem haben bedeutende Architekten des 19. und 20. Jh. wie Frank Lloyd Wright, Louis Sullivan und H. H. Richardson an mehreren Stellen in der Stadt ihre kreativen Spuren hinterlassen.

CATSKILLS

Otsego County Chamber of Comm., 189 Main St., Oneonta, Tel. 877/578-7346, www.otsegocountychamber.com.

Catskill Park, Tel. 518/457-2500, www.catskillpark.com. **National Baseball Hall of Fame**, 25 Main St., Cooperstown, Tel. 888/425-5633, www.baseballhall offame.org **Farmers' Museum**, an NY 80, Cooperstown, Tel. 607/547-1450, www.farmersmuseum.org, tgl. 10-17 Uhr. **Fenimore Art Museum**, an NY 80, Cooperstown, Tel. 607/547-1400, www.fenimoreartmuseum.org, tgl. 10-17 Uhr. **Glimmerglass Opera**, Cooperstown, Tel. 607/547-2255, www.glimmerglass.org. **Cottage Lawn Museum**, 435 Main/Grove St., Oneida, Tel. 315/363-4136, www.mchs1900.org,. Mo-Fr 10-16 Uhr. **Mansion House**, Oneida, Tel. 315/363-0745, www.oneidacommunity.org. **Old Dutch Church**, Main/Wall St., Kingston, Tel. 845/338-6759. **Senate House Historic Site**, 312 Fair St., Kingston, Tel. 845/338-2786.

Hudson River Cruises, Tel. 845/340-4700, www.hudsonrivercruises.com. **Hunter Mt Ski Resort**, an NY 23a, Tel. 518/263-4223, www.huntermtn.com.

FINGER LAKES / BUFFALO

Finger Lakes Tourism, 309 Lake St., Penn Yan, Tel. 315/536-7488, www.fingerlakes.org.

Albright-Knox Art Gallery, 1285 Elmwood Ave, Buffalo, Tel. 716/882-8700, www.albrightknox.org, tgl. außer Mo 10-17 Uhr, **Corning Museum of Glass**, 1 Museum Way, Corning, Tel. 607/937-5371, www.cmog.org, tgl. 9-17 Uhr. **George Eastman House**, 900 East Ave., Rochester, www.eastmanhouse.org. **Glenora Wine Cellars** (an NY 14), Dundee, Tel. 607/243-5511,www.glenora.com. **Harriet Tubman Home**, 180 South St., Auburn, Tel. 315/252-2081. **Nat. Soaring Museum**, Harris Hill Park (an NY 17), Elmira, Tel. 607/734-3128, www.soa ringmuseum.org, tgl. 10-17 Uhr. **Nat. Women's Hall of Fame**, 76 Fall St., Seneca Falls, www.greatwomen.org

VON DEN NIAGARAFÄLLEN NACH TORONTO

NIAGARAFÄLLE
KANADISCHE GRENZREGION
TORONTO

DIE NIAGARAFÄLLE

Die Niagarafälle wurden von den Indianern angebetet; französische Missionare, die sie als erste Europäer 1678 zu Gesicht bekamen, waren sprachlos vor Bewunderung, und heute sind die Niagarafälle eine Attraktion für Millionen von Touristen. Die Wassermassen von vier großen Seen – Superior, Michigan, Huron und Erie – strömen hier zusammen und bilden den Ontario-See: Ein Schauspiel, bei dem 55 Millionen Liter Wasser pro Minute unter donnerndem Getöse und Gischtwolken in die Tiefe stürzen!

Eigentlich gibt es bei **Niagara** zwei Wasserfälle: die **American Falls** und die **Horseshoe Falls**; letztere gelten als spektakulärer. Die beiden Wasserfälle liegen am Beginn und Ende des Niagara-Flusses zwischen Erie- und Ontario-See; dabei überwindet der Fluss einen Höhenunterschied von 101 m. Übrigens werden mehrere Millionen Liter Wasser schon vor dem Abgrund abgezweigt, um eines der weltweit größten Wasserkraftwerke anzutreiben. Ein Vertrag zwischen den USA und Kanada, der bei der Erbauung des Wasserwerks unterzeichnet wurde, stellt allerdings sicher, dass für die Besucher tagsüber genug Wasser zu sehen ist; nur außerhalb der Saison und nachts darf das Kraftwerk etwas mehr abzweigen.

Links: Mit der Seilbahn über den Whirlpool der Niagara Fälle.

Das **Niagara Power Project** nördlich der Stadt dokumentiert in Ausstellungen und Filmen die Geschichte des Wasserwerks und der Stromerzeugung. Das Kraftwerk wird jedoch nicht ewig arbeiten können, denn die Wasserfälle verschieben sich allmählich zum Erie-See hin und könnten ihn eines Tages austrocknen.

Die Niagarafälle sind Schauplatz von unzähligen halsbrecherischen Kunststücken gewesen: Vor den Augen von Tausenden Zuschauern überquerte beispielsweise 1859 der französische Drahtseilkünstler Blondin auf einem Seil die Wasserfälle von Amerika nach Kanada und trug dabei noch seinen Agenten auf den Schultern. Die berühmteste Sensationsnummer jedoch ist, die Niagarafälle in einer Tonne hinabzustürzen – eine Glanznummer, die trotz der geringen Überlebenschancen bereits des öfteren Nachahmer gefunden hat. Eine Ausstellung über diese Todeskandidaten ist im **IMAX Theater Niagara** auf der kanadischen Seite zu bestaunen. Daneben gibt es zahlreiche Mutproben ganz anderer Art, die hier mit Vorliebe durchgeführt und gefeiert werden – Hochzeiten! Riskant kann auch ein Besuch im Casino sein. Eines liegt direkt an der Rainbow Bridge in

Karte S. 94, Info S. 97

Kanada. Die zwei Städte **Niagara Falls** – eine im Staate New York, eine in der kanadischen Provinz Ontario – bieten ihren Besuchern zwar eine ganze Reihe von Sehenswürdigkeiten, doch die Niagarafälle sind und bleiben der Hauptanziehungspunkt.

Vom Besucherzentrum auf der amerikanischen Seite aus kann man mit dem **Niagara Scenic Trolley** zu diversen Attraktionen fahren, z.B. zu den Aussichtspunkten **Prospect Point**, **New York Observation Tower** (mit einem gläsernen Aufzug) und **Goat Island**. Auf Goat Island befindet sich auch die **Cave of the Winds**, in der Besucher die Wasserfälle von der Rückseite des donnernden Vorhangs aus betrachten können. Andere beliebte Ausflüge sind die Bootsfahrten mit der *Maid of the Mist*. Die Bootstouren führen direkt in die Niagarafälle hinein – hautnah dran eine nasse Aussicht! Im **Aquarium of Niagara** sieht man Haie, Piranhas, Seelöwen und eine Kolonie vom Aussterben bedrohter Pinguine (www. aquariumofniagara.org). Ganz in der Nähe erfährt man im **Niagara Gorge Discovery Center** viel über die Geologie der Niagara-Schlucht. Bemerkenswert ist das im Norden des Städtchens gelegene **Castellani Art Museum**, das moderne Kunst (ab Mitte 19. Jh.) präsentiert.

Oben: Die Niagarafälle (hier die Horseshoe Falls), ein tosendes Naturschauspiel. Rechts: Viktorianisches Haus in Niagara-on-the-Lake.

Viele Dörfer dieser Gegend sind sehenswerter und älter als Niagara selbst; dazu gehört beispielsweise **Lewiston** nördlich der Wasserfälle. Das wiederaufgebaute und restaurierte Lewiston nennt sich stolz „Geschichte auf einer Quadratmeile". Doch die Hauptattraktion ist nicht die Geschichte, sondern **Artpark**, der einzige US-Staatspark, der den bildenden und darstellenden Künsten Raum bietet. Von Juli bis August finden hier Konzerte statt.

KANADISCHE GRENZREGION

In die kanadische Provinz **Ontario** gelangt man über etliche Brücken, wie etwa die **Rainbow Bridge**. Allein die

Karte S. 94, Info S. 97

zweisprachigen Straßenschilder deuten darauf hin, dass man sich in einem anderen Land befindet. Allerdings sollte man dies einem Kanadier gegenüber nicht erwähnen, denn sie werden nur ungern mit Amerikanern gleichgestellt.

Ontario ist die bevölkerungsreichste und wirtschaftlich stärkste Provinz eines durchaus eigenständigen Landes. Kanada ringt um seine Identität, seit britische Loyalisten nach ihrer Niederlage gegen die amerikanischen Rebellen im Revolutionskrieg hierher flohen und sich niederließen. Damals wurde auch die Grenze zwischen den Staaten festgelegt, an der es, zum Stolz beider Seiten, in den vergangenen 180 Jahren nie militärische Präsenz gegeben hat.

Auf der kanadischen Seite der Fälle

Die kanadische Seite der Wasserfälle bietet bessere Aussichtspunkte als das amerikanische Ufer. Ein atemberaubendes Panorama bieten z. B. das **Tower Hotel** und der **Skyline Tower**. Auf dieser Uferseite finden sich etliche Museen, unter anderem eines der ältesten Nordamerikas, das 1827 eröffnete **Niagara Falls Museum**. Eine der Ausstellungen widmet sich den waghalsigen Niagara-Abenteurern; andere Touristenattraktionen haben kaum etwas mit den Niagarafällen zu tun: In **Louis Tussaud's Wachsfigurenkabinett**, **Ripley's Believe it or not** und das **Guinness Museum of World Records**. Im Themenpark **Marineland** kann man zahlreiche Meeresbewohner bewundern, darunter auch gigantische Orcas.

Der **Queen Elizabeth Way** (QEW) ist eine Durchgangsstraße, die zu herrlichen Spazierfahrten am See einlädt; oft tauchen die Sonnenstrahlen die umliegende Landschaft in lebhafte Blau- und Grüntöne. Diese Farben verraten etwas über die Fruchtbarkeit der Niagara-Halbinsel, der sie ihre Stellung als prosperierendes Weinanbaugebiet Ontarios verdankt. Und am Südufer des Ontario-Sees verweisen Straßenschilder immer wieder auf die 19 Weingärten entlang einer speziellen **Wine Route**. Bauern der Umgebung verkaufen an Straßenständen auch frisches Obst aus ihren Gärten.

An der Mündung des Niagara-Flusses in den Ontario-See liegt **Niagara-on-the-Lake**. Die schönen alten Häuser und Läden dieser Stadt sind Zeugnis ihres Alters; früher hieß dieser Ort Newark und diente als Ontarios erste Hauptstadt (1791-1796). Auf keinen Fall versäumen sollte man einen Schaufensterbummel durch die **Queen Street**, deren Boutiquen, Pubs, Zeitungs- und Buchläden ebenso sehenswert sind wie der ungewöhnliche **Clock Tower** in der Straßenmitte – ein Denkmal für die Kriegsopfer der Stadt.

Von der Parkanlage am Ufer des Sees aus kann man am Horizont die Wolkenkratzer Torontos sehen und das Fort Niagara im Bundesstaat New York. Jedes Jahr zwischen April und Oktober ist Niagara-on-the-Lake Schauplatz des **Shaw Festival**, zu dem die besten Theaterensembles ganz Nordamerikas zusammenkommen.

St. Catherines auf der anderen Seite des Welland Canals, der Erie- und Ontario-See verbindet, ist die wichtigste Stadt der Niagara-Halbinsel. Hier findet nicht nur jährlich ein Weinfest statt, sondern auch die **Royal Canadian Henley Regatta,** die weltweit zweitgrößte. St. Catherines war Endpunkt der *Underground Railroad*, einer geheimen Kette von Orten, durch die entflohene Sklaven aus den Südstaaten ins liberale Kanada entkommen konnten.

Rechts: Blick auf die Skyline von Toronto.

Der wirtschaftliche Wohlstand dieses westlichsten Zipfels am Ontario-See hat ihm den bezeichnenden Namen **Golden Horseshoe** eingebracht. Die Hafenstadt **Hamilton**, ein bedeutender Stahlstandort, ist das wirtschaftliche Zentrum dieser Region. Am Nordufer des Hamilton Harbour lohnen die teilweise naturbelassenen **Royal Botanical Gardens** einen Besuch. In einigen Städten direkt am See, wie etwa in Burlington, liegen die durchschnittlichen Gehälter weit über den amerikanischen. Da verwundert es kaum, dass die reichlichen Steuereinnahmen den „Golden Horseshoe" zur reichsten Region Ontarios machen.

TORONTO

Toronto ist bereits aus großer Entfernung leicht auszumachen, man braucht nur nach der unverwechselbaren, schlanken Spitze des **CN Tower** Ausschau zu halten, die aus einem Meer von Wolkenkratzern herausragt. Seit seiner Vollendung 1976 ist der Turm mit einer Höhe von 553 m eines der höchsten freistehenden Gebäude der Welt und das Wahrzeichen der Stadt. Damals versuchte der Bürgermeister, weitere architektonische Auswüchse zu stoppen und erließ eine Traufhöhe für neue Gebäude. Sie musste allerdings wegen des schnellen wirtschaftlichen Wachstums in der Innenstadt umgehend wieder fallengelassen werden.

In kürzester Zeit wuchs die Stadt zu einer echten Metropole heran. Nur dreißig Jahre nach Ende des Zweiten Weltkriegs hatte sich die Bevölkerung verdoppelt. Dieses Wachstum wurde durch

Info S. 97

große Einwanderungsströme verstärkt; zeitweise zogen jährlich 50 000 Menschen in die Stadt, so dass die Vereinten Nationen Toronto 1989 als die ethnisch vielfältigste Stadt der Welt auszeichneten. Ihr indianischer Name ist daher gleich doppelt passend: Denn „Toronto“ lässt sich mit „Treffpunkt“ ebenso wie mit „Ort der Vielfalt“ übersetzen.

Toronto ist nicht die Hauptstadt Kanadas, wie oft vermutet wird, aber die größte Stadt des Landes (4,3 Mio. Einwohner) und in mancherlei Hinsicht auch die führende. Nach der Eröffnung des St. Lorenz-Kanals 1959 entwickelte es sich zu einem Hafen- und Handelszentrum – Fortsetzung einer Tradition, denn Toronto wurde um 1750 als französische Siedlung für den Pelzhandel gegründet. Außerdem ist es ein Finanzzentrum mit Börse und kanadischen sowie internationalen Banken.

In Toronto haben alle englischsprachigen Verlage und Rundfunkanstalten ihre Hauptsitze. Kunst und Kultur werden im **St. Lawrence Center for the Arts** bzw. in der **St. Lawrence Hall** sowie im **Royal Conservatory of Music**, der **Massey Hall** (Spielstätte des Toronto Symphony Orchestra) und dem **Sony Center of the Performing Arts** (Heimat des National Ballet of Canada und der Canadian Opera Company) geboten. Letzteres wurde vom Stararchitekten Daniel Libeskind aufwendig umgestaltet; nebenan entsteht gerade der markante, 202 m hohe **L Tower**, ebenfalls ein Libeskind-Projekt, das Anfang 2013 fertig gestellt werden soll.

Die Stadt ist auch im Sport führend: Berühmt sind die Eishockeyspieler der *Maple Leafs* und das Basketballteam der *Blue Jays*.

In der Innenstadt ist neben dem CN Tower die **City Hall** mit ihren Zwillingstürmen sehenswert. Auch die **Toronto Stock Exchange** und Ontarios **Provincial Parliament** stehen Besuchern offen.

Spaziergänge am Wasser

Direkt am See erhebt sich das gewaltige **Royal Ontario Museum**, das größte öffentliche Museum Kanadas. Es bietet fast alles – vom Dinosaurier

Info S. 97

über ein Planetarium bis hin zu ägyptischen Sarkophagen. Seine Sammlungen zur Anthropologie und Naturgeschichte sind einmalig, dazu kommt Kunst aus allen Erdteilen. Ein Muss ist die **Art Gallery of Ontario**: Stolz zeigt man sich hier über die Exponate der *Group of Seven*, Kanadas erste wichtige, in den 1920er Jahren gegründete Kunstbewegung, sowie über die weltweit größte Sammlung von Skulpturen des Briten Henry Moore (1898-1986).

Am Seeufer – von den Einheimischen „Harborfront" genannt – finden einkaufsfreudige Touristen den **Harbourfront Antique Market**, einen Marktplatz mit über hundert Händlern.

Weitere Einkaufsmekkas sind das 1869 von einem Methodisten gegründete Warenhaus **Eaton's**, das aus religiösen Gründen keine Zigaretten verkauft, sowie **Honest Ed's**, ein Billigbekleidungsgeschäft, das für seine flippigen Kollektionen und exzentrischen Marketing-Methoden bekannt ist.

Oben: Gay Pride Parade in der Yonge Street (Toronto).

Eine andere Art von Unterhaltung findet man am **Ontario Place**, einem in den See hinein gebauten Vergnügungspark, der auch eine komplette Kinderstadt, Puppentheater und Minigolfplätze anbietet. Ontario Place wird bis 2017 umgebaut. Geöffnet bleiben nur das Molson Amphitheater, Atlantis und die Marina. Am Ontario Place beginnen auch die **Hafenrundfahrten**, bei denen man die schöne Aussicht auf die Skyline Torontos genießen kann. Fähren legen zu den **Toronto Islands** ab, wo der **Centreville Amusement Park** seinen Platz hat.

Die Überreste der ersten Siedlung in dieser Gegend liegen in **Yorkville**, dessen historische Häuser Boutiquen oder Restaurants beherbergen. Das beschaulich-altmodische Flair trügt jedoch, denn erst findige Stadtplaner gaben diesem einstmals heruntergekommenen Stadtteil Anfang der 1970er Jahre sein heutiges, schickes Gesicht. Sehenswert ist die **Casa Loma** (1 Austin Terrace), eine feudale, schlossähnliche Villa, die sich 1911 ein reicher Finanzmogul bauen ließ.

Karte S. 94

NIAGARA FALLS

Niagara Falls C & V Bureau, 310 4th St., Niagara Falls, Canada, Tel. 716/285-2400, www.nfcvb.com. **Niagara Falls Tourism**, 5400 Robinson St., Niagara Falls, Ontario, CA, Tel. 905-356-6061, www.info-niagara.com. Niagara Falls (USA): www.niagara-usa.com.

Artpark, Robert Moses Pkwy, Lewiston, Tel. 716/754-4375, www.artpark.net. **„Cave of the Winds"-Touren**, Tel. 716/278-1730, www.niagarafallslive.com/cave_of_the_winds.htm, tgl. 9-19.30 Uhr. **Casino Niagara**, 5705 Falls Ave. Ontario, Tel. 905-374-3598, www.casinoniagara.com. **Guinness World of Records Museum**, 4943 Clifton Hill, Niagara Falls, Tel. 1-866-656-0310, www.guinnessniagarafalls.com, tgl. bis mind. 20 Uhr, Sommer bis 2 Uhr nachts. **„Maid of the Mist"-Bootstouren** (tägl., Abfahrt etwa alle 15 Min), Tel. 716/ 284-8897, www.maidofthemist.com. **Louis Tussaud's**, 4915 Clifton Hill, Niagara Falls, Tel. 905/374-6601, tgl. 10-22, im Sommer bis 1.30 Uhr. **Tower Hotel**, 6732 Fallsview Boulevard, Tel. 905/356-1501, www.niagaratower.com. **Niagara Falls Museum**, 5651 River Rd., Niagara Falls, Tel. 416/596-1396, www.niagaramuseum.com. **Niagara Falls State Park**, Tel. 716/278-1796, nysparks.com/parks/46/details.aspx.

NIAGARA-ON-THE-LAKE (☎ 905)

Niagara-on-the-Lake Chamber of Commerce, 26 Queen St., Tel. 468-1950, www.niagaraonthelake.com.

Niagara Historical Museum, 43 Castlereagh St., Tel. 468-3912, www.niagarahistorical.museum, Mai-Okt. tgl. 10-17, sonst 13-17 Uhr. **Weingutführungen:** Niagara Wine Tours, 92 Picton St., www.niagaraworldwinetours.com. **Fort George National Historic Site**, Niagara Pkwy., Tel. 468-4257, www.pc.gc.ca/lhn-nhs/on/fortgeorge/index.aspx, Mai-Okt. tgl. 10-17 Uhr, sonst nur Sa/So.

Shaw Festival, 10 Queen's Parade, April-Okt., www.shawfest.com

TORONTO (☎ 416)

Toronto, P.O. Box 126, 207 Queens Quay West, Tel. 203-2500, Fax 203-6753, www.seetorontonow.com.
Informationen zu öffentlichen Verkehrsmitteln unter www.ttc.ca.

Niagara Street Café, 169 Niagara St., Tel. 703-4222, www.niagarastreetcafe.com, tgl. außer Mo/Di 18-22 Uhr. Das Lokal bietet eine nur kleine Karte, aber französisch-mediterrane Küche mit guten Fisch- und Fleischgerichten. **Bangkok Garden**, 18 Elm St., Tel. 977-6748. Raffinierte Thai-Kochkunst. **Tiger Lily's Noodle House**, 257 Queen St. W., Tel. 977-5499. Spezialität des Hauses sind chinesische Nudeln. **Matignon**, 51 St. Nicholas St.,Tel. 921-9226. Französische Küche in gemütlicher Bistro-Atmosphäre. **Le Commensal Fine Vegetarian Cuisine**, 655 Bay St. (Eingang in der Elm St.), Tel. 596-9364. Große Auswahl an köstlichen vegetarischen Gerichten, man bedient sich am Buffet und zahlt dann nach Gewicht.

Art Gallery of Ontario, 317 Dundas St. W, Tel. 979-6648, www.ago.net. **St. Lawrence Centre for the Arts**, 27 Front St. East, Tel. 366-7723, www.stlc.com. **Casa Loma**, One Austin Terrace, Yorkville, Tel. 725-1822, www.casaloma.org, tgl. 9.30-17 Uhr. **CN Tower**, 301 Front St W, Tel. 868-6937, www.cntower.ca, tgl. 9-22 Uhr, im Sommer länger. **Harbourfront Centre**, Queens Quay W, Tel. 973-4000, www.harbourfrontcentre.com.
Sony Center for the Performing Arts, 1 Front St. East, Tel. 368-6161, www.sonycentre.ca. **Massey Hall**, 178 Victoria St., Tel. 872-4255. **Ontario Place**, 955 Lakeshore Blvd. W, Tel. 314-9900, www.ontarioplace.com, Mai-Sept. **Ontario Provincial Parliament**, Queen's Park, während des Umbaus bis 2017 nur teilweise geöffnet.
Royal Ontario Museum, 100 Queen's Park, Tel. 586-8000, www.rom.on.ca, tgl. 10-17.30, Fr bis 21.30 Uhr. **Centreville Amusement Park**, Tel. 203-0405, www.centreisland.ca. **Toronto Stock Exchange**, 2 First Canadian Pl., Tel. 947-4670, www.tmx.com.

VON TORONTO NACH CHICAGO

ONTARIO / LAKE ERIE
DETROIT / LAKE HURON
UPPER PENINSULA
LAKE MICHIGAN / WISCONSIN
MILWAUKEE / CHICAGO

Die fünf großen Seen und ihre Besonderheiten, so schrieb der amerikanische Schriftsteller Holling Clancy Holling einmal, lassen sich am besten durch ihre charakteristischen Formen beschreiben: Der Lake Superior, der nördlichste und unberührteste von allen, erinnert an einen Wolfskopf; der Lake Michigan sieht wie ein Kürbis aus, der Lake Huron erinnert an einen Trapper, der seine Pelze auf dem Rücken schleppt; der Lake Erie ähnelt einem Stück Kohle und schließlich der Ontario-See, der wie eine Karotte anmutet. Generationen von Amerikanern, die diese Aufzählung in dem populären Kinderbuch *Paddle to the Sea* gelesen haben, wuchsen mit dieser eingängigen Beschreibung der Großen Seen auf.

Die ersten Weißen kamen jedoch nicht wegen der Schönheit dieser Region, sondern wegen des Handels hierher. Einer der ersten Siedler war der Franzose Jean Nicolet, der 1634 auf seiner Suche nach der geheimnisvollen Nordwest-Passage hier fündig wurde: Tagelang erkundete er unbekannte Seen und Flüsse, bis er irgendwo an Land ging und voller Stolz den ersten Eingeborenen gegenübertrat, die er für Chinesen hielt.

Vorherige Seiten: Wochenendvergnügen am Lake Erie. Links: Wolken-Kratzer – das Four Seasons Hotel in Chicago.

In ihrer überwältigenden Vielfalt stellen die Großen Seen eine Art amerikanischen Mikrokosmos dar: Land und Stadt, Internationalität und tiefste Provinzialität liegen hier eng beieinander. Die Seen nehmen dabei fast ein Drittel der Gesamtlänge des nordamerikanischen Kontinents ein; sie grenzen an acht US- und zwei kanadische Bundesstaaten. Etwa 25 Prozent aller amerikanischen Umsätze in der Landwirtschaft, dem Bergbau und der Industrie werden hier erwirtschaftet. Diese 1760 km lange Reise ist daher eine Fahrt durch unberührte Natur, Städte und Industrieregionen gleichermaßen.

ONTARIO

In der kanadischen Provinz **Ontario** wird ein Drittel der kanadischen Ernte eingefahren. Die Halbinsel zog einst viele deutsche Einwanderer an; von Toronto aus über den Hwy. 401 durchquert man die Region Kitchener/Waterloo, wo sich der deutsche Einfluss besonders bemerkbar macht – sogar ein Oktoberfest feiert man hier jedes Jahr. Viele der Siedler waren Mennoniten und Amish.

Die streng religiöse Sekte der Mennoniten wehrte sich lange gegen technischen Fortschritt und jeglichen Kontakt zur Außenwelt. Bis vor wenigen Jahren lebten sie in völlig abgeschirmten Ge-

Karte S. 102-103, Info S. 118-119

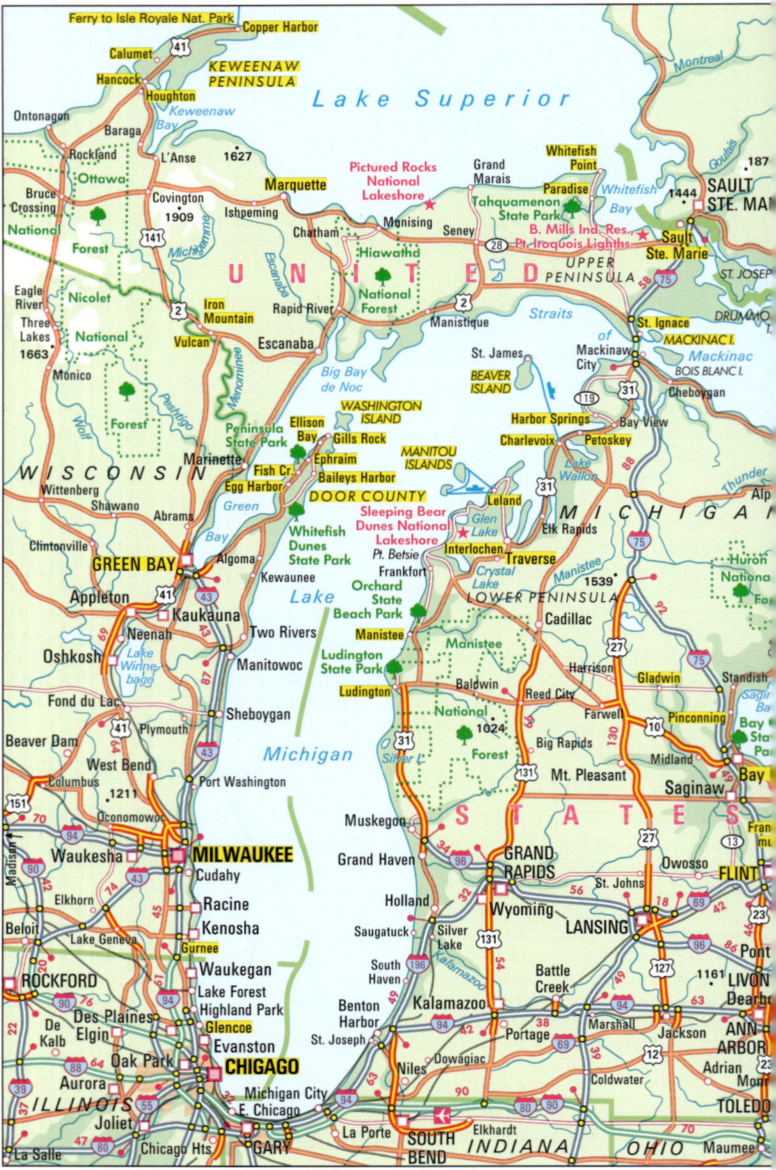
Ferry to Isle Royale Nat. Park
Copper Harbor
Calumet
Hancock
Houghton
KEWEENAW PENINSULA
Keweenaw Bay
Lake Superior
Montreal
Goulais
Ontonagon
Baraga
Rockland
L'Anse
1627
Ottawa National Forest
Bruce Crossing
Covington
1909
Ishpeming
Marquette
Michigamme
Pictured Rocks National Lakeshore
Grand Marais
Whitefish Point
Paradise
Whitefish Bay
1444
SAULT STE. MA
Tahquamenon State Park
B. Mills Ind. Res.
Pt. Iroquois Lights
Sault Ste. Marie
Munising
Seney
Chatham
Hiawatha National Forest
UNITED STATES
UPPER PENINSULA
ST. JOSEP
Escanaba
Eagle River
Nicolet National Forest
Three Lakes
1663
Iron Mountain
Rapid River
Manistique
Straits of Mackinac
DRUMMO
Vulcan
Escanaba
St. Ignace
MACKINAC I.
Mackinac
Mackinaw City
BOIS BLANC I.
St. James
Monico
Menominee
Big Bay de Noc
BEAVER ISLAND
Cheboygan
Wolf
Peshtigo
WASHINGTON ISLAND
Ellison Bay
Gills Rock
Harbor Springs
Bay View
Peninsula State Park
Ephraim
MANITOU ISLANDS
Charlevoix
Petoskey
Marinette
Fish Cr.
Baileys Harbor
Lake Walloon
WISCONSIN
Egg Harbor
DOOR COUNTY
Wittenberg
Shawano
Green Bay
Leland
Thunder
Abrams
Sleeping Bear Dunes National Lakeshore
Glen Lake
MICHIGAN
Elk Rapids
Clintonville
Whitefish Dunes State Park
Interlochen
Traverse
GREEN BAY
Algoma
Pt. Betsie
Frankfort
Crystal Lake
Manistee
1539
Huron National Forest
Kewaunee
Orchard State Beach Park
Appleton
Lake
LOWER PENINSULA
Kaukauna
Cadillac
Two Rivers
Manistee
Neenah
Manistee National Forest
Oshkosh
Lake Winnebago
Manitowoc
Ludington State Park
Harrison
Gladwin
Standish
Baldwin
Ludington
Reed City
Fond du Lac
National
Farwell
Pinconning
Sheboygan
1024
Plymouth
Big Rapids
Bay State Park
Beaver Dam
Michigan
Forest
Silver L.
Midland
West Bend
Mt. Pleasant
Bay
Columbus
Port Washington
Saginaw
1211
Oconomowoc
Muskegon
Madison
Waukesha
MILWAUKEE
Grand Haven
GRAND RAPIDS
Owosso
FLINT
Cudahy
St. Johns
Elkhorn
Racine
Holland
Wyoming
Kenosha
Saugatuck
Silver Lake
LANSING
Beloit
Lake Geneva
Gurnee
Waukegan
South Haven
Kalamazoo
Battle Creek
Pont
ROCKFORD
Lake Forest
1161
LIVON
Highland Park
Benton Harbor
Kalamazoo
Dearb
Des Plaines
Glencoe
Marshall
ANN ARBOR
De Kalb
Elgin
Evanston
St. Joseph
Portage
Jackson
Oak Park
CHICAGO
Dowagiac
Adrian
Aurora
Niles
Coldwater
Michigan City
ILLINOIS
E. Chicago
TOLEDO
Joliet
La Porte
SOUTH BEND
Elkhardt
INDIANA
OHIO
Maumee
La Salle
Chicago Hts.
GARY

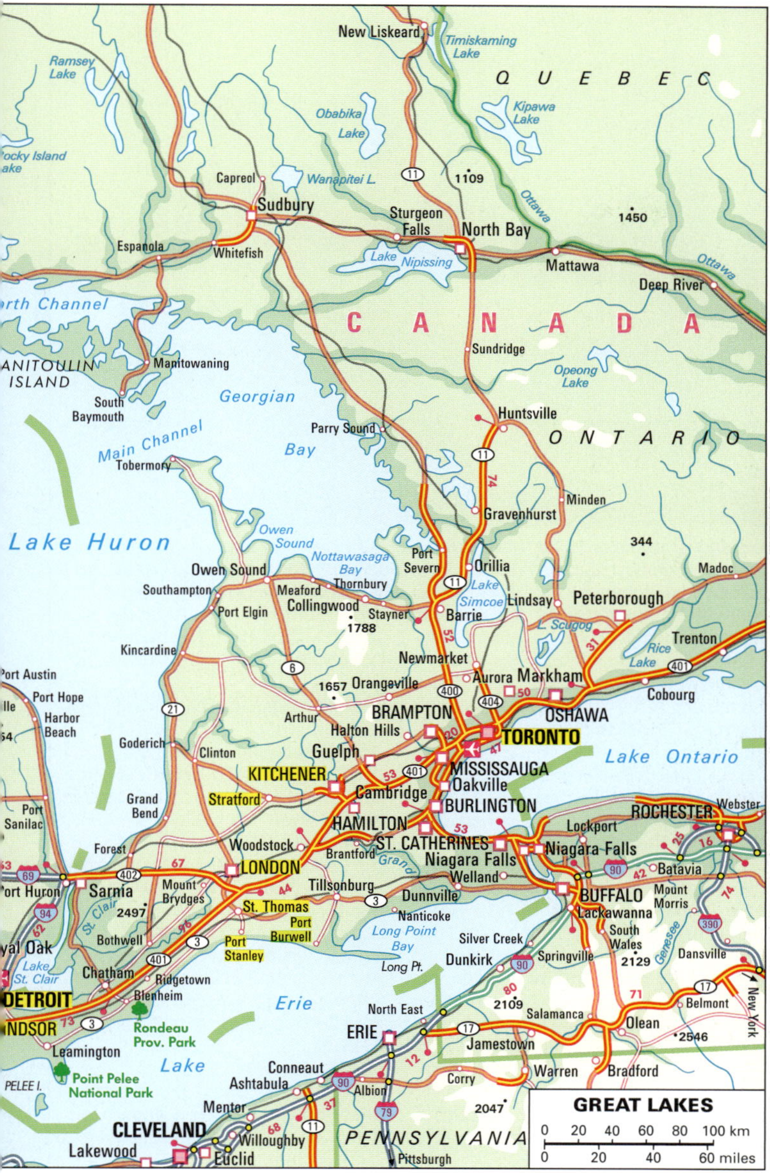
New Liskeard
Timiskaming Lake
Ramsey Lake
QUEBEC
Kipawa Lake
Obabika Lake
Rocky Island Lake
Capreol
Wanapitei L.
11
1109
Sudbury
Sturgeon Falls
North Bay
Ottawa
1450
Espanola
Whitefish
Lake Nipissing
Mattawa
Ottawa
Deep River
North Channel
CANADA
Sundridge
MANITOULIN ISLAND
Manitowaning
Opeong Lake
South Baymouth
Georgian
Huntsville
Parry Sound
Main Channel
Bay
ONTARIO
Tobermory
11
74
Minden
Gravenhurst
Owen Sound
Lake Huron
344
Nottawasaga Bay
Port Severn
Orillia
Madoc
Owen Sound
Thornbury
11
Lake Simcoe
Southampton
Meaford
Collingwood
Lindsay
Peterborough
Port Elgin
Stayner
Barrie
1788
L. Scugog
Trenton
Kincardine
52
31
Rice Lake
Newmarket
401
Port Austin
6
Aurora
Markham
Port Hope
1657
Orangeville
400
50
Cobourg
Harbor Beach
21
404
OSHAWA
Arthur
BRAMPTON
Halton Hills
20
TORONTO
Goderich
47
Clinton
Guelph
Lake Ontario
KITCHENER
53
401
MISSISSAUGA
Oakville
Grand Bend
Stratford
Cambridge
BURLINGTON
Port Sanilac
HAMILTON
53
Lockport
ROCHESTER
Webster
Woodstock
ST. CATHERINES
Niagara Falls
25
16
Forest
Brantford
Grand
Niagara Falls
69
402
67
LONDON
Welland
90
42
Batavia
Port Huron
Sarnia
Mount Brydges
44
Tillsonburg
3
Dunnville
BUFFALO
Mount Morris
94
St. Clair
2497
St. Thomas
Nanticoke
Lackawanna
74
62
Port Burwell
Long Point Bay
South Wales
390
Royal Oak
Bothwell
96
3
Port Stanley
Silver Creek
Genesee
2129
Dansville
401
Long Pt.
Dunkirk
90
Springville
Lake St. Clair
Chatham
Ridgetown
DETROIT
Blenheim
Erie
80
71
17
New York
2109
Belmont
North East
Salamanca
WINDSOR
73
3
Rondeau Prov. Park
ERIE
17
Olean
2546
Jamestown
12
Leamington
Lake
Conneaut
Warren
Bradford
PELEE I.
Point Pelee National Park
Ashtabula
90
Corry
Albion
37
Mentor
79
2047
CLEVELAND
68
11
Willoughby
PENNSYLVANIA
Lakewood
Euclid
Pittsburgh
GREAT LAKES
0 20 40 60 80 100 km
0 20 40 60 miles

meinden, arbeiten heute aber zunehmend in Schulen und Sozialberufen. In **Kitchener** dokumentiert das **Joseph Schneider Haus**, eines der ältesten Farmgebäude im Ort, in einem Freilichtmuseum die Geschichte und die Lebensweise der Mennoniten. Jeden Sonntag gibt es auf dem **Kitchener's Farmers' Market** hausgemachte Spezialitäten.

Im nahen **Stratford** ist dagegen die englisch geprägte Vergangenheit lebendig geblieben: Hier präsentiert das **Stratford Festival** erstklassiges Theater, und in **London**, der größten Stadt dieser Region, gibt es sogar einen **Covent Garden Market** – fast glaubt man, in der Alten Welt zu sein. Das **London Museum of Archaeology** und das **Ska-Na-Doht Indian Village**, ein Wiederaufbau eines 800 Jahre alten Indianerdorfes der Irokesen, zeigt die Geschichte der amerikanischen Ureinwohner.

Oben: Blick auf die Skyline von Detroit. Rechts: Die nächste Generation von Automobilarbeitern?

Am wichtigsten ist für viele jedoch das **Big Band Music Festival**, das hier den verstorbenen Big Band-Leader Guy Lombardo ehrt. Auch ein gleichnamiges Museum erinnert an seine Jazzmusik.

AM LAKE ERIE ENTLANG

Der Lake Erie wurde schon im Jahr 1960 von den Behörden für ökologisch tot erklärt. Seitdem hat die Umweltbelastung zwar nachgelassen, doch das ökologische Gleichgewicht ist nach wie vor bedroht. Immerhin kann man im Lake Erie heutzutage wieder baden und angeln. Einige der schönsten Strände liegen an der nördlichen Küste in Ontario, und von **St. Thomas** aus ist es nicht weit zu den hübschen kleinen Strandabschnitten zwischen den entlegenen Fischerdörfern **Port Stanley** und **Port Burwell**.

In Port Stanley legen Raddampfer ab, auch eine auf Antik getrimmte Eisenbahn verkehrt hier. Fotogener sind dagegen die alte Strandpromenade und der Leuchtturm in Port Burwell. Die

Karte S. 102-103, Info S. 118-119

Strände ziehen sich entlang der Rte. 3 nach Westen hin, dazwischen liegen grüne Enklaven wie der **Rondeau Provincial Park**.

Die Straße nach **Point Pelee** führt an kleinen Fertighäusern vorbei, die hier dicht an dicht direkt über einem verschmutzten Strand liegen. Doch der **Point Pelee National Park** an der südlichen Spitze von Kanada ist ein Paradies für jeden Naturschützer. Er wurde von Ökologen und ehrenamtlichen Helfern zu einem naturbelassenen Schutzgebiet für unzählige Vögel, Insekten, Pflanzen und fliegende Eichhörnchen ausgebaut. Das vorgelagerte Pelee Island wird in westlicher Richtung flacher; dort fließt der Detroit in den Lake St. Claire – die Trennlinie zwischen Kanada und den USA.

In **Windsor** führt eine Brücke auf die amerikanische Seite. Die Stadt trägt wegen der vielen Rosenparks auch den Spitznamen „Stadt der Rosen". Das behäbige Städtchen mit europäischem Charme vermittelt mit seinen Parkanlagen am Fluss, **Coventry Gardens** und **Dieppe Gardens**, ein ländliches Flair. Die Jazzmusiker an der **Quellette Avenue** wirken dafür etwas städtischer. Die Parks bieten eine für Kanada einzigartige Aussicht – in nördlicher Richtung blickt man hinüber nach Amerika und zur Skyline von Detroit!

DETROIT

Detroit gilt allgemein als heruntergekommene Industriestadt, die außer Autos am Fließband, Umweltverschmutzung und dem ersten Rang in der amerikanischen Kriminalitätsstatistik nichts zu bieten hat; seit den 1950er-Jahren hat die Stadt die Hälfte ihrer Einwohnerschaft verloren. Doch auch heute lassen sich hier jener Fortschrittsglaube und die pulsierende Kraft finden, die Amerikas Automobilindustrie großgemacht haben.

Detroit wurde von einem Franzosen namens Cadillac entdeckt, der eine Landschenkung an der Flussenge (frz. détroit) erhielt. Im 19. Jh. war die Stadt wegen ihre reizvollen Lage und der vielen Bären bekannt. Das änderte sich 1903 schlagartig, als Henry Ford seine

Automobilfirma im nahegelegenen Dearborn gründete. Ford hat das Auto zwar nicht erfunden, doch er führte die Massenproduktion, die Fließbandarbeit und einen geregelten Achtstundentag ein.

Dem Einfallsreichtum Henry Fords werden das **Henry Ford Museum** sowie das **Greenfield Village** in Dearborn gerecht. Das Museum besitzt die weltweit größte Sammlung von Oldtimern und zeigt darüber hinaus zahlreiche amerikanische Erfindungen nebst merkwürdigen historischen Stücken wie etwa dem Feldbett von George Washington. Greenfield ist eine Ansammlung von über 100 historischen Gebäuden, in denen große Erfinder wirkten: Dazu gehört der Fahrradladen, in dem sich die Gebrüder Wright, die Pioniere des Motorflugs, mit Material eindeckten sowie das Labor, in dem Thomas Edison den Telegrafen und die Glühbirne entwickelte. Im IMAX-Theatre werden spannende Natur-, Kultur- und Weltraumfilme auf eine Riesenleinwand projiziert.

Oben: Glitzerkarossen von anno dazumal im Henry Ford Museum in Detroit. Rechts: Ein Reiher beobachtet sein Jagdrevier (Lake Huron).

Im zentralen Kulturdistrikt der Stadt gelegen, beschäftigt sich das **Detroit Science Center** mit naturwissenschaftlichen Phänomenen und zeigt im Imax-Dome-Theater spannende Filme auf Großleinwand (5020 John R St., www.sciencedetroit.org).

Eine Detroiter Erfindung ganz anderer Art heißt *Motown*, der Name eines Plattenlabels, das Berry Gordy 1959 gründete. Die Studios kann man heute im **Motown Museum** besichtigen.

Ernsthafte Konkurrenz bekommt Motown jedoch durch die **Detroit Symphony**, eines der besten Ensembles der USA. Es konzertiert regelmäßig im **Henry and Edsel Ford Auditorium** und im **Masonic Temple**.

Auch andere Kunst hat in Detroit Platz gefunden: Die **Cranbrook Academy of Art** im Vorort Bloomfield Hills gilt als eine der besten amerikanischen Kunstakademien. Das **Wright Museum of African American Histo-**

Karte S. 102-103, Info S. 118-119

ry dokumentiert hingegen die Geschichte der Schwarzen in den USA.

Eine weiteres Symbol für die Energie dieser Stadt ist die Skulptur einer geballten Faust mitten in der Innenstadt – sie erinnert an den Schwergewichtsboxer Joe Louis. Nicht weit davon, in **Greektown** mit seinen Restaurants, Geschäften und Märkten, geht es rund um die **Monroe Street** besonders an den Wochenenden ausgelassen zu.

Der **People Mover**, eine Hochbahn rund um die Innenstadt, verbindet fast alle Sehenswürdigkeiten der Stadt. Dazu gehört auch das **Renaissance Center**, ein riesiges Einkaufs- und Bürozentrum. Der Komplex entstand nach den Rassenunruhen von 1967, um den Wiederaufstieg Detroits augenfällig zu demonstrieren. Er steht an der **Detroit International Riverfront**, einer 9 km langen Flaniermeile von der Ambassador Bridge bis nach Belle Isle.

Im Gegensatz zum großstädtischen Detroit stehen ländliche Gegenden wie beispielsweise **Belle Isle**, ein Naturpark auf der gleichnamigen Insel im Detroit-River. In jüngster Vergangenheit hat in Detroit auch die Casinoindustrie Einzug gehalten. Mittlerweile gibt es mehrere Glücksspieltempel, darunter: **MGM Grand Detroit Casino** (1300 John C. Lodge St., http://mgmgranddetroit. com), **Motor City Casino** (2901 Grand River Ave., www.motorcitycasino. com) und **Greektown Casino** (555 East Lafayette Ave., www.greektown casino.com).

LAKE HURON

Nördlich von Detroit lag bis Ende 1999 ein weiteres Zentrum der Autoindustrie: In **Flint** war General Motors seit 1904 zu Hause. Im Lauf der amerikanischen Geschichte hat sich immer wieder gezeigt, wie sehr die US-Gesellschaft von der Automobilindustrie abhängig ist. Bereits die große Depression traf die Region um Detroit und Flint besonders hart; in den 1980er Jahren

schien sich die Geschichte zu wiederholen, als viele Firmen in Flint wegen der Rezession schließen mussten. Dort, wo rund einst rund 15 Millionen Buicks hergestellt wurden, ist jetzt nur noch das **Alfred P. Sloan Museum** mit schönen klassischen Wagen in der **Buick Gallery** und interessanten Shows im **Longway Planetarium** zu sehen.

Die Kleinstadt **Frankenmuth** wurde 1845 von 15 deutschen Einwanderern aus Franken gegründet. Ihr bayerisches Flair vermarktet die Stadt auf Werbeflächen und Broschüren. Städte wie Frankenmuth zeigen, wie wichtig der Tourismus, zweitgrößter Wirtschaftszweig im Bundesstaat, für Michigan ist – mehr als 11 000 Seen bilden eine riesige Seenplatte.

An der **Saginaw Bay** des Lake Huron liegt das viktorianische Städtchen **Bay City**, zu erreichen über die Rte. 13. Die Straße verläuft parallel zum grünen Flussufer des Saginaw, das von Urlaubern und Sportanglern geschätzt wird. Die Stadt besticht durch gepflegte Holzhäuser und eine Hauptstraße, deren alte Geschäftshäuser gutbürgerli-

chen Wohlstand ausstrahlen. Vom **Bay City State Park** lässt sich sogar der ferne Lake Huron erkennen. Etwas weiter nördlich in der Bucht liegt **Pinconning**, das für seine Käseproduktion gerühmt wird. Viel Natur verspricht ein Abstecher zum **Huron National Forest**.

Auf dem Weg quer durch Michigan in Richtung Westen führt die Straße durch die Wälder des **Manistee National Forest**, die von Lichtungen durchbrochen werden: Hier stehen einzelne Häuser oder Siedlungen, die aus wenig mehr als einer Tankstelle und schlichten Lokalen bestehen, wo man hausgemachten Apfelkuchen bekommt. Diese einsame Gegend scheint alle Vorurteile über den Mittleren Westen zu bestätigen – einfach, sehr konservativ und provinziell. So ist z. B. in **Gladwin** eine Amish-Familie, die gemächlich in einer Pferdekutsche vorbeifährt, durchaus ein gewohntes Bild.

Oben: Im Norden Michigans gibt es viele idyllische Seen. Rechts: Picknick am Strand des Lake Michigan.

AM LAKE MICHIGAN

Das Ostufer des **Lake Michigan** ist nicht nur wegen der Strände, sondern auch wegen der Wanderdünen so anziehend: Bei **Silver Lake**, südlich von Ludington, liegt einer dieser aufgeschichteten Sandberge – ein Paradies für Buggy-Fans, die in der Nähe des alten Leuchtturms ihre Runden drehen.

Rund um die Großen Seen gibt es eine ganze Reihe von Leuchttürmen; beispielsweise in Point Sable, im Ludington State Park oder auf dem Wellenbrecher in **Ludington**. Diese Kleinstadt besteht aus aufwendig restaurierten, viktorianischen Häusern, die in gedeckten Pastellfarben gehalten sind. Zwischen Mai und Oktober kann man statt der langen Fahrt rund um den See eine vierstündige Überfahrt auf der restaurierten Fähre *S.S. Badger* buchen.

Dünen und Leuchttürme bestimmen auch das Bild in **Manistee**, das die einstmals hier heimischen Indianern „Seele des Wassers" nannten. Außerhalb der Stadt fallen die Felsklippen im **Orchard State Beach Park** zum Sand-

Karte S. 102-103, Info S. 118-119

strand ab. Die Straße folgt der Küstenlinie nach Frankfort und Crystal Lake; unterwegs ist der Point Betsie Leuchtturm einen Fotostopp wert.

Die Manitou Islands

Über die Entstehung der Manitou Islands gibt es eine indianische Legende: Danach soll eine Bärenmutter auf der Flucht vor einem Waldbrand mit ihren Jungen in den Lake Michigan geschwommen sein. Doch die beiden erschöpften Kleinen ertranken in Ufernähe; ihre Mutter wartete vergebens am Strand auf ihre Rückkehr, bis auch sie verendete. Dorthin, wo die beiden kleinen Bären ertrunken sein sollen, setzte *Manitou* die beiden **Manitou Islands**, während eine einzelne, riesige Wanderdüne im **Sleeping Bear Dunes National Lakeshore** die Stelle markiert, an der die Bärenmutter starb. Diese Dünen gehören zu den größten Wanderdünen der Welt.

Tatsächlich ist besonders die *Sleeping Bear*-Düne starker Erosion ausgesetzt. Gut markierte Wanderwege führen durch die Dünen, Wälder und Marschen zu einer alten überdachten Brücke und zum wunderschönen **Glen Lake** mit seinem stillen blauen Wasser.

Die Manitou Islands sind völlig unbewohnt und daher ideal für Naturfreaks, die hier ohne jede zivilisatorische Annehmlichkeit zelten können. Beide Inseln sind per Fähre mit dem Fischerdorf **Leland** und dem Festland verbunden.

Traverse City, landeinwärts von Sleeping Bear gelegen, ist die Stadt der Kirschen. Seit der ersten Anpflanzung gegen Ende des 19. Jahrhunderts stellen sie die meistangebaute Frucht dar. Die Kirschbäume sind nicht nur eine Attraktion während der Blüte im Frühjahr, sondern auch während des **National Cherry Festival** im Juli.

Das **Old Mission Lighthouse**, einer der ältesten Leuchttürme an den Großen Seen, steht am Ende einer Halbinsel, die ziemlich genau am 45. Breitengrad endet – die halbe Distanz zwischen Äquator und Nordpol.

Südlich von Traverse City bildet das **Interlochen Center for the Arts** seit 1927 vor allem künstlerisch talentierte Jugendliche aus.

Von **Charlevoix** zwischen den Seen Charlevoix und Michigan setzen Fährschiffe nach **Beaver Island** über. Etwas weiter nördlich an der Rte. 31 liegt ein weiterer touristischer Anziehungspunkt – **Petoskey**, dessen historischer **Gaslight Shopping District** sehenswert ist. Am nahegelegenen **Lake Walloon** verbrachte die Familie von Ernest Hemingway die Ferien im eigenen Sommerhaus. Der Schriftsteller beschrieb die Region und ihre Menschen später in seinen *Nick Adams*-Kurzgeschichten.

Nördlich von Bay View schlängelt sich die Rte. 119, hier auch als „Tunnel der Bäume" bekannt, am Ufer entlang. Diese Strecke gilt als eine der schönsten im gesamten Bundesstaat. Die Fahrt führt nach **Harbor Springs**, das auf den tiefsten natürlichen Hafen der Großen Seen stolz sein kann, sowie zum **Andrew J. Blackbird Museum**.

UPPER PENINSULA UND LAKE SUPERIOR

Vor dem Bau der 8 km langen Hängebrücke über die Straße von Mackinac im Jahr 1957 waren die beiden Halbinseln von Michigan nicht miteinander verbunden. Heute kann man in wenigen Minuten über die Brücke fahren, übrigens eine der weltweit längsten Hängebrücken.

Die erste Stadt auf der anderen Seite, **St. Ignace**, wurde im 17. Jh. von dem Jesuitenpater Marquette gegründet. Die Stadt verfügt über ein Unterwasserschutzgebiet, in dem Sporttaucher Schiffswracks erkunden können.

Von St. Ignace legen Fähren nach **Mackinac Island** ab, das oft als kommerzialisiert und langweilig abgetan wird, aber zweifellos einen gewissen Charme ausstrahlt: Die Insel ist autofrei, so dass Urlauber zu Fuß gehen oder eine Kutsche mieten müssen. Die kleinen Wagen poltern über die Hauptstraße des Dorfes, die im Schatten des **Old Fort Mackinac** liegt.

Oben: Die Mackinac-Brücke verbindet Upper und Lower Peninsula (Michigan). Rechts: Lake Superior – Kajaks warten auf ihre Benutzer.

Die Upper Peninsula (Obere Halbinsel) der Großen Seen bietet einige der schönsten Landstriche in Amerika: Im Herbst sind die Wälder in strahlende Gelb- und Rottöne getaucht; an den Seeufern und Stromschnellen spritzt weiße Gischt empor. Die Strände hier sind mit manchmal wertvollen Steinen übersät, merkwürdig geformte Klippen ragen aus dem Wasser, erinnern an Schiffe oder geheimnisvolle Tiergestalten. Wilde Elche leben in den Wäldern, Adler bauen ihre Horste auf den Felsspitzen.

Am östlichen Ende dieses atemberaubend schönen Landstrichs, zwischen dem Ende des Lake Superior an der Whitefish Bay und dem Beginn des Lake Huron, liegt **Sault Ste. Marie**, die älteste Stadt Michigans. Die **Soo Locks** an der kanadischen Grenze sind das Wahrzeichen der Stadt; diese größte Schleusenanlage der Welt ermöglicht es Schiffen, den Höhenunterschied von

Karte S. 102-103, Info S. 118-119

6,40 m zwischen den beiden Seen zu überwinden (Bootstouren für Touristen: www.soolocks.com).

Die Straße entlang der Whitefish Bay durchquert die **Bay Mills Indian Reservation**, passiert Strände und das alte **Point Iroquois Lighthouse**. Im **Tahquamenon State Park** wird die überwältigende Pracht der gleichnamigen Wasserfälle geschützt – über 150 gibt es noch auf der Upper Peninsula.

Hinter **Paradise** folgt **Whitefish Point**. Von hier hat man einen herrlichen Ausblick auf den Lake Superior und kann vielleicht nachempfinden, weshalb Henry Wadsworth Longfellow den größten der Großen Seen in seinem Naturepos *Hiawatha* mit „Shining Big-Sea-Water" umschrieb. Die Naturgewalt des Sees und ihre Folgen sind im **Great Lakes Shipwreck Historical Museum** nachzuempfinden. Ganz in der Nähe steht der älteste Leuchtturm am See.

Eine der merkwürdigsten Sehenswürdigkeiten in dieser Gegend sind die bunten Sandsteinklippen am **Pictured Rocks National Lakeshore**: Die Indianerstämme glaubten, der Ort sei von Geistern bewohnt. Bootstouren bieten einen Einblick vom Wasser aus, doch der Strand ist auch auf dem Landweg erreichbar. Der ockerfarbene Sandstein mit seinen rötlichen Flecken erinnert an die Erzgewinnung in der Region. Ihre größte Stadt, **Marquette**, dient bis heute als Verladehafen für Erz; daneben wird hier Kupfer abgebaut. Marquette und das nahe Ishpeming sind auch Skiorte – in Ishpeming steht die **National Ski Hall of Fame**.

Der Kupferabbau hat die Geschichte und das Gesicht der **Keweenaw Peninsula** deutlich geprägt. Schon in prähistorischen Zeiten haben hier Menschen mit ihren primitiven Werkzeugen über Tage nach dem Metall gegraben. Die Gegend entwickelte sich in den 1840er Jahren schließlich zum ersten großen Kupferabbaugebiet in den USA. Tausende strömten aus aller Welt nach **Houghton** und in die umliegenden Städte, um in den Kupferminen ihr Glück zu suchen.

Der Landstrich mag heute verlassen wirken, doch damals war beispielswei-

se die Stadt **Calumet** größer als Detroit und sollte sogar Hauptstadt des Bundesstaates werden. Um die Jahrhundertwende traten hier im prachtvollen **Calumet Theatre** internationale Showgrößen wie Sarah Bernhardt und Douglas Fairbanks auf. Doch die Grundlage dieses Reichtums ist heute verschwunden – die letzte Mine schloss ihre Schächte bereits 1969. Heute sind viele dieser Minen, wie beispielsweise in **Hancock**, zur Besichtigung freigegeben. In Calumet erzählt das Museum **Coppertown USA** die Geschichte dieser Boomjahre.

Auch in **Copper Harbor**, der am nördlichsten gelegenen Stadt Michigans, gibt es eine sehenswerte Mine. Die Stadt soll ihren Namen den Kupferklumpen verdanken, die an den Stränden angespült wurden. Doch die Mine war nicht so ergiebig wie andere, so dass Copper Harbor bald nur noch ein Urlaubsort war. Heute legen hier die Fähren zu einem der schönsten Naturwunder Michigans ab – zum **Isle Royale National Park**.

Der Inselname geht auf Missionare zurück, die das Eiland im 17. Jh. in Gedenken an Louis XIV. benannten. **Isle Royale** bietet Natur im Überfluss: Der Park ist für den Verkehr gesperrt, nur im Sommer öffentlich zugänglich und relativ weit vom Festland entfernt. Die Insel wurde früher vom Tourismus und der Fischereiindustrie beherrscht, und ging 1940 in Staatsbesitz über. In den folgenden Jahren zogen sich die Fischer zurück; statt dessen konnten Naturschützer nun in Ruhe die Wolf- und Elchpopulationen in diesem Mini-Ökosystem studieren.

Neben einer der größten verbliebenen Elchherden der USA gibt es hier Biber, verschiedene Vogelarten und eine ganze Reihe wilder Orchideenspezies. Für Mineralogen sind die präkolumbischen Kupfergruben interessant.

Südlich der Keweenaw Peninsula, an der Rte. 141, fast genau auf der Grenze zwischen Michigan und Wisconsin, kann man die Metallgewinnung haut-

Oben: Elchkuh im Isle Royale National Park. Rechts: Maisrösten am Erntedankfest auf der Door County-Halbinsel.

Karte S. 102-103, Info S. 118-119

nah erleben: In den Eisenminen von **Iron Mountain** lagen einst die ergiebigsten Minen der Menominee Range. In der **Chapin Mine** pumpte die größte dampfbetriebene Pumpe Amerikas das Grundwasser aus dieser reichen Mine. Moderne Fördertechnik lässt sich indes in der **Iron Mountain Mine** in **Vulcan** bestaunen.

WISCONSIN

„Say cheese" spotten Amerikaner, wenn sie an Wisconsin denken. In der Tat scheint dieser Bundesstaat, der größte Milch- und Käselieferant Amerikas, dabei zu sein, der „Milch Unsterblichkeit zu verleihen", wie ein Journalist einmal schrieb. Dementsprechend ist Wisconsin eine ländliche Region voller saftiger grüner Wiesen, auf denen Kühe friedlich grasen, dazwischen liegen die typischen kleinen Schuppen und Ställe. Selbst die Firmenlogos auf den Milch- und Käseprodukten werden hier noch von den Namen der bäuerlichen Familienbetriebe geschmückt.

Eines der Zentren der Molkereiwirtschaft ist **Green Bay**, die älteste Siedlung in Wisconsin. Schon immer hat der Handel die Stadtgeschichte bestimmt, seitdem Jean Nicolet hier 1634 einen Handelsvertrag mit den Winnebagos abschloss. Amerikanern ist die Stadt heute wegen des Footballteams, den *Green Bay Packers*, ein Begriff.

Von Green Bay lässt sich einer der schönsten Landstriche von Wisconsin erkunden: **Door County**. Die Halbinsel ragt wie ein Daumen in den Lake Michigan hinein; Kalksteinfelsen und Strände, Kirschgärten in voller Blüte, rote Ställe und weiße Hütten bestimmen das ländliche Bild. Die Gegend ist so idyllisch, dass sie – in Anlehnung an die bekannte Halbinsel in Neuengland – auch das „Cape Cod des Nordens" genannt wird. Door County ist ebenso schön – aber auch genauso von Touristen überlaufen.

Der Name „Door County" geht auf die ersten Siedler zurück, die den Zugang nach Green Bay *Porte des Morts* („Death's Door") nannten. Heute allerdings könnte der Name kaum unpassen-

der ausfallen, denn die Hafenstädte am westlichen Ufer – **Egg Harbor**, **Fish Creek** und **Ephraim** – sind echte Touristenhochburgen geworden. Hier werden an Marktständen Gemüse und Obst, vor allem Kirschen, verkauft. Die lokale Spezialität, eine deftige Fischsuppe, wird in Gasthöfen wie dem originalgetreu restaurierten **White Gull Inn** in Fish Creek angeboten.

Im Gegensatz zu den etwas steril wirkenden Städten sind die Wälder und Strände im **Peninsula State Park** (zwischen Fish Creek und Ephraim gelegen) natürlich und unberührt geblieben.

An der Spitze des Door County, in den Urlaubs- und Fischerorten **Ellison Bay** und **Gills Rock**, legen Fähren nach **Washington Island** ab, wo vor allem der Einfluss isländischer Einwanderer noch immer spürbar ist. Wie wichtig die Rolle der Skandinavier in dieser Gegend war, zeigt auch die **Bjorklunden Chapel**, eine mit kunstvollen Holzschnitzereien verzierte Kirche, die geradewegs in Norwegen stehen könnte, aber in **Baileys Harbor** zu finden ist, dem ältesten Dorf des Door County. In der Nähe laden die herrlichen Dünen des **Whitefish Dunes State Park** und die von Wind und Wetter geformten Sandsteinklippen am **Cave Point** zum Wandern ein.

Oben: Reiche Kürbisernte. Rechts: Der Flughafen von Chicago empfängt seine Gäste in farbenprächtigem Design.

MILWAUKEE

„Schlitz, das Bier, das Milwaukee berühmt machte" – so lautete ein alter Werbeslogan. **Milwaukee** hat seinen Ruf als Kapitale der Bierbrauerei behaupten können, auch wenn die Schlitz-Brauerei im wahrsten Sinne des Wortes auf dem Trockenen sitzt. Milwaukee verdankt seinen Ruf deutschen Einwanderern, die auch die Wurstherstellung einführten (z. B. *Usinger's*) und ein hoch entwickeltes Kulturleben schufen. Ein Symphonieorchester, ein Opernensemble und ein Balletttruppe, die im **Performing Arts Center** oder im **Skylight Theater** auftreten, sind der Stolz der Stadt. Auch das **Milwaukee Public Museum** mit hervorragendem natur- und kunsthistorischen Ausstellungen und einem Imax-Kino gehört zu den Attraktionen. Nachtschwärmer können sich an der Canal Street im **Potawatomi Bingo Casino** an 100 Spieltischen und 3000 Spielautomaten vergnügen.

Discovery World am Flussufer wartet mit sehenswerten Überraschungen auf wie den **Reiman Aquariums**, die Aufschluss über das Leben in den Großen Seen geben, aber auch mit Shows über moderne Technologien und virtuelle Welten (500 N. Harbor Dr.). Beliebt ist auch das **Summerfest**, bei dem viel Musik auf verschiedenen Bühnen rund um den See geboten wird.

Das geschäftige Hafenviertel im Stadtzentrum erinnert daran, dass das so europäisch geprägte Milwaukee eine der wichtigsten amerikanischen Industriestädte ist. Unter anderem werden hier schon seit 1903 die weltberühmten

Karte S. 102-103, Info S. 118-119

Harley Davidson-Motorräder gebaut – „Heavy Metal" auf zwei Rädern; das neue **Harley-Davidson Museum** zeigt die schönsten Feuerstühle aus hundert Jahren Kradbau, darunter auch Repliken der Film-*Easy-Rider*-Chopper. Davor prangt die fotogene Biker-Skulptur **The Hill Climber**.

Am Flussufer liegen idyllische Parks; auffallend sind hier das von Eero Saarinen entworfene **War Memorial** mit dem **Milwaukee Art Museum**.

Die Küstenlinie zwischen Milwaukee und Chicago erscheint wie eine lange Reihe von Vororten. Hinter der Grenze, im Bundesstaat Illinois in der Nähe von **Gurnee**, liegt der Freizeitpark **Six Flags Great America**. Die Sheridan Rd. führt am Strand entlang, durchquert Vororte von Chicago wie **Glencoe** mit dem **Botanischen Garten** der Stadt und wunderschönen alten Häusern, Highland Park und Wilmette.

CHICAGO

New York und Los Angeles mögen ja aufregende Städte sein – doch **Chicago** ist die amerikanischste von allen; dort zeigt sich der raue Charme aus Industrie und Aufbruchstimmung, den alle Großstädte rund um die Großen Seen aufweisen, am deutlichsten.

Einige uramerikanische Produkte stammen aus Chicago: Sears Roebuck, die größte US-Kaufhauskette, Wrigley's und McDonald's. Noch immer wird es *Windy City* genannt – nicht allein wegen der starken Winde, die über den Michigansee wehen, sondern in Anspielung auf die windigen Parteibosse, die in den 1890er Jahren Korruption und Vetternwirtschaft vor allem in der Demokratischen Partei einführten.

Der amerikanische Schriftsteller Carl Sandburg nannte Chicago einst „Schweineschlächter der Welt"; doch die **Chicago Stockyards**, jene berühmten Schlachthöfe, die Upton Sinclair einst in seinem aufsehenerregenden Roman *Der Dschungel* anprangerte, gibt es längst nicht mehr. Bis heute blüht in Chicago das Warentermingeschäft – vor allem mit Schweinefleisch, Weizen und Sojabohnen –, das dort übrigens erstmals eingeführt wurde.

Den Geschäften der Börsenhändler am **Chicago Board of Trade**, der weltgrößten Warenterminbörse, dürfen Besucher seit 9/11 nicht mehr zusehen.

Im Kulturbetrieb hat sich die Stadt etwa mit dem **Chicago Symphony Orchestra** und dem **Art Institute of Chicago** samt neuem Flügel von Renzo Piano einen Namen geschaffen.

Hoch über dem Michigan-See erheben sich Wolkenkratzer scheinbar bis in den Himmel: Noch immer ist der **Sears Tower** mit 454 m eines der höchsten Gebäude der Welt. Doch das **John Hancock Building** mit einer spektakulären Aussichtsplattform im 94. Stockwerk ist das zweithöchste der Stadt. An klaren Tagen reicht der Blick weit über den Michigan-See.

Ein älterer Turm an der *Magnificient Mile*, wie die Einkaufsmeile **North Michigan Avenue** genannt wird, ist der **Water Tower**. Als eines von wenigen Gebäuden hat er das große Feuer von 1871 überstanden. Diese Feuerkatastrophe wurde angeblich von der Kuh einer gewissen Mrs. O'Leary ausgelöst, als das Rindvieh eine Gaslaterne umstieß. Das verheerende Feuer vernichtete Chicago fast vollständig.

Oben: A. Calders Plastik „Flamingo" mitten im Finanzzentrum Chicagos. Rechts: Auf den Spuren Al Capones.

In den Folgejahren entstanden unzählige neue Gebäude; dabei entwickelte sich ein eigener architektonischer Stil, den das **Carson Pirie Scott Department Store**, ein Meisterwerk von Louis Sullivan, beispielhaft zeigt. Der Architekt war auch einer der Lehrer von Frank Lloyd Wright, der aus Wisconsin nach Chicago kam. Im Vorort Oak Park, wo zeitweise auch Ernest Hemingway lebte, kann man heute 24 seiner Gebäude bestaunen.

Im benachbarten Stadtteil **Brookfield** liegt einer der besten und bekanntesten Zoos der USA mit Delfinshows, Nachtführungen und Streichelzoo.

Eine bekannte Architekturschule hielt mit Mies van der Rohe und dem Bauhaus ihren Einzug in Chicago, als der Bauhauskünstler in den 1930er Jahren aus Deutschland in die USA fliehen musste. Moderne Architektur der Ge-

Karte S. 102-103, Info S. 118-119

genwart lässt sich indes am **Thompson Center** ablesen, einem beeindruckenden Glaskomplex, der von dem deutschen Star-Architekten Helmut Jahn entworfen wurde.

Die Stadt und ihre Baustile lassen sich gut bei einer Bootsfahrt auf dem Chicago River erkunden. Der Fluss führt durchs Stadtgebiet und passiert Häuser wie das **Wrigley Building** an der North Michigan Avenue. In den Michigan-See ragt die umgebaute **Navy Pier** hinein, ein Vergnügungs-, Ausstellungs- und Kongresszentrum.

Weiter südlich am Lake Michigan liegt der **Grant Park** mit dem Buckingham-Brunnen; hier gibt das Chicagoer Symphonieorchester Konzerte in der **Petrillo Music Shell**. Das benachbarte **Art Institute of Chicago** gilt als eine der größten und wertvollsten Sammlungen von Gemälden und dekorativer Kunst.

Gleich drei herausragende Attraktionen vereint der Museum Campus südlich des Grant Park: Das bereits 1893 gegründete **Field Museum of Natural History** bietet hervorragend präparierte Dinosaurier-Skelette und didaktisch vorbildliche völkerkundliche Ausstellungen. Das **Adler Planetarium & Astronomy Museum** gilt als ältestes noch existierendes Planetarium der Welt. In die faszinierende Unterwasserwelt entführt das **Shedd Aquarium**.

10 km weiter südlich bietet das **Museum of Science and Industry** Herausragendes im Bezug auf Technik.

Kunstschätze kann man auf vielen öffentlichen Plätzen in Chicago bestaunen: Eine Calder-Skulptur vor dem Federal Building, die Mosaikwand von Chagall auf der First National Plaza sowie Arbeiten von Picasso und Miro auf der Daley Plaza. Die Broschüre *The Loop Sculpture Guide* führt zu über 65 öffentlichen Kunstwerken in der Stadt (kostenlos beim Tourismusbüro).

Im Süden Chicagos liegt der **Prairie Avenue Historic District**, einer der ältesten Stadtteile, wo im 19. Jh. Millionärsfamilien residierten. Und auch an der „Gold Coast", unterhalb des **Lincoln Park**, wohnten einst die Wohlhabenden der Stadt in aufwendigen Stadtvillen.

ONTARIO UND LAKE ERIE (☎ 519)

Ontario Tourism, Tel. 1-800-ONTARIO, www.ontariotravel.net.

La Cuisine, 417 Pelissier, Windsor, Tel. 253-6432. **The Cook's Shop**, 683 Quellette Ave., Windsor, Tel. 254-3377. Hausgemachte Nudeln. **Fellini Koolini's**, 155 Albert St., London, Tel. 642-2300, italienisch. **Marienbad**, 122 Carling St., London, Tel. 679-9940, kontinentale Küche.

Kitchener Market, Market Square, Kitchener, Tel. 741-2287. **Guy Lombardo Music Centre**, Wolseley Hall, Canadian Forces Base bei London, Tel. 473-9003. **Joseph Schneider Haus**, 466 Queen St., Kitchener, Tel. 742-7752, Mi-Sa 10-17, So 13-17 Uhr, Juli/Aug. auch Mo/Di. **Museum of Ontario Archaeology**, 1600 Attawandaron Rd., Tel. 473-1360, www.uwo.ca/museum, Mai-Aug. tgl. 10-16.30 Uhr, Sept.-Dez. nur Mi-So, sonst nur Sa/So 13-16 Uhr. **Port Burwell Provincial Park**, Tel. 874-4691, www.ontarioparks.com **Rondeau Provincial Park**, Tel. 674-1777, www.rondeauprovincialpark. ca. **Ska-Nah-Doht Indian Village**, 25 Meilen westl. auf der ON 2, bei London, Tel. 264-2420. **Wheatley Provincial Park**, Lake Erie, Tel. 825-4659, www.ontarioparks.com.

BOOTSTOUREN / ANGELN: **Upper Thames River Conservation Authority**, Wassersport auf mehreren Stauseen, Tel. 451-2800, www.thamesriver.org.

DETROIT (☎ 313)

Metro Detroit Convention & Visitors Bureau, 211 West Fort St, Tel. 202-1800, www.visitdetroit.com

The Whitney, 4421 Woodward Ave., Tel. 832-5700, www.thewhitney.com. Fabelhaftes Essen in einer Stadtvilla von 1894. **Opus One**, 565 E Learned, Tel. 961-7766, www.opus-one.com. Meeresfrüchte, Rind, hausgemachte Backwaren. **Cliff Bell's**, 2030 Park Ave., Tel. 961-2543, www.cliffbells.com. Art Deco-Lokal. **Laikon Café**, 569 Monroe (Greektown), Tel. 963- 7058. Griechische Spezialitäten. **Fishbone's Rhythm Kitchen Café**, 400 Monroe St., Greektown, Tel. 965-4600. Cajun.

Belle Isle, Park mit Stränden und Zoo. **Henry Ford Museum and Greenfield Village**, 0,5 Meilen südl. an der US 12, Tel. 982-6001, www.hfmgv.org, tgl. 9.30-17 Uhr. **Masonic Temple**, John Lodge Fwy./Jeffries Fwy., Tel. 832-7100. **Motown Museum**, 2648 W Grand Blvd., Tel. 875-2264, www.motownmuseum.com, Di-Sa 10-18 Uhr, Juli/Aug. auch Mo.. **Renaissance Center Information**, 600 Renaissance Center, Tel. 567-3126, www.gmrencen.com. **Henry Ford Museum / Rouge Factory Tour**, 20900 Oakwood Blvd., Dearborn, Tel. 982-6001, www.thehenryford.org/rouge, Mo-Sa 9.30-17 Uhr. **Wright Museum of African American History**, 315 E. Warren Ave., Tel. 494-5800, www.maah-detroit.org, Di-Sa 9-17, So 13-17 Uhr.

MICHIGAN UND DIE OBERE HALBINSEL

West Michigan Tourist Ass., 741 Kenmoor Ave, Ste E., Grand Rapids, Tel. 616/245-2217, www.wmta.org. **Michigan's Upper Peninsula Travel Ass.**, Tel. 906-774-5480, www.uptravel.com.

Alfred P. Sloan Museum, 1221 E. Kearsley St, Flint, Tel. 810/237-3450, www.sloanmuseum.com, Mo-Fr 10-17, Sa/So 12-17 Uhr. **Calumet Theatre**, 340 6th St., Calumet, Tel. 906/337-2610, www.calumetttheatre.com. **Delaware Copper Mine Tours**, an der US 41, Tel. 906/289-4688, www.delawarecopperminetours.com. **Cornish Pump and Mining Museum**, Kent St, Iron Mountain, Tel. 906/774-1086. **Fort Mackinac** (Island State Park), Tel. 906/847-3328, www.mackinacparks.com, Juni-Aug. tgl. 9.30-18, sonst bis 16.30 Uhr. **Frankenmuth Historical Museum**, 613 S Main St., Tel. 989/652-9701, www.frankenmuthmuseum.org. **Interlochen Center for the Arts**, (am MI 137), Interlochen, Tel. 231/276-7472, www.interlochen.org. **Ludington State Park**, 8,5 Meilen nördl. am MI 116, Tel. 231/843-8671. **Iron Mountain Mine**, 8 Meilen östl. an der US 2, Tel. 906/774-1086, www.exploringthenorth.com/iron/museum.html, Ende Mai-Anf. Sept. Mo-Sa 9-17, So 12-16 Uhr. **Isle Royale Nat. Park**, Tel. 906/482-0984, www.nps.gov/isro.

Menominee Range Historical Museum, 300 E Ludington St, Tel. 906/774-4276, www.menomineemuseum. com, Mitte Mai-Mitte Okt. **National Ski Hall of Fame and Ski Museum**, 610 Palms Ave., Ishpeming, Tel. 906/485-6323, http://skihall. com, Mo-Sa 10-17 Uhr. **Orchard Beach State Park**, 2 Meilen nördl. am MI 110, Tel. 231/723-7422. **Pictured Rocks National Lakeshore**, Munising, Tel. 906/387-3700, www.nps.gov/piro. **Sleeping Bear Dunes Nat. Lakeshore**, Tel. 231/ 326-5134, www.nps.gov/slbe. **Soo Locks**, Sault Ste. Marie, Tel. 906/632-3311.

KANUVERLEIH: **Baldwin Canoe Rentals**, Baldwin, Tel. 231/745-4669, www.baldwincanoe.com

ANGELN/SEGELN: **Bay Area Conv. and Visitor's Bureau**, 901 Saginaw St., Bay City, Tel. 989/893-1222, www.visitgreatlakesbay.org.

TAUCHEN: **Whitefish Point Underwater Preserve**, Paradise, Tel. 906/492-3927. **Abyss Dive Charters**, 3980 Dursam Ave. NE, Tel. 616-874-3098, www.abyssdivecharters.com.

WINTERSPORT: **Caberfae Ski Res.**, Manistee Nat. Forest, Cadillac (12 Meilen westl.). **Crystal Mountain**, Thompsonville, Tel. 231/ 378-2000, www.crystalmountain. com. **Marquette Mountain Ski Area**, Marquette, www.marquettemountain.com.

Lake Michigan Car Ferry Service, Tel. 231-843-1509, www.ssbadger. com.

Manitou Island Transit, Leland, Tel. 231/ 256-9061, www.manitoutransit.com.

WISCONSIN (☎ 414)

Door County Chamber of Commerce, Sturgeon Bay, Tel. 920/743-4456, www.doorcounty.com. **Greater Milwaukee Visitors & Conv. Bureau**, 648 N. Plankinton Ave., Tel. 273-7222, www.visitmilwaukee.org.

Betty Brinn Childrens Museum, 929 E. Wisconsin Ave., www.bbcmkids.org, Di-Sa 9-17 (Juni-Aug. auch Mo), So 12-17 Uhr. **Milwaukee Art Museum**, 750 N Lincoln Memorial Dr., www.mam.org, Di-So 10-17, Do bis 20 Uhr. **Milwaukee Public Museum**, 800 West Wells St., www.mpm.edu, Mo-Fr 9-17, Sa 9-17.30, So 10-18 Uhr. **Discovery World,** www.discoveryworld.org, Di-So 9-17 Uhr.

CHICAGO (☎ 312)

Office of Tourism, 163 E. Pearson St., Tel. 744-2400, www.explorechicago.org; 2301 S. Lake Shore Dr., Tel. 567-8500, www.choosechicago.com.

Adler Planetarium & Astronomy Museum, 1300 S. Lake Shore Dr., tägl. 10-16, Sa/So bis 16.30 Uhr, www.adlerplanetarium.org. **The Art Institute of Chicago**, Michigan Ave./Adams St., www.artic.edu, tgl. 10.30-17, Do bis 20 Uhr. **Brookfield Zoo**, First Ave./31st St., www.brookfield zoo.org, tgl. 10-17, Sommer bis 19.30 Uhr. **Field Museum**, 1400 S. Lake Shore Dr., tägl. 9-17 Uhr, www.fieldmuseum.org. **John Hancock Center**, 875 N Michigan Ave., www.hancock-observatory. com, Observation Deck tgl. 9-23 Uhr. **Museum of Contemporary Art**, 220 E Chicago Ave., www.mcachicago.org, Mi-So 10-17, Di 10-20 Uhr. **Museum of Science and Industry**, 57th St/. Lake Shore Dr., www.msichicago.org, tgl. 9.30-16 Uhr. **Prairie Ave Historic District**, (zw. 18th u. Cullerton Street), Tel. 326-1480, www.glessnerhouse.org. **Pullman Historic District**, 11141 South Cottage Grove Ave., www.pullmanil.org. **Sears Tower**, 233 South Wacker Dr., www.the-skydeck.com, tgl. 9-22, Okt.-März bis 20 Uhr.

Shedd Aquarium, 1200 S. Lake Shore Dr., tägl. 9-17, Sa/So bis 18 Uhr, im Sommer länger, www.sheddaquarium.org.

Chicago Architecture Foundation, 224 S. Michigan Ave., Tel. 922-3432, www.architecture.org. Führungen durch die Architekturgeschichte. **Chicago's First Lady**, Tel. 847/358-1330, www.cruisechicago.com. Kreuzfahrten auf dem Chicago River. Abfahrt Michigan Ave./Lower Wacker Dr.

Untouchable Times and Tours, 610 North Clark St, Tel. 773/881-1195, www. gangstertour.com. Touren auf Gangsterspuren.

Chicago Neighborhood Tours, Touren zu verschiedenen Themen, www.explorechicago.org/city/en/things_see_do/tours.html.

VON CHICAGO IN DIE PRÄRIE VON SOUTH DAKOTA

WISCONSIN UND MINNESOTA
BADLANDS / BLACK HILLS
MOUNT RUSHMORE

Als Joseph, der alte Häuptling der Nez-Perce-Indianer, im Jahr 1877 mit seinem Stamm die bereits drei Monate dauernde Flucht vor der amerikanischen Armee beendete, verabschiedete er sich von seinem Volk mit den Worten „Ich bin des Kämpfens müde. Die alten Männer sind tot. Die kleinen Kinder frieren sich zu Tode. Hört mich, meine Häuptlinge, ich bin müde; mein Herz ist verzweifelt und traurig. Von diesem Tage an werde ich niemals mehr kämpfen". Damit hatte ein weiterer, großer Indianerstamm der Plains vor den Weißen kapituliert; die Nez Perce wurden nach Oklahoma in ein Reservat abgeschoben.

Diese Route zeichnet den Weg weißer Siedler und Abenteurer nach, die vor 150 Jahren von Chicago nach Westen zogen, auf der Suche nach Weideland und natürlich nach Gold. Durch die nördlichen US-Staaten der Prärie, jener scheinbar endlosen Ebene vor den Rocky Mountains, geht es hinein nach South Dakota, in das alte Stammesgebiet der Lakota-Sioux. Die hier beschriebene Tour erstreckt sich über 980 Meilen (1577 km) und ist in knapp zwei Wochen zu bewältigen.

Vorherige Seiten: Präsidenten im Fels – Mount Rushmore, South Dakota. Links: Im Badlands National Park, South Dakota.

WISCONSIN UND MINNESOTA

Von Chicago aus führt die Interstate 94 durch Wisconsin nach Minnesota. Gleich hinter Chicago beginnt der Mittlere Westen der USA mit seinen endlosen Weizen- und Maisfeldern, Weideflächen und der eintönigen, flachen Prärie. Die mehrstündige Fahrt bis in die Doppelmetropole St. Paul / Minneapolis bietet daher wenig Abwechslung; die kleinen Städte und Siedlungen abseits der Hauptroute erinnern durch ihre meist unansehnliche Architektur noch immer an eilig errichtete Durchgangsorte.

In die nördlichen Präriestaaten kamen die meisten Einwanderer aus Deutschland und Skandinavien. Ein kleiner Abstecher bei **Madison**, der Hauptstadt Wisconsins, nach **Little Norway** (an der Rte. 18/151) zeigt eine originalgetreu restaurierte Farm einer norwegischen Einwandererfamilie aus dem 19. Jh.

Route 23 führt in Richtung Norden nach **Spring Green**, wo einer der bedeutendsten amerikanischen Architekten, Frank Lloyd Wright, zu Beginn des 20. Jh. sein Wohnhaus **Taliesin** baute. Berühmter ist Wrights **House on the Rock** (knapp 10 Meilen südlich an der Route 23), das seine Idee von der Verbindung zwischen Bau und Natur auf ideale Weise verkörpert.

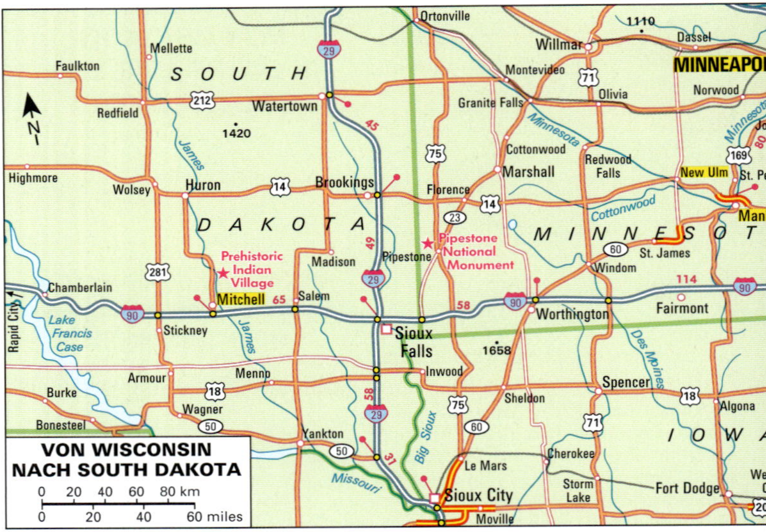

Der Hwy. 12 führt zurück zur I-94. Auf dem Weg nach Chippewa Falls kommt man an den **Wisconsin Dells** vorbei, einer felsigen Flusslandschaft, die ihre außergewöhnliche Form durch eiszeitliche Auswaschung bekam. Im **Chippewa Valley Museum** von Chippewa Falls ist eine komplette Holzfällerstadt zu besichtigen.

Minneapolis – St. Paul

Am Zusammenfluss von Minnesota und Mississippi liegt die Doppelstadt **Minneapolis – St. Paul**. Beide wurden lange als provinziell und unwirtlich abgetan, haben sich jedoch zu modernen Metropolen entwickelt. In St. Paul sind das **State Capitol**, ein grandioser Marmorbau, das **Fort Snelling** (1825) und der **Como Zoo and Conservatory** sehenswert.

Minneapolis rühmt sich einer der ersten Fußgängerzonen in den USA; ein Gang durch die **Nicollet Mall** ist auch heute noch erholsam. Um gegen Stürme und harsche Temperaturen im Winter gefeit zu sein, hat man in Minneapolis die so genannten **Skyways** erdacht, gläserne Passagen, die alle wichtigen Büro- und Geschäftshochhäuser miteinander verbinden. Inmitten der Wolkenkratzer hat sich entlang der **Historic Main Street** ein ganzes Altstadtviertel mit früheren Warenlagern erhalten.

Unter den vielen Museen der Stadt nimmt das **Walker Art Center** mit seinem 3 ha großen **Skulpturengarten** eine Spitzenposition ein. Das **Minneapolis Institute of Arts** zeigt Exponate aus den vergangenen 5000 Jahren aus ganz unterschiedlichen Kulturkreisen, von einer 2000jährigen Mumie bis zu Werken französischer Expressionisten (2400 3rd Ave. S., www.artsmia.org). Auf dem Gelände der University of Minnesota baute Frank Gehry das schon wegen seiner Architektur sehenswerte **Weisman Museum of Art**, das v. a. moderne Kunst präsentiert.

In Bloomington liegt das riesige Shopping-Center **Mall of America**, das jährlich von ca. 42 Mio. Menschen besucht wird. Südwestlich von Bloomington steht bei der Stadt Prior Lake mit dem futuristisch gestylten **Mystic Lake**

 Info S. 133

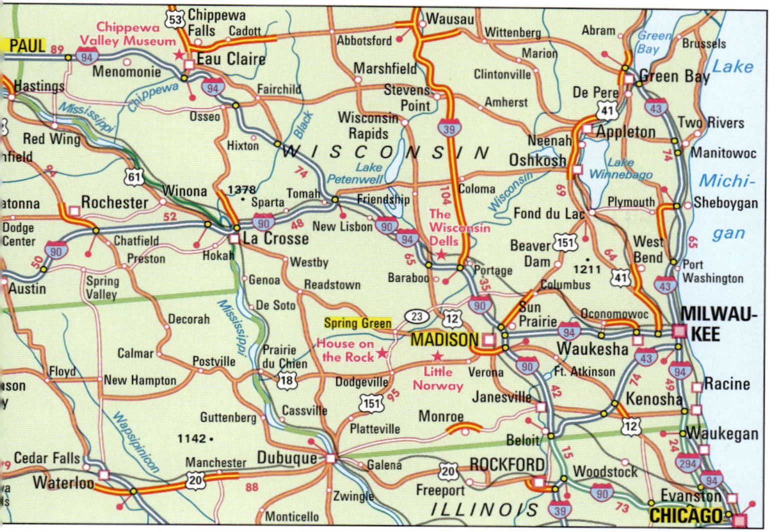

Casino einer der größten Glücksspieltempel im Osten der USA. Gäste können hier nicht nur der Spielleidenschaft frönen oder Shows mit internationalen Stars erleben, sondern auch in 600 Hotelzimmern unterkommen, sich im Spa verwöhnen lassen oder sich am besten Buffet im Mittleren Westen stärken.

New Ulm, ein Städtchen an der Rte. 14, wirkt wie eine süddeutsche Kleinstadt, die man in die Weite Minnesotas verlegt hat. Ausgestattet mit Brauerei, Glockenspiel und Hermannsdenkmal gibt sich der 1854 gegründete Ort noch heute beinahe deutscher als die namensgebende Stadt in Schwaben.

Weiter östlich an der Rte. 14 liegt **Mankato** inmitten der südlichen Seenplatte Minnesotas. Der Staat gilt als „Land der 10 000 Seen“ (es sollen 12 000 sein), rund um Mankato laden zahlreiche Gewässer zum Angeln und Baden ein.

Über den Hwy. 60 geht es Richtung Süden zur Interstate, die kurz vor Sioux Falls die Staatsgrenze nach South Dakota überquert. Nördlich der Stadt lohnt ein kurzer Umweg über das **Pipestone National Monument**. Aus diesem weichen, rötlichen Quarzitgestein stellen bis heute fast alle Sioux-Stämme Friedenspfeifen her.

Die Fahrt weiter in Richtung Westen auf der I-90 führt durch die weite Prärie, die irgendwo am Ende der Straße mit dem Himmel zu verschmelzen scheint. Ein kurzer Halt in **Mitchell** mit seinem **Corn Palace** bringt Abwechslung in die eintönige Fahrt: Er dient als Stadthalle und ist innen wie außen mit Maiskolben dekoriert. Die Außenwände werden jedes Jahr neu mit frischem Mais verziert. Unweit der Stadt liegt das **Prehistoric Indian Village**, ein rund tausend Jahre altes Indianerdorf. Die Ausgrabungen dauern bis heute an.

DIE BADLANDS

Südlich der Interstate 90 ragen die bizarren, rotbraunen Gesteinsformationen des **Badlands Nationalpark** in den weiten Himmel der Prärie (Karte S. 128). Auf 1093 km^2 hat hier die Erosion im Lauf der Jahrtausende eine düsterschöne Landschaft geschaffen. Bis zum

Horizont zieht sich scheinbar endlos und unüberwindbar eine Mondlandschaft, die von den Sioux (sprich „Su“ mit scharfem s) *Badlands*, „schlechtes Land“ genannt wurde. Was noch im 19. Jh. als unpassierbar galt, kann heute bequem mit dem Auto erkundet werden: der Highway 240 führt in einer 50 km langen Rundstrecke mit neun Aussichtspunkten durch den nördlichen Teil des Nationalparks.

Das **Visitor Center** am **Cedar-Pass** informiert über die Vergangenheit der Bergformation. Im Tertiär, vor 37 bis 23 Mio. Jahren, war diese Region von einem riesigen Binnensee bedeckt, der bei der Auffaltung der Rocky Mountains austrocknete und sich in eine fruchtbare Sumpflandschaft verwandelte. Zurück blieben die Kalksedimente, die sich auf dem Boden des Sees über Jahrmillionen hinweg gebildet hatten. Es verwundert kaum, dass diese Schichten eine wahre Fundgrube für Geologen und Urzeitforscher waren: Vom Schalentier bis zum ausgewachsenen Mammut wurden in den Badlands alle möglichen Fossilien gefunden und, v. a. im 19. Jh., in Museen und Labore getragen. Diese Ausbeutung fand erst 1939 ein Ende, als die Badlands zum Nationalpark erklärt wurden.

Oben: Saurierknochen, gefunden in den Badlands. Rechts: Der Devil's Tower dominiert die Landschaft.

Trotz der kargen Landschaft sind sie ein ideales Beobachtungsfeld für wilde Tiere wie Adler, Präriehunde, Weißwedelhirsche, Dickhornschafe und Bisons. Die größte Büffelherde grast am westlichen Ende der **Sage Creek Rim Road**. Für mutige Wanderer bieten sich Routen an, die durch völlige Wildnis führen, darunter der **Saddle Pass Trail**, der **Castle Trail** sowie die Trails in der **Sage Creek Basin Wilderness Area**.

An der I-90 kann man in **Wall** eine typisch amerikanische Attraktion besuchen: Der kleine Ort ist bekanntgeworden durch den **Wall Drugstore**, angeblich der größte Drugstore in den USA. Das Geschäft floriert seit den 1930er Jahren, als der Besitzer Kaffee für fünf Cents mit Gratis-Eiswasser ausschenkte. Diesen Service gibt es heute noch.

Karte S. 128, Info S. 133

DIE BLACK HILLS
Goldrausch und Indianerkriege

Die Interstate führt weiter nach **Rapid City**, mit 50 000 Einwohnern größte Stadt im Umkreis von einigen hundert Meilen. Der Ort besteht im wesentlichen aus Motels und Einkaufszentren. Sehenswert ist das **Museum of Geology** mit Fossilien und Mineralien aus den Badlands sowie den Black Hills. Das **Journey Museum** widmet sich der jüngeren Vergangenheit und zeigt Kunsthandwerk und Leben der Sioux und Siedler.

Rund um Rapid City liegen einige Tropfsteinhöhlen, die nicht nur Mineralienliebhaber interessieren dürften. Im **Crystal Cave Park** (2 Meilen westlich am Hwy. 44), wo über zwei Drittel der Höhlen mit Kristallformationen bedeckt sind, gibt es eine riesige Vielfalt an Kristallen zu bestaunen. 4 Meilen von der Stadt in Richtung Westen liegen die **Black Hills Caverns** mit ihren sagenhaften Stalagmiten und Stalaktiten inmitten 28 verschiedener Höhlenformationen. Spektakulär sind auch die **Thunderhead Underground Falls** weiter westlich, wo ein Wasserfall im Inneren eines Bergs rund 182 m in die Tiefe stürzt. In den **Sitting Bull Crystal Caverns** (10 Meilen südlich am Hwy. 16) sind wiederum faustgroße Kristalle zu bewundern. Die Glanzlichter der mit Kristallen gespickten Grotten werden von Spiegelseen reflektiert. Ebenfalls südlich von Rapid City liegt **Bear Country USA**, wo jene wilden Tiere gehalten werden, die in freier Wildbahn kaum noch zu finden sind, darunter Grizzly- und Schwarzbären.

Ein Ausflug auf der I-90 nach Norden Richtung Sundance (Wyoming) führt zum **Devil's Tower**, einem gewaltigen Felsen, der 376 Meter hoch aus den Wäldern am Belle Fourche Fluss emporragt.

Rapid City gilt als der Eingang zu den legendenumwobenen **Black Hills**, einer Mittelgebirgsregion inmitten weiter Prärie. Die Black Hills bedecken eine Fläche, die ganz Delaware aufnehmen könnte; mit ihren Felsen, Wasserfällen und versteckten Bergseen sind sie urwüchsiger und wilder als der kleine

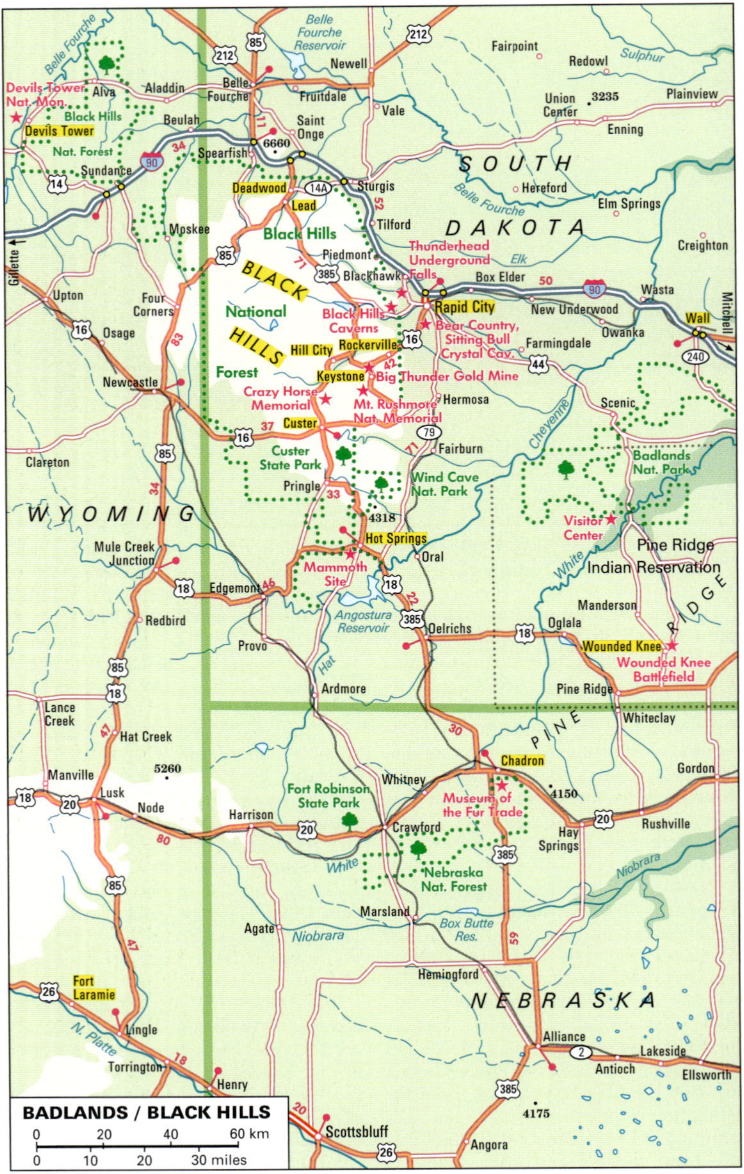

Belle Fourche Reservoir
Newell
Fairpoint
Redowl
Sulphur
Belle Fourche
Devils Tower Nat. Mon.
Alva
Aladdin
Belle Fourche
Fruitdale
Vale
Union Center
3235
Plainview
Black Hills
Devils Tower
Nat. Forest
Beulah
Saint Onge
Enning
6660
Spearfish
Sundance
Deadwood
Lead
Sturgis
SOUTH
Hereford
Belle Fourche
Elm Springs
Moskee
Black Hills
Tilford
DAKOTA
Creighton
Gillette
Piedmont
Thunderhead Underground Falls
Elk
BLACK
Blackhawk
Box Elder
Wasta
Upton
Four Corners
National
Black Hills Caverns
Rapid City
New Underwood
Wall
Mitchell
Osage
HILLS
Bear Country, Sitting Bull Crystal Cav.
Owanka
Hill City
Rockerville
Farmingdale
Forest
Keystone
Big Thunder Gold Mine
Newcastle
Crazy Horse Memorial
Mt. Rushmore Nat. Memorial
Hermosa
Scenic
Cheyenne
Custer
Fairburn
Custer State Park
Badlands Nat. Park
Clareton
Wind Cave Nat. Park
Pringle
WYOMING
4318
Visitor Center
Hot Springs
Pine Ridge Indian Reservation
Mule Creek Junction
Oral
Mammoth Site
White
Edgemont
Angostura Reservoir
Manderson
Redbird
Oelrichs
Oglala
Provo
Wounded Knee
Wounded Knee Battlefield
Hat
Ardmore
Pine Ridge
RIDGE
Lance Creek
Whiteclay
PINE
Hat Creek
Chadron
5260
Manville
Gordon
Whitney
4150
Lusk
Node
Fort Robinson State Park
Museum of the Fur Trade
Harrison
Crawford
Hay Springs
Rushville
White
Nebraska Nat. Forest
Niobrara
Marsland
Agate
Niobrara
Box Butte Res.
Hemingford
Fort Laramie
NEBRASKA
Lingle
N. Platte
Alliance
Lakeside
Torrington
Antioch
Ellsworth
Henry
4175
Scottsbluff
Angora
BADLANDS / BLACK HILLS
0 20 40 60 km
0 10 20 30 miles

Ostküstenstaat. Wohl kaum eine andere Region des Mittleren Westens übt auf Touristen eine solche Anziehungskraft aus. Die Legenden rund um die Black Hills, traditionell ein heiliges Gebiet für die hier ansässigen Sioux, ranken sich um Indianerkriege, Wildwest-Pioniere und Gold. Die Regierung hatte den Sioux und Cheyennes das Gebiet 1868 vertraglich zugesichert, doch eine Militärexpedition unter General Custer fand einige Jahre später Gold in dieser Region. In den 1870er Jahren setzte hier der letzte große Goldrausch in der Geschichte des Westens ein, Zehntausende von Goldgräbern fielen in die den Indianern heilige Region ein und versuchten, ihr Glück mit dem wertvollen Edelmetall zu machen.

Die Sioux waren damals eines der letzten großen intakten Indianervölker auf dem nordamerikanischen Kontinent. Diese Plains-Indianer, hervorragende Büffeljäger und Reiter, haben bis heute weltweit das Klischee des „typischen" Indianers geprägt. Die Lakota-Sioux im heutigen South Dakota und Montana wehrten sich verzweifelt gegen die weißen Eindringlinge; doch auch Überraschungssiege wie gegen Custer in der Schlacht am **Little Bighorn** am 25. Juni 1876 konnten gegen die militärische Übermacht der Weißen nichts ausrichten.

Die Teton-Lakota-Sioux unter Häuptling Sitting Bull flohen für einige Jahre nach Kanada und kehrten schließlich in ein Reservat im heutigen South Dakota zurück. Ihrer natürlichen Existenzgrundlage, der Präriebisons, beraubt und zusammengetrieben in Reservaten, suchten nun viele Indianer Zuflucht im *Ghost Dance*, einer spirituellen Heilsbewegung. Die mit der Kultur der Indianer nicht vertrauten örtlichen Beauftragten aus Washington sahen diese Bewegung um Häuptling Sitting Bull als Widerstandsbewegung an; in einer

Oben: Sitting Bull, Häuptling der Teton-Lakota-Sioux; Holzstich von 1881.

Strafaktion bei **Wounded Knee** in den südlichen Badlands wurden 1890 am 29. Dezember 300 wehrlose Indianer von der US-Armee niedergemacht. Das Massaker bedeutete das Ende für die Indianer der großen Ebene. Von ursprünglich einer Viertel Million Plains-Indianern lebten um 1900 nur noch etwa hunderttausend.

Eine Tour von Rapid City aus über den Hwy. 16 in Richtung Südwesten führt an den historischen Stätten dieser Vertreibung vorbei. Die Geisterstadt **Rockerville** (12,5 Meilen von Rapid City) zeugt vom Goldrausch und dessen Ende in den 1880er Jahren. Diese Epoche kann man auch in der historischen **Big Thunder Gold Mine** in **Keystone** nachvollziehen. Weiter geht es nach **Hill City**, wo bis heute Züge der historischen *Black Hills Central Railroad* durch die Prärie fahren. Eine Fahrt durch die Hügel ist nicht nur Eisenbahnfreaks interessant.

Was die Prärie so merkwürdig leblos erscheinen lässt, ist das Fehlen der großen Bisonherden. Fast 32 Millionen Tiere soll es um 1800 hier noch gegeben

Info S. 133

haben; allein zwischen 1872 und 1875 töteten weiße Jäger neun Millionen Bisons. Um 1890 waren die Herden auf wenige Tausend Tiere dezimiert. Die traditionell von der Jagd lebenden Indianer hatten damit ihre wichtigsten Beutetiere verloren.

In den Black Hills, insbesondere im **Custer State Park**, leben heute die weltweit größten Büffelherden, die sich in den vergangenen Jahren im Schutz der Nationalparks vermehren konnten. An der **Iron Mountain Road** sind die Chancen am größten, den gewaltigen Tieren zu begegnen. Entlang der **Wildlife Loop Road** sind Wild und Antilopen leicht zu beobachten. Besonders eindrucksvoll ist die Fahrt auf dem so genannten **Needles Highway**, der den Blick auf skurrile Felsgebilde freigibt, die wie spitze Nadeln in den Himmel ragen. In dieser Gegend wurde 1874 das erste Gold gefunden, das dem nahen Pionierstädtchen **Custer** zu einer kurzen Blütezeit verhalf. Heute wird in dieser Region nach Quarzen und Mineralien gegraben.

Oben: Bison mit Kalb in den Black Hills. Rechts: Eine Gruppe Sioux-Indianer als Modell im Crazy Horse Museum.

Südlich an Custer Park schließt sich der **Wind Cave National Park** an, der nach seiner zentralen Höhlenformation benannt wurde. Die **Wind Cave** wiederum erhielt ihren Namen wegen des stets pfeifenden Windes in diesem Höhlensystem.

Von hier führt der Hwy. 385 bis hinunter nach **Hot Springs**, wo ein Besuch der **Mammoth Site** lohnt. Nirgendwo sonst auf der Erde fand man so viele Mammutskelette auf so engem Raum wie in dieser verlassenen Einöde. Mindestens 40 Skelette wurden hier rund um ein Wasserloch ausgegraben, und noch sind nicht alle Funde ausgewertet. Die Wildnis von heute ist nicht fern; südwestlich von Hot Springs liegt das **Black Hills Wild Horse Sanctuary**, in dem Hunderte von Wildpferden leben.

Wenn es die Zeit erlaubt, sollte man in einem Abstecher nach **Nebraska** bis hinunter zum Fort Laramie fahren. Auf dem Weg dorthin liegt **Chadron**, wo das **Museum of the Fur Trade** die

Karte S. 128, Info S. 133

vierhundertjährige Geschichte des Pelzhandels in Amerika schildert.

Auch das wohl berühmteste Grenzfort im Westen, **Fort Laramie**, geht auf den Pelzhandel zurück. Es diente Pelzhändlern als Basis und wurde erst 1847 von der US-Armee gekauft. Danach war es die letzte Station für Siedlertrecks Richtung Westen, bevor sie die Rocky Mountains überquerten; nach dem Bau der Eisenbahn verlor das Fort an Bedeutung und wurde 1890 schließlich aufgegeben.

MOUNT RUSHMORE
Präsidenten in Stein

Auf den Highways 385 und 16 geht es zurück in Richtung Norden. Kurz hinter Custer erhebt sich das noch immer unvollendete **Crazy Horse Memorial** rund 170 Meter in den Himmel. 1947 baten die Sioux den Bildhauer Korczak Ziolkowski, eine Skulptur des großen Sioux-Häuptlings in den Fels zu meißeln; zur Erinnerung an eine untergegangene Kultur und als Gegenstück zum Mount Rushmore. Seit dem Tod des Künstlers 1982 führt seine Familie das Projekt fort.

Ein Abstecher führt zum monumentalen **Mt. Rushmore National Memorial**. Inmitten der Einöde South Dakotas blicken hier die steinernen Gesichter von vier amerikanischen Präsidenten aus dem Granitfels. Die riesigen Porträts zeigen (von links nach rechts) George Washington, Thomas Jefferson, Theodore Roosevelt und Abraham Lincoln. Die Ausmaße dieses Nationalmonuments, das von Amerikanern auch *Shrine of Democracy* genannt wird, sind gigantisch: Jedes Gesicht misst rund 18 m (vom Kinn bis zur Stirn), jede Nase allein ist 6 m lang.

Der amerikanische Bildhauer Gutzon Borglum wurde in den 20er Jahren von örtlichen Politikern und Historikern nach South Dakota gerufen, um ein Nationalmonument in Stein zu schaffen. Obwohl der Mt. Rushmore (1724 m) mit einer rund 300 x 120 m großen, glatten Steinwand als ideal erschien, drohte das Projekt an fehlenden Spenden zu scheitern. Und außerdem wollten naturverbundene Anlieger „ihre“

Felsen nicht zerstört sehen. Schließlich war Gutzon Borglum aber doch noch erfolgreich und arbeitete von 1927 bis zu seinem Tod im Jahr 1941 an dem Projekt. Die äußeren Gesteinsschichten wurden mit Dynamit weggesprengt, die Feinarbeit übernahmen dann einige Dutzend Arbeiter, die an schwingbaren Sesseln hinuntergelassen wurden, und mit Luftdruckhämmern die Details formten. Die spannende Geschichte dieses Künstlers und seiner Vision wird im **Borglum Historical Center** in **Keystone** erzählt.

Der Wilde Westen lebt!

Im Norden der Black Hills, zu erreichen über den **Black Hills Parkway** (Hwy. 385), liegen die alten Goldgräberstädte **Lead** und **Deadwood**. Da Glücksspiel erlaubt ist, haben sich beide Städte zu wildwest-ähnlichen Orten entwickelt. Statt Revolverhelden wie „Calamity Jane" oder „Billy the Kid" sitzen heute ältere Damen auf Bustour am Spieltisch.

Oben: Die Main Street von Deadwood, der alten Goldgräberstadt am Rand der Black Hills.

Im 19. Jh. zogen die Städte viele zwielichtige Gestalten an, die nur eins wollten: Gold. Als das Edelmetall 1876 in Deadwood gefunden wurde, marschierte fast die gesamte Einwohnerschaft von Custer, immerhin 20.000 Menschen, hierher. Als wenig später der Ruf „Gold!" im benachbarten Lead laut wurde, zog die Stadt Deadwood geschlossen nach Lead weiter. Das **Adams Museum** lässt die spannende Geschichte der Black Hills mit historischen Fotos, Kleidern und Waffen lebendig werden.

In der **Homestake Goldmine** wurde bis 2002 geschürft; die **Broken Boot Mine** kann ebenfalls besichtigt werden.. Wer sein Glück als Goldwäscher versuchen will, kann dies in der **Bobtail Placer Mine** (Route 14A) wagen.

Wildwestatmosphäre kann man im **Old Style Saloon** schnuppern – aber Vorsicht: Hier wurde einst „Wild Bill Hickok" über einem Glas Whiskey erschossen ...

Karte S. 128

WISCONSIN UND MINNESOTA (☎ 608)

Greater Madison Convention & Visitors Bureau, 615 E. Washington Ave., Madison, Tel. 255-2537, Fax 258-4950, www.visitmadison.com. **Greater Mankato Convention & Visitors Bureau**, Tel. 507/385-6640, www.greatermankato.com. **New Ulm CVB**, 1 N. Minnesota St., New Ulm, Tel. 507/233-4300, www.newulm.com. **Spring Green Chamber**, Jefferson Plaza, 259 E. Jefferson St., Spring Green, Tel. 588-2054, www.springgreen.com. **Wisconsin Dells CVB**, 701 Superior St., Wisconsin Dells, Tel. 254-4636, www. wisdells.com.

House on the Rock (9 Meilen südl. an der WS 23), Tel. 935-3639, www.thehouseontherock.com. **Taliesin Building** (3 Meilen südl. an der WI 23), Tel. 588-7900, www.taliesinpreservation.org, Touren Mai-Okt. **Mitchell Corn Palace**, 601 N Main St., Tel. 605-995-8427, www.cornpalace.org. **Mitchell Prehistoric Indian Village** (2 Meilen nördlich an der Rte 37, Abfahrt 23 zur Indian Village Rd.), Tel. 996-5473, www.mitchellindianvilla ge.org, April u. Okt. Mo-Sa 9-17, Mai u. Sept. Mo-Sa 9-18, So 10-18, Juni-Aug. 8-18 Uhr. **Pipestone National Monument** (an der US 75 und MN Rts. 23/30), Tel. 507/825-5464, www.nps.gov/pipe. **Wisconsin Dells Boat Tours**, Tel. 254-8555, www.dellsboats.com. Geführte Bootstouren.

MINNEAPOLIS / ST. PAUL (☎ 612)

Greater Minneapolis Visitor and Convention Assc., 250 Marquette Ave. S., Minneapolis, Tel. 348-7000, www.minneapolis.org. **Convention & Visitors Bureau**, 175 W. Kellogg Blvd, Suite 502, Saint Paul, Tel. 651/265-4900, www.stpaulcvb.org.

Historic Fort Snelling, am Flussufer, bei Kreuzung der Hwys. 5 und 55, St. Paul, www.historicfortsnelling.org. **Minneapolis Institute of Arts**, 2400 3rd Ave. South, www.artsMIA. org, Di-Sa 10-17, Do 10-21, So 11-17 Uhr. **Walker Art Center**, Vineland Place, Minneapolis, www.walkerart.org, Di-So 11-17, Do bis 21 Uhr. **Weisman Art Museum**, 333 East River Road, Minneapolis, Di, Do, Fr 10-17, Mi 10-20, Sa, So 11-17 Uhr, Mo Ruhetag, www.weisman.umn.edu.

BADLANDS UND BLACK HILLS (☎ 605)

Adams Museum, 54 Sherman St., Deadwood, www.adamsmuseumandhouse.org, Mai-Sept. tgl. 9-17, sonst Di-Sa 10-16 Uhr. **Bear Country USA**, (an der US 16), Rapid City, www.bearcountryusa.com, Mai-Nov. tgl. 9-16, Juli-Aug. 8-19 Uhr. **Big Thunder Gold Mine**, Hwy 16A, Main St., Keystone, www.bigthundermine.com, Mai-Okt. 8-20, sonst 9-16 Uhr. **Black Hills Central Railroad**, www.1880train.com. **Broken Boot Gold Mine**, Deadwood, www.deadwood.org. **Homestake Gold Mine Tours**, Main St., Lead, www.homestakevisitorcenter.com, Mai-Sept. tgl. **Journey Museum**, 222 New York St, Rapid City, www.journeymuseum. org, Sommer tgl. 9-17, sonst Mo-Sa 10-17, So 13-17 Uhr. **Mammoth Site**, Hot Springs, Hwy. 18 bypass (Umgehungsstraße), www. mammothsite.com, tgl. geöffnet, Touren (30 Min.) 9-17, Sommer 8-18 Uhr. **Mount Rushmore National Memorial**, Keystone, www.nps.gov/moru **Museum of the Fur Trade** (3,5 Meilen östlich an der US 20), Chadron, www.furtrade.org, Ende Mai-Sept. tgl. 8-17 Uhr. **Museum of Geology**, SD School of Mines & Technology, Rapid City, http://museum.sdsmt.edu.**Old Style Saloon**, 657 Main St., Deadwood, Tel. 578-3346, www.saloon10.com. **The Rushmore Borglum Story**, Keystone, www.rushmoreborglum.com, Juni-Aug. Mo-Sa 8-19, So 9-19, Mai, Sept., Okt. kürzer. **Wall Drug Store**, 510 Main St., Wall (von der I-90, Abfahrt 109), Tel. 279-2175, www.walldrug. com.

PARKS/TOURISTENINFORMATION: **Badlands National Park**, Tel. 433-5361, www.nps.gov/badl. **Black Hills National Forest**, Tel. 673-9200, www.fs. fed.us/r2/blackhills. **Custer State Park**, Tel. 255-4515, www.custerstatepark.info. **Wind Cave National Park**, Tel. 745-4600, www.nps.gov/wica.

RUND UM DIE CHESAPEAKE BAY

PHILADELPHIA
BALTIMORE
ANNAPOLIS
WASHINGTON, D.C.
ALEXANDRIA / MT. VERNON

Von der „Wiege der Nation" führt der Weg durch die weiten Marschlandschaften von Maryland bis zur heutigen Hauptstadt der USA. Das Leben hier wird von der **Chesapeake Bay** bestimmt. **Delmarva**, wie die Region nach den Anfangsbuchstaben der drei Anliegerstaaten Delaware, Maryland und Virginia auch genannt wird, ist neben Neuengland der geschichtsträchtigste Boden in den USA. Kleine Städte und Dörfer haben bis heute ihren kolonialen Charme bewahrt; menschenleere Strände und wilde Natur finden sich abseits der wenigen großen Badeorte. Für die hier beschriebene Route benötigt man etwa zehn Tage.

PHILADELPHIA
Die Wiege der Nation

Die Stadt am Delaware River beansprucht für sich, der Geburtsplatz der USA zu sein, denn hier erklärte der Kontinentalkongress am 4. Juli 1776 seine Unabhängigkeit vom englischen Königreich. Einer der Mitverfasser der Unabhängigkeitserklärung, Benjamin Franklin, ist Philadelphias berühmtester Bürger.

Nach dem Bürgerkrieg verabschiedete der Verfassungskonvent 1787 in Philadelphia die amerikanische Verfassung, die bis heute in Gebrauch ist.

Links: Das Kapitol, Zentrum der amerikanischen Demokratie (Washington, D.C.).

Gut hundert Jahre vor diesen zentralen Entwicklungen in der amerikanischen Geschichte wurde die heutige Ostküstenmetropole aus der Taufe gehoben. William Penn, ein englischer Quäker, gründete die Siedlung 1682 auf der Suche nach religiöser Freiheit und gab ihr den Namen „Philadelphia", was im Griechischen „brüderliche Liebe" bedeutet.

Alle Stationen, die mit der Unabhängigkeitsbewegung in Zusammenhang stehen, sind im **Independence National Historical Park** zu finden. Dort gelangt man, vorbei an der **Carpenters' Hall**, wo 1774 Vertreter der amerikanischen Kolonien beim Ersten Kontinentalkongress (320 Chestnut St.) tagten, zur **Independence Hall**. Das ehemalige Pennsylvania State House wurde 1732-53 von dem Anwalt Andrew Hamilton erbaut und gilt als Geburtsort der Vereinigten Staaten. Schließlich wurde hier die Unabhängigkeitserklärung unterzeichnet und die amerikanische Verfassung aufgesetzt und verabschiedet.

Die Liberty Bell ist ein wichtiges Freiheitssymbol der Vereinigten Staaten. Sie ist heute vor der Independence Hall im **Liberty Bell Center** ausgestellt. Am 8. Juli 1776 ertönte die Glocke vom Turm der Independence Hall, um die Bürger zur ersten öffentlichen

Karte S. 139, Info S. 148-149

Lesung der Unabhängigkeitserklärung zusammenzurufen.

Zu den bekannten Sehenswürdigkeiten der Stadt zählt das **National Constitution Center**, das sich ausschließlich mit der Geschichte und der heutigen Realität der amerikanischen Verfassung beschäftigt.

In der Market Street (Richtung 4th St.) trifft man auf eine Reihe von Einrichtungen, die alle dem berühmtesten Bürger Philadelphias, Benjamin Franklin, ihre Referenz erweisen. Am **Franklin Court**, wo einst sein Haus stand, befasst sich das **Underground Museum** mit der schillernden Persönlichkeit des Staatsmanns, Verlegers und Erfinders. Im benachbarten Postamt (Nr. 316) werden Briefmarken mit dem Stempel „B. Free Franklin" entwertet.

Von hier kann man einen Abstecher zur Arch Street machen, wo die **US Mint**, das weltgrößte Münzamt, steht. Im **Betsy Ross House** wurde die erste Flagge der Vereinigten Staaten genäht (239 Arch St.).

Oben: Die Liberty Bell – wichtiges Freiheitssymbol der USA. Rechts: Blick auf Inner Harbor und Stadtzentrum von Baltimore.

Die 5th Street führt Richtung Süden in ein weiteres koloniales Viertel Philadelphias. **Society Hill** erstreckt sich von der Walnut Street beim Washington Park bis zur Lombard Street. In dem Stadtteil, der nach der historischen *Free Society of Traders* benannt wurde, konnten über 600 Villen vor dem Verfall gerettet werden. Kurvige Straßen, kleine Alleen und vorbildlich restaurierte Häuser verleihen dem Nobelviertel eine heimelige Atmosphäre. Ein Bild von der Lebensweise im 18 Jh. kann man sich z. B. im **Hill-Physick-Keith House** machen, das heute öffentlich zugänglich ist.

Südlich von Society Hill empfehlen sich zwei Abstecher: Richtung Westen landet man in **South Philly**, wo viele Italiener und zunehmend auch Asiaten leben. Hauptanziehungspunkt ist hier der stimmungsvolle **Italian Market**, auf dem man asiatische Enten, Käsespezialitäten, Haushaltsgeräte und vieles mehr bekommt. Das alte Hippie-Viertel **South Street** in östlicher Rich-

Karte S. 139, Info S. 148-149

tung (Nähe Delaware River) hat jede Menge Szeneboutiquen, Cafés und Bars und damit auch ein reges Nachtleben zu bieten.

Einkaufen kann man in „Philly" z. B. in der Shopping Mall **The Gallery** (Market / 9th St.). Danach sollte man im nahen **Reading Terminal Market** eine Pause einlegen, wo zahlreiche Stände internationale Leckereien anbieten. Folgt man der Market Street weiter Richtung Westen, stößt man auf die **City Hall**; dahinter erhebt sich die Skyline von Philadelphias Geschäftsviertel.

Museen

Die zwei wichtigsten Kunstmuseen stehen nordwestlich des Zentrums. Am Ufer des Schuylkill River zeigt das **Philadelphia Museum of Art** eine beeindruckende Sammlung von Gemälden und Skulpturen, darunter frühe Quäker-Bilder und Kunstwerke der Amish People. Das benachbarte **Rodin Museum** besitzt die zweitgrößte Sammlung von Werken des Bildhauers nach dem Pariser Musée Auguste Rodin.

Jüngste Museumsperle ist die **Barnes Foundation** (2025 B. Franklin Pkwy.), ein hervorragendes Kunstmuseum mit Meisterwerken von Renoir, Cezanne, Picasso und Rubens (www.barnesfoundation.org).

Für die jungen Besucher der Stadt ist – neben einem Ausflug in den **Philadelphia Zoo** (auf der anderen Seite des Schuylkill River Richtung Norden) – vor allem das **Please Touch Museum** (Race St. / 21st St.) interessant, dessen Name Programm ist.

BALTIMORE

Jedes Kind in den USA bringt den Namen **Baltimore** mit der Nationalhymne in Verbindung: Hier schrieb Francis Scott Key 1814 in britischer Gefangenschaft das Lied „The Defense of Fort McHenry", das später als „Star-Spangled Banner" bekannt wurde. Der heutige Besucher wird feststellen, dass Baltimore seine mehr als 200jährige Geschichte als Industrie- und Schiffsbaustadt eindrucksvoll in die Gegenwart integriert hat.

Im Zentrum der Stadt hat man die ehemaligen Hafenanlagen restauriert und entlang der Bucht den Einkaufs- und Freizeitkomplex **Inner Harbor** eingerichtet. Läden, Cafés und Restaurants laden zum Flanieren ein. Gegenüber liegt eine der Hauptattraktionen Baltimores, das **National Aquarium** mit über 5000 Fischen und sonstigen Meeresbewohnern. Ebenfalls sehenswert ist hier die Ausstellung **Historic Ships in Baltimore**; die fotogenen Museumsschiffe können besichtigt werden.

Drei Meilen südöstlich liegt der geschichtsträchtigste Ort von Baltimore, das sternförmige **Fort McHenry**. Während des Krieges gegen Großbritannien umkämpft, kann es heute besichtigt werden. Neben historischen Wehranlagen mit guter Dokumentation ist die Originalhandschrift von Francis Scott Keys Hymne zu sehen.

Die Stadt an der Chesapeake Bay besitzt eine verblüffende Anzahl an Attraktionen, darunter das **Maryland Science Center** mit Planetarium und IMAX-Kino, das **B&O Railroad Museum** und das **Baltimore Museum of Art** mit europäischer Kunst vom 15.-19. Jh.

Oben: Rehoboth Beach, Delaware. Oben rechts: Wildpferde auf Assateague Island.

Am Abend bietet sich eine Kneipentour durch **Fells Point** an. Das ehemalige Schiffsbauer-Viertel wurde originalgetreu restauriert und bietet vom Live-Club bis zur Minibrauerei allerlei Unterhaltung in gemütlicher Atmosphäre.

Ausflug: Über die Bay Bridge zur Eastern Shore

Einige Kilometer hinter Baltimore führt die **Bay Bridge** über die **Chesapeake Bay**. Diese einzigartige Bucht, um die sich die geschichtsträchtigsten Landschaften der USA gruppieren, wird aus über 150 Flüssen gespeist, ist 200 Meilen lang und bietet über 7000 Meilen Küstenlinie. Richtung Süden kommt man zu den Fischerdörfern an der **Eastern Shore**. Abgesehen von Maine, gibt es keine andere Landschaft an der Ostküste, die sich einen so ur-

Info S. 148-149

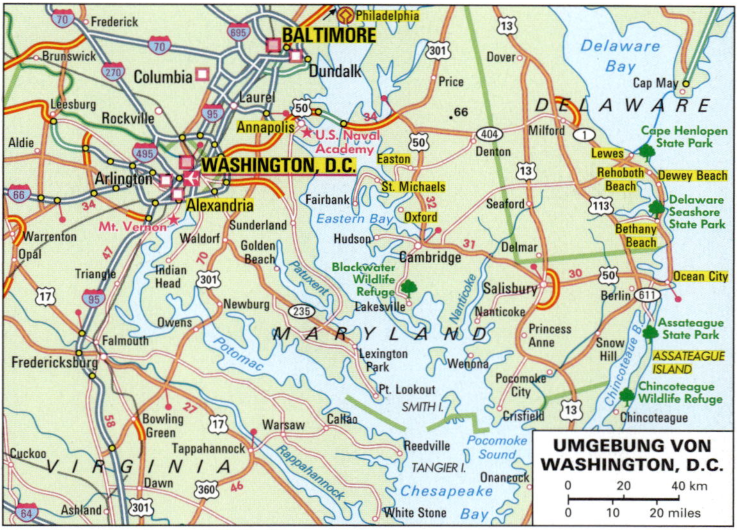

sprünglichen Charakter bewahrt hat. Einen Besuch wert sind vor allem **Easton**, **St. Michaels** und **Oxford**, das viele Antiquitäten- und Kunstgeschäften bietet. In St. Michaels zeigt das **Chesapeake Maritime Museum** in einem alten Leuchtturm die Geschichte der Schifffahrt rund um die Bucht. In einer dieser Städte sollte man *Crabcake* probieren, eine Spezialität aus Krebsfleisch, die nur in Maryland serviert wird.

Ans Meer und nach Delaware

Über die Highways 13 und 50 gelangt man nach **Ocean City**, dem einzigen großen Badeort Marylands, der reichlich Abwechslung bietet. An den Sommerwochenenden zwischen Ende Mai und Anfang September ist der 200 m breite, strahlend weiße Sandstrand vor allem mit gestressten Washingtonern überfüllt. Während der Sommerferien vergnügen sich hier fast ausnahmslos College-Kids und Studenten.

Wer es ruhiger mag, kann einen Abstecher in Richtung Norden durch den **Delaware Seashore State Park** mit seinen fast menschenleeren Stränden bis nach **Rehoboth Beach** machen, dem bedeutendsten Badeort des Staates Delaware. Hier suchen hauptsächlich Familien mit Kleinkindern und Rentner Erholung.

Das Nachtleben spielt sich eher in **Dewey** und **Bethany Beach** ab. Unweit des Badeortes **Lewes** liegt der **Cape Henlopen State Park**, eine meilenlange Dünenlandschaft, die Nistplätze für zahlreiche Vogelarten bietet, darunter bis zu 18 verschiedene Adlerarten. An den vielen Buchten mit ihren Molen und Piers trifft man vor allem Angler, die hier auf einen guten Fang hoffen.

Wildpferde und leere Strände

Zurück in Ocean City, sollte man dem Hwy. 611 Richtung Süden nach **Assateague Island** folgen. Diese etwa 60 km lange, aber nur maximal 2 km breite Insel bietet eine einzigartige Mischung aus unberührter Landschaft und wilden Tieren. Neben über 300 Vogelarten, die hier ungestört nisten, ist die

Info S. 148-149

Insel vor allem durch ihre wilden Ponys bekanntgeworden.

Die besten Chancen, eine der beiden Herden zu sehen, bestehen im nördlichen Teil der Insel. Dort zieht die „Maryland Herde" gemächlich durch die Dünen, besucht gelegentlich Campingplätze oder beobachtet badende Urlauber. Die „Virginia-Herde" ist schwerer zu entdecken. Sie lebt in der entlegenen Busch- und Dünenlandschaft des **Chincoteague National Wildlife Refuge**. Hier bietet sich jedes Jahr (am letzten Mi und Do im Juli) ein eindrucksvolles Spektakel, wenn Teile der Herde zusammengetrieben und einzelne Tiere versteigert werden.

VON ANNAPOLIS NACH D.C.

Annapolis, seit über 300 Jahren Hauptstadt von Maryland (1783/84 auch US-Hauptstadt), ist eine der schönsten kolonialen Hafenstädte an der Ostküste. Bekannt geworden ist die Stadt durch die **United States Naval Academy**, wo seit Mitte des 19. Jh. die Offiziere der US-Marine ausgebildet werden. Einen Besuch lohnt das dazugehörige **U.S. Naval Academy Museum**.

Oben: Am Hafen von Annapolis, Maryland. Rechts: Kirschblüte am Tidal Bassin im Frühling, Washington, D.C.

Im historischen Stadtkern steht das **State House**, in dem seit über 200 Jahren die Einzelstaatslegislative tagt – ein einsamer Rekord für ein US-Parlamentsgebäude. Südlich davon, am **State Circle**, liegt die **Old Treasury**, das älteste öffentliche Gebäude Marylands. Viele historische Bauten findet man überdies auf dem Campus des **St. John's College** (College Avenue), einem der ältesten des Landes. Lohnenswert ist das **William Paca House** (Prince George St.), dessen Namensgeber zu den Unterzeichnern der Unabhängigkeitserklärung gehörte.

In Richtung Washington D.C., zeigt sich die ganze Vielfalt Marylands: Zwar gehört es zu den kleinsten Bundesstaaten der USA, vereint aber auf engstem Raum großstädtische Ballungszentren mit entlegenen Bergdör-

Karte S. 139, Info S. 148-149

fern im Westen und einsamen Fischerorten im Osten. Als ehemalige Kolonie zeichnet sich Maryland bis heute durch seine Religionsvielfalt aus, die auf ein Gesetz aus dem Jahr 1649 zurückgeht: allen Kolonisten wurde freie Religionsausübung garantiert.

WASHINGTON, D.C.
Hauptstadt der Gegensätze

Wohl kaum eine andere westliche Hauptstadt ist von so vielen Gegensätzen gekennzeichnet wie **Washington, D.C.** (District of Columbia). Da ist auf der einen Seite das offizielle Bild der stolzen Hauptstadt und ihrer Prachtbauten. Auf der anderen Seite wartet die Stadt mit einer ziemlich düsteren Verbrechensstatistik, inklusive ca. 200 Morden im Jahr, auf.

Viele Besserverdiener der weißen wie schwarzen Mittelschicht haben die Stadt längst verlassen und sind in die sicheren Vororte in Maryland und Virginia geflüchtet. So hat sich Washington weit über die ursprüngliche Stadtgrenze ausgedehnt: Heute bezeichnet sich jeder stolz als Hauptstädter, der innerhalb des *Beltway* wohnt, einem Autobahnring, der sich wie eine Schlaufe um den Großraum Washington zieht.

Zwar ist Washington wegen der vielen Botschaften eine kosmopolitische Stadt, doch eine internationale Metropole ist es nicht. Bis heute blicken etwa New Yorker mit Belustigung auf die Stadt, die für sie nur eine Möchtegern-Metropole in der Provinz ist.

Nach dem Unabhängigkeitskrieg entschied sich George Washington 1790 für eine sumpfige Landschaft von 260 km^2 an der Grenze zwischen Maryland und Virginia für den Bau der neuen Hauptstadt. Der erste US-Präsident, der den Franzosen Pierre L'Enfant mit dem Bau der neuen Stadt beauftragte, hatte den Standort nicht ohne Hintergedanken ausgewählt: seine Plantage Mount Vernon lag teilweise innerhalb des markierten Gebietes. Dass die Stadt am Rande der Südstaaten gebaut wurde, ging auf einen Kompromiss zwischen Nord und Süd zurück. Das Parlament war des ewigen Umherziehens und etwaiger Unruhen müde, so dass der **Dis-**

Stadtplan S. 142-143, Info S. 148-149

trict of Columbia (zu Ehren von Christoph Kolumbus) als ständige Hauptstadt geplant wurde. Bis heute gilt Washington nicht als Bundesstaat und wird daher auch nicht durch gewählte Abgeordnete und Senatoren im Kongress vertreten.

The Mall: Macht- und Kulturzentrum

L'Enfant hatte breite Boulevards und Straßen vorgesehen, die in einem streng geometrischem Muster angeordnet wurden. Kernstück dieser Planung war die zwei Meilen lange **National Mall**, ein breiter Boulevard, der sich von Ost nach West, vom Kapitol bis zum Lincoln Memorial zieht. In den strahlend weißen, neoklassizistischen Regierungs- und Museumsbauten spiegelt sich das Selbstverständnis der Republik und Weltmacht USA.

Am östlichen Ende liegt das **Capitol**, in dem beide Kammern des Kongresses, das Repräsentantenhaus und der Senat tagen. Das heutige Kapitol hat mit dem ursprünglichen Bau, den die britische Armee im Krieg von 1812 niedergebrannt hatte, nur noch wenig zu tun. Darüber hinaus wurde der 90 m hohe und 250 m lange Komplex seit der Grundsteinlegung 1793 immer wieder vergrößert. Weit über den Dächern von Washington ist die Kuppel des Kapitols sichtbar, die nach dem Pariser Invalidendom gestaltet wurde. Die Bronzefigur auf der Kuppelspitze symbolisiert die Freiheit. Unter der Kuppel liegt die Rotunde, die zentrale Halle des Kapitols, in der Gemälde historische Szenen darstellen. In der **Statuary Hall**, der Senatsrotunde, sind Statuen berühmter Amerikaner zu sehen.

Auf der Ostseite vom **Capitol Hill** erheben sich majestätisch der **Supreme Court**, das oberste US-Bundesgericht, sowie die **Library of Congress**, mit fast 100 Mio. Bänden die größte Bibliothek der Welt. Richtung Westen laden die Museen der **Smithsonian Institution** zur Besichtigung ein. Zu beiden Seiten der Mall findet sich hier eine der großartigsten Kunst- und Kultursammlungen der Welt. Obgleich der Brite James Smithson die Neue Welt niemals gesehen hatte, vermachte er 1846 den USA eine halbe Million Dollar als Gründungskapital für eine Stiftung zur Wissensverbreitung.

Auf der vom Kapitol aus rechten Seite folgen drei Kunst- und Kulturmuseen nacheinander: Die **National Gallery of Art** besticht nicht nur durch eine umfangreiche Kunstsammlung von der Renaissance bis zum 20. Jh. (darunter Werke von Tizian und Rembrandt). Auch ihre Architektur ist bemerkenswert, denn zum klassizistischen Bau von John Russel Pope kam ein moder-

Info S. 148-149

ner Anbau bekommen vom Stararchitekten I. M. Pei. Das **National Museum of Natural History** veranschaulicht die Geschichte der Erde und das **National Museum of American History** die Geschichte der Nation: Vom ersten *Star spangled Banner* (der US-Flagge) über Uniformen, Waffen und Schiffsmodelle bis hin zu Briefmarken wird hier die US-Geschichte greifbar.

Die linke Seite der Mall beginnt dem **National Museum of the American Indian**, das der Geschichte und Kultur der amerikanischen Ureinwohner gewidmet ist. Dann folgt das hervorragende **National Air and Space Museum**. Bis heute gilt es als das meistbesuchte Museum der Welt; angesichts der faszinierenden Fülle von Ausstellungsobjekten kein Wunder. Es gibt wohl kaum ein Flugzeug, eine Rakete oder Raumkapsel, die hier nicht vertreten ist; ein IMAX-Kino zeigt eindrucksvolle Filme.

Daneben schließen sich das **National Museum of African Art**, die **Arthur M. Sackler Gallery** und die **Freer Gallery** an. Letztere zeigen (teilweise unterirdisch angelegt) asiatische Kunst. Die dunkelroten Türme gehören zum **Smithsonian Building**, dem Hauptsitz der Stiftung, in dem Smithson begraben liegt. An der Ecke 14th St. und Independence Avenue liegt das **National Holocaust Museum**. Der große Erfolg dieser Einrichtung (derzeit 5000 Besucher am Tag) liegt vor allem an der einfühlsamen Darstellung des Themas. Hier

Info S. 148-149

werden der Holocaust in all seinen Aspekten, jüdisches Leben und Leiden spürbar.

Im Zentrum der Macht: Das Weiße Haus

Die vielleicht berühmteste Adresse der Welt lautet 1600 Pennsylvania Avenue: Das **White House** war Amtssitz aller US-Präsidenten bis auf George Washington. Die schlichte Eleganz des Baus, im 18. Jh. von James Hoban nach Dubliner Vorbildern entworfen, macht es bis heute zu einem Symbol präsidialer, aber keineswegs auftrumpfender Macht. Jede Präsidentenfamilie (die Privaträume liegen im ersten Stock) hat dem Haus ihren individuellen Charakter verliehen. Für Einzelpersonen ist ein Besuch des Amtssitzes von Präsident Barack Obama nicht möglich (Informationen unter www.whitehouse.gov/about/tours_ and_events).

Oben: Das White House, Amtssitz und Wohnung des Präsidenten der Vereinigten Staaten von Amerika. Rechts: Arlington National Cemetery – Friedhof für die Helden der Nation.

„Monument City“

Blickt der Präsident aus dem Oval Office in Richtung Süden, fällt sein Blick auf den Obelisken des **Washington Monument**. Eingerahmt von den 50 Flaggen der Bundesstaaten, ist das fast 170 m hohe Bauwerk eines der meistbewunderten Monumente in der Hauptstadt. Ursprünglich als Grabstelle für den ersten Präsidenten gedacht, wäre der 1848 begonnene Bau wegen fehlender Finanzierung beinahe unvollendet geblieben. Es wurde erst 1848 fertiggestellt.

Ein Blick von der Aussichtsplattform zeigt die Mall in ihrer ganzen Pracht: Richtung Westen dehnt sich das ästhetisch umstrittene **National World War II Memorial** aus, das aus einer offenen, um eine Wasserfläche gruppierten Anlage besteht. Das **Martin Luther King, Jr. National Memorial** erinnert an den 1968 ermordeten Bürgerrechtler, dem als erstem Afroamerikaner an der Mall

Stadtplan S. 142-143, Info S. 148-149

ein Denkmal errichtet wurde. Am westlichen Ende der Mall erhebt sich das **Lincoln Memorial**. Der pseudoklassizistische Bau erinnert an den Präsidenten des Sezessionskriegs, den Retter der Union und Befreier der Sklaven. Seit seiner Einweihung 1922 spielten sich auf den Stufen des Memorials viele historische Ereignisse ab. Am berühmtesten ist sicher Dr. Martin Luther Kings Rede „I have a dream", die er hier 1963 vor 250 000 Menschen hielt.

Ein Monument ganz anderer Art liegt etwas versteckt inmitten der **Constitution Gardens**, die sich zu beiden Seiten des Reflecting Pools hinziehen. Der schwarze Granitstein des **Vietnam Veterans Memorial** erinnert an die 58 000 im Vietnamkrieg gefallenen US-Soldaten. Bis heute wirkt diese Niederlage in der amerikanischen Psyche nach, Angehörige und Freunde pilgern an diese Wand der Trauer, um einen Namen als Bleistift-Abdruck mit nach Hause zu nehmen. Als der Vietnamveteran Jan Scruggs 1979 die Idee eines Denkmals vorbrachte, um die damals verfemten Toten und angefeindeten Veteranen zu ehren, erhielt er zunächst keine Unterstützung. Schließlich gelang es ihm, mit Spenden in Höhe von 5 Mio. Dollar, den Bau 1982 zu verwirklichen. Etwas abgesetzt vom Memorial steht eine Bronzeplastik, die weibliche Soldaten in Kampf und Leiden zeigt. Das 1994 eingeweihte Denkmal soll so auch an die im Krieg gefallenen weiblichen Armeeangehörigen erinnern.

Südlich der Mall, etwas abseits auf einer künstlichen Halbinsel liegt das **Jefferson Memorial**. Thomas Jefferson, Gründervater und Verfasser der Unabhängigkeitserklärung, hätte den leicht erhöhten Ort sicher gutgeheißen. Das 1943 eingeweihte Denkmal zieht vor allem Ende März/Anfang April, während der **Cherry Blossom**, Zehntausende von Besuchern an. Das **Franklin D. Roosevelt Memorial** in der Nachbarschaft erinnert an den ehemaligen US-Präsidenten.

Am anderen Ufer des Potomac liegt der **Arlington National Cemetery**, wo seit Ende des Sezessionskrieges Soldaten und verdiente Politiker beerdigt

werden. Sehenswert ist hier das **Grab des Unbekannten Soldaten** mit seiner Ehrenwache sowie die Grabstätten von John F. Kennedy und seiner Frau Jacqueline Bouvier Kennedy Onassis, die hier 1994 neben ihrem ersten Ehemann bestattet wurde. Unweit davon liegt sein jüngerer Bruder begraben, Robert Kennedy, der 1968 ebenfalls einem Attentat zum Opfer fiel.

Georgetown: Die heimliche Hauptstadt

Nordwestlich der Mall, zu beiden Seiten der **M Street** und der **Wisconsin Avenue**, liegt ein Stadtteil, der als Nobelviertel und versnobte Wohngegend gilt – **Georgetown**. Wahr ist, dass die Georgetowner um ihre eleganten Straßen fürchten; daher wehrten sie sich (erfolglos) gegen den geplanten U-Bahnanschluss in ihrem Viertel. Besonders an Samstagabenden zieht es wahre Massen nach Georgetown, weil das Viertel unzählige Clubs, Kneipen und Restaurants besitzt.

Oben: Häuserfassaden in Georgetown. Rechts: Straße im alten Hafenstädtchen Alexandria.

Einst Umschlagplatz für Tabak, hat sich Georgetown bis heute kolonialen Charme bewahrt, wovon man sich bei einem Spaziergang entlang des alten **Chesapeake and Ohio Canal** (parallel zur M-Street) hinunter zur **Waterfront** überzeugen kann. Beim Blick über den Potomac sieht man den **Watergate Complex** und das **Kennedy Center for Performing Arts**, ein Veranstaltungszentrum für Theater und Konzerte.

Der Name *Watergate* steht für den größten Politskandal der US-Geschichte: 1972 waren sechs Männer in die Parteizentrale der Demokraten eingebrochen. Die *Washington Post*-Reporter Bob Woodward und Carl Bernstein konnten nachweisen, dass Präsident Richard Nixon den Auftrag dazu erteilt hatte. Nixon trat 1974 zurück, um einer Amtsenthebung durch den Senat zuvorzukommen.

Der Gang zurück durch Georgetown führt durch die **Thomas Jefferson Street**, benannt nach ihrem berühmtes-

Stadtplan S. 142-143, Info S. 148-149

ten Bewohner. Jeffersons Haus stand an der Stelle des Geschäftsgebäudes auf Nr. 1047. Direkt gegenüber, an der M Street, hat sich das **Old Stone House** erhalten, das älteste Gebäude Washingtons (1766). Außerdem interessant sind das Wohnhaus John F. Kennedys in der N Street (Nr. 3307) sowie das **Dumbarton House** und das **Prospect House** in der Q Street (Nr. 2715 bzw. 3508).

Dupont Circle, Adams Morgan und Union Station

Über M Street und Pennsylvania Avenue gelangt man zum **Dupont Circle**, einem weiteren Stadtviertel mit vielen Geschäften, Bars und Restaurants. Dupont Circle gibt sich allerdings bunter und weniger nobel als Georgetown. Da die Schwulen der Hauptstadt hier ihre Clubs und Treffpunkte haben, geht es lockerer zu als anderswo.

In Richtung Norden, zu beiden Seiten der **Massachusetts Avenue**, liegen die meisten Botschaften Washingtons; viele sind in herrschaftlichen Villen untergebracht. Am Abend treffen sich die Botschaftsangehörigen aller Nationen nicht nur in Georgetown, sondern auch in **Adams Morgan**, dem kulturell vielfältigsten Stadtteil in Washington. Rund um die **18th Street** und **Columbia Avenue** laden Geschäfte, Restaurants und Diskotheken zum Bummel ein. Zu den jüngsten Attraktionen der Hauptstadt zählt das viel besuchte **International Spy Museum**. Wer schon immer einmal einen Blick hinter die Kulissen der internationalen Spionage werfen wollte, ist hier richtig. Mit der spannenden, etwa fünfhundertjährigen Geschichte des Nachrichtenwesens beschäftigt sich das **Newsmuseum**.

Fast am anderen Ende der Stadt liegt ein Prachtbau aus dem 19. Jh., **Union Station**, der alte Bahnhof der Hauptstadt. Nach jahrzehntelangem Verfall wurde er 1988 renoviert und als elegante Einkaufspassage wieder eröffnet.

Ausflüge: Alexandria und Mount Vernon

Einen fast ländlichen Charme verbreitet **Alexandria**, ein altes Städtchen sechs Meilen südlich von D.C., das kaum etwas von seinem Kolonialstil eingebüßt hat. Die Hafenstadt wurde bereits 1749 gegründet und von schottischen Händlern schachbrettförmig als wichtige Hafenstadt angelegt – sie war einst bedeutender als Georgetown. Alexandria gehörte zwischen 1789 und 1847 zum Verwaltungsdistrikt von Washington, D.C., wurde dann aber an Virginia abgetreten.

Insbesondere rund um den **Market Square** und entlang der **Prince Street** fühlt man sich in die Kolonialzeit zurückversetzt; ein umfangreiches Restaurierungsprogramm hat seit den 1960er Jahren die **Old Town** in ein architektonisches Kleinod verwandelt. Besonders sehenswert sind das **Carlyle House** (121 North Fairfaix St.), **Gadsby's Tavern** (134 North Royal St.), wo fast jeder der amerikanischen Gründerväter einmal abstieg, sowie das **Boyhood Home of Robert E. Lee** (607 Oronoco St.), in dem der berühmte General aufwuchs. Im **Ramsey House** (221 King St.) ist das Besucherzentrum untergebracht.

In der **Cameron Street** (Nr. 508) steht ein Originalnachbau eines Stadthauses, das einst Washington hier hatte bauen lassen.

Die Plantage des Präsidenten, **Mount Vernon**, ist nur wenige Kilometer vom alten Alexandria entfernt. Der US-Präsident führte hier von 1754 bis zu seinem Tod 1799 das Leben eines wohlhabenden Pflanzeraristokraten. Washingtons Vater hatte die 930 Hektar große Tabakplantage gegründet und mit dem Bau des Herrenhauses begonnen, das George Washington später erweiterte. Sehenswert ist nicht nur das Haus mit vielen Originalmöbeln, sondern auch das Anwesen mit seinen Gärten, Wirtschaftsgebäuden und Sklavenhütten. Washington besaß über 100 Sklaven, die nach seinem Tod freigelassen werden sollten. Seine Frau entschied sich jedoch anders und schenkte niemandem die Freiheit.

PHILADELPHIA (☎ 215)

C & V Bureau, 1700 Market St., Tel. 636-3300, www.philadelphiausa.travel. **Independence Visitor Center**, One N. Independence Mall W., Tel. 1-800-537-7676, www.independencevisitorcenter.com

Vom **Flughafen** verkehren Züge sowie Shuttlebusse, die diverse Hotels anfahren, ins Zentrum. Der **Greyhound-Terminal** ist in der Filbert / Ecke 10 th St., der **Amtrak-Bahnhof** liegt am Ende des JFK Boulevard.

Jim's Steaks, 400 South St., Tel. 928-1911. Berühmt für *Philadelphia Cheese Steaks.*
Reading Terminal Market, 12th / Arch St., Tel. 922-2317, www.readingterminal market.org. Rund 80 Essensstände.

National Constitution Center, 525 Arch St., Independence Mall, Philadelphia, Tel. 409-6600, www.constitutioncenter.org, Mo-Fr 9.30-17, Sa bis 18, So 12-17 Uhr. **Liberty Bell Center**, 6th und Chestnut St. Neue Heimstätte der berühmten Freiheitsglocke, tgl. 9-17 Uhr. **Franklin Court**, 316-322 Market St., Tel. 965-2305, tgl. 9-17 Uhr. **Independence Hall**, Chestnut St. (zw. 5th / 6th St.), www. nps.gov/inde, tgl. 9-18 Uhr. **Manayunk**, am Schuylkill River, Flaniermeile mit Restaurants und Shops. **Philadelphia Museum of Art**, 26th St./Benjamin Franklin Pkwy, Tel. 763-8100, www.philamuseum.org, Di-So 10-17 Uhr, Fr bis 20.45 Uhr. **Philadelphia Zoo**, 34th St. / Girard Ave., Tel. 243-1100, www.philadelphiazoo.org, tgl. 9.30-17, Winter bis 16 Uhr. **Please Touch Museum**, 210 N 21st St., Tel. 963-0667, www.pleasetouchmuseum.org, tgl. 9-16.30 Uhr. **Rodin Museum**, 22nd St. / B. Franklin Pkwy, Tel. 763-8100, www.rodinmuseum. org, Di-So 10-17 Uhr. **US Mint**, 5th / Arch St., Tel. 215-408-0112, www.usmint. gov/mint_tours, kostenlose Führungen erst wieder ab Sommer 2012.

BALTIMORE (☎ 410)

Baltimore Area Convention & Visitors Association, 100 Light St., Baltimore, MD 21201, Tel. 659-7300, Fax 727-2308, http://baltimore.org

Stadtplan S. 142-143

B&O Railroad Museum, 901 W Pratt St., Tel. 752-2490, www.borail.org, Mo-Fr 10-16, Sa 10-17, So 11-16 Uhr. **Fort McHenry Nat. Monument**, E Fort Ave, Tel. 962-4290, www.nps.gov/fomc, tgl. 8-17, Sommer bis 20 Uhr; I-95 Ausfahrt 55 Richtg. Key Highway. **Historic Ships in Baltimore**, Inner Harbor, tägl. 10-16.30, Sommer bis 18 Uhr, www.historicships.org. **Maryland Science Center**, 601 Light St., Tel. 685-5225, www.mdsci.org, Di-Do 10-17, Fr 10-20, Sa 10-18, So 11-17 Uhr, **Baltimore Museum of Art**, 10 Art Museum Dr, Tel. 443-573-1700, www.artbma.org, Mi-Fr 10-17, Sa/So 11-18 Uhr. **Nat. Aquarium**, 501 E Pratt St., Tel. 576-3800, www.aqua.org, tgl. 9-17, Fr bis 20 Uhr.

EASTERN SHORE

Talbot County Chamber of Commerce, 101 Marlboro Ave. Easton, Tel. 822-4653, www.talbotchamber.org.

Chesapeake Bay Maritime Museum, Mill St., St. Michaels, www.cbmm.org, tgl. 10-17, Juni-Aug. bis 18 Uhr.

TOUREN: **Tangier Island Cruises**, 10th/Main Sts., Crisfield, Tel. 410/ 968-2338, www.tangierislandcruises.com.

ANNAPOLIS

Annapolis & Anne Arundel County Conf. and Vis. Bureau, 26 West St., Tel. 410/280-0445, www.visit-annapolis.org

U.S. Naval Academy, 52 King George St., Tel. 410/263-8687, www.usna.edu. **St. John's College**, Tel. 410/263-2371, www.sjca.edu.

WASHINGTON, D.C. (☎ 202)

Informationen über Führungen in Regierungsbehörden: **Library of Congress**, Tel. 707-8000, www.loc.gov. **U.S. Capitol**, Tel. 225-6827, www.aoc.gov. **U.S. Supreme Court**, Tel. 479-3000, www.supremecourtus. gov. **The White House Visitor Center**, 1450 Pennsylvania Ave., Tel. 456-7041, www.white house.gov. Touren nur für Gruppen über 10 Pers. nach Anmeldung mind. einen Monat vorab. **Washington Convention and Tourism Corporation**, 901 7th Street, NW, Tel. 789-7000, Fax 789-7037, www.washington.org.

Bombay Club, 815 Connecticut Ave. NW, Tel. 659-3727. Indisch. **Georgetown Inn**, Georgetown Inn, 1310 Wisconsin Ave. NW, Tel. 333-8900. Traditionelle amerikanische Küche. **Clyde's of Georgetown**, 3236 M St. NW, Tel. 333-9180. Amerikanische Bar / Grill-Restaurant mitten in Georgetown. **Daily Grill**, 1310 Wisconsin Ave., Georgetown, Tel. 337-4900. Gute Steaks und Seafood. **I Matti**, 2436 18th St. NW, Tel. 462-8844. Norditalienisch. **Kramerbooks & Afterwords**, 1517 Connecticut Ave. NW, Tel. 387-1462. Amerikanisches Restaurant mit Buchladen am Dupont Circle. **Lebanese Taverna**, 2641 Connecticut Ave. NW. Tel. 265-8681. **City Lights of China**, 1731 Connecticut Ave. NW, Tel. 265-6688. Beste chinesische Küche.

Infos über die Smithsonian-Museen: **The Castle/Smithsonian Visitor Information Center**, 1000 Jefferson Drive SW, Tel. 633-1000, www.si.edu. **Arthur M. Sackler Gallery**, 1050 Independence Ave. SW. **National Mus. of Natural History**, Constitution Ave./10th St. NW, Tel. 633-1000. **National Air and Space Mus.**, Independence Ave./6th St. SW, Tel. 633-1000. **National Mus. of African Art**, 950 Independence Ave. SW. **National Museum of American History**, National Mall, 14th St/Constitution Ave. **National Museum of the American Indian**, 4th St. & Independence Ave., S.W., Tel. 633-1000. Alle Museen 10-17.30 Uhr, Sommer teils länger.
National Gallery of Art, Constitution Ave./4-6th St. NW, Tel. 737-4215, www.nga.gov, Mo-Sa 10-17, So 11-18 Uhr. **United States Holocaust Museum**, 100 Raoul Wallenberg Place, NW, Tel. 488-0400, www.ushmm.org, März-Aug. nur mit zeitgenauem Pass. **Mount Vernon**, Alexandria, Tel. 703/780-2000, www.mountvernon.org, tgl. 9-17 Uhr. **National World War II Memorial**, National Mall, www.wwiimemorial.com. **Franklin D. Roosevelt Memorial**, National Mall, www. nps.gov/fdrm. **International Spy Museum**, 800 F St. NW, www.spymuseum.org, tgl. 9-16 Uhr, Sommer bis 19 Uhr.

ENTLANG DER KÜSTE NACH SÜDEN

VIRGINIA
NORTH CAROLINAS KÜSTE
SOUTH CAROLINA
CHARLESTON
SAVANNAH

Diese rund 750 Meilen (1200 km) und ca. 10 Tage lange Tour ist eine Reise in die Vergangenheit; sie führt zu den wichtigsten Städten, Plantagen und Landschaften des Alten Südens.

Der Alte Süden: Sklaverei und Bürgerkrieg

Hat man den Potomac auf der Interstate 95 überquert, ist man im Alten Süden. Selbst wenn Virginia geografisch zum *Upper South* zählt, sind hier doch Landschaft und Menschen ganz anders als etwa in Neuengland oder New York. Südstaatler sprechen einen besonderen Dialekt, Silben und Vokale werden langgezogen, „a southerner talks music“, sagte Mark Twain. Auch die Mentalität des Südens, außerordentliche Freundlichkeit und einen langsamen, entspannten Lebensstil, trifft man bereits in Virginia.

Die Unterschiede zum Norden, die Wunden, die der amerikanische Bürgerkrieg (1861-65) aufriss, sind bis heute nicht ganz verheilt: Der Süden bildet eine eigenständige Region, in der eben anders gedacht, gelebt und gesprochen wird. Das hat neben dem heißen, feuchtwarmen Klima vor allem historische Gründe, die auf die *Peculiar Institution* zurückgehen, die Sklaverei. Sie war mehr als nur ein Wirtschaftssystem; sie prägte eine Gesellschaft und ihre politisch-sozialen Überzeugungen. Das Gefühl, anders zu sein, gepaart mit einem (ungern eingestandenen) Minderwertigkeitskomplex, hat sich in den Südstaaten seit Ende des 19. Jh. verstärkt. Der offene, liberale *New South*, vertreten durch Politiker wie Jimmy Carter und Bill Clinton, hat an diesem Image nur wenig ändern können.

Links: Freiwillige spielen Kolonialleben im Freilichtmuseum von Williamsburg.

DAS HISTORISCHE VIRGINIA

In **Richmond**, der ersten Hauptstadt der Konföderierten Staaten, informiert das **Museum of the Confederacy** mit der größten Sammlung von Exponaten zum Bürgerkrieg über den Kampf zwischen Nord und Süd. Das **White House of the Confederacy**, in dem Konföderierten-Präsident Jefferson Davis lebte, kann man besichtigen. Auch das **Virginia State Capitol**, 1785 von Thomas Jefferson selbst entworfen, ist ein Meilenstein in der Geschichte des Bürgerkriegs: Hier erhielt einer der genialsten amerikanischen Militärstrategen des 19. Jh., General Robert E. Lee, das Oberkommando über alle Armeen der Südstaaten.

Die Helden des Bürgerkriegs sind auf der **Monument Avenue** in Stein und Bronze verewigt. Die vornehme Fla-

VIRGINIA / CAROLINAS
0 50 100 150 km
0 25 50 75 miles
Washington D.C.
Fredericksburg
Tappahannock
Saluda
Yorktown
HAMPTON
VIRGINIA BEACH
Williamsburg
NEWPORT NEWS
NORFOLK
PORTSMOUTH
RICHMOND
Jamestown
Berkeley Plantation
Nat. Battlefield
Petersburg
Suffolk
South Mills
Elizabeth City
Wright Brothers Nat. Mem.
Kill Devil Hills
Jockey's Ridge State Park
Kitty Hawk
Nags Head
ROANOKE I.
OUTER BANKS
Cape Hatteras
National Seashore
Ocracoke
OCRACOKE ISLAND
CEDAR ISLAND
Atlantic
Beaufort
Morehead City
Charlottesville
Franklin
Dillwyn
VIRGINIA
Emporia
Ahoskie
Windsor
Mattamuskeet Lake
Farmville
Lawrenceville
James
Roanoke
Williamston
Washington
Pamlico
Amherst
Lynchburg
J. H. Kerr Res.
Roanoke Rapids
Tarboro
Tar
Greenville
New Bern
Neuse
Clarksville
S.-Boston
Henderson
Rocky Mount
Wilson
Kinston
Smith Mtn. Lake
Roxboro
Danville
Martinsville
DURHAM
RALEIGH
Smithfield
Goldsboro
Jacksonville
ATLANTIC OCEAN
Burlington
Reidsville
Chapel Hill
Lillington
Dunn
Warsaw
Clinton
Wallace
NORTH CAROLINA
Poplar Grove Historic Plantation
WINSTON-SALEM
GREENSBORO
Sanford
Fayetteville
Wilmington
Carolina Beach
Cape Fear
Mount Airy
High Pt.
Asheboro
Orton Plantation Gardens
Lexington
Biscoe
Lumberton
Whiteville
Laurinburg
Tabor City
Calabash
Charleston
Albemarle
Pee Dee
Rockingham
Dillon
Mullins
North Myrtle Beach
Statesville
Lake Norman
Concord
Cheraw
Bennettsville
Conway
Myrtle Beach
Hickory
Lenoir
CHARLOTTE
Monroe
Darlington
Florence
Gastonia
Rock Hill
Kershaw
Bishopville
Lake City
Georgetown
Hopsewee Plantation
Shelby
Lancester
Kingstree
Hampton Plantation State Park
Chester
Wateree
Sumter
Camden
Manning
Santee
Gaffney
SOUTH CAROLINA
Moncks Corner
Columbus
Spartanburg
COLUMBIA
Boone Hall Plantation
Whitmire
Lake Marion
Middleton Place
Fort Sumter
Charleston
Greenville
Laurens
Lake Murray
Orangeburg
Batesburg
Branchville
Magnolia Plant. & Gardens
Saluda
Anderson
Greenwood
McCormick
Aiken
Yemassee
Clark Hill Lake
Allendale
Fairfax
Beaufort
Atlanta
Augusta
Savannah
HILTON HEAD I.
Hilton Head Island
GEORGIA
Waynesboro
Sylvania
Millen
SAVANNAH
N

niermeile wird von großbürglichen Stadthäusern aus dem 19. Jh. gesäumt. Abstecher in die Seitenstraßen des **Fan District** genannten Altstadtviertels lassen die einstige Eleganz dieser Stadt spüren.

Am östlichen Ende der Broad Street liegt der Eingang zum **Richmond National Battlefield**, das an die zweimalige Belagerung der Stadt durch Unionstruppen (1862 und 1865) erinnert. Das Visitor Center liegt dort, wo einst das größte Hospital der Konföderierten Staaten stand. Weiter südlich auf der Interstate 95 geht die Fahrt vorbei am **Petersburg National Battlefield**. Petersburg, wichtiger Eisenbahnknotenpunkt, wurde 1864/65 zehn Monate lang von den Unionstruppen belagert und schließlich, im März 1865, unter enormen Verlusten erobert. Der Fall der Stadt führte unmittelbar zur Einnahme von Richmond und schon wenige Wochen darauf, am 9. April 1865, war der Bürgerkrieg beendet.

Ein Abstecher (Hwy. 5) führt zu zwei idyllischen Plantagen aus der Kolonialzeit, **Shirley Plantation** und **Berkeley Plantation**. Das Anwesen in Shirley wurde 1723 von der Familie Carter erbaut, die hier zehn Generationen lang lebte. Im Dezember 1619 soll in Berkeley angeblich das erste Thanksgiving Fest mit den Indianern stattgefunden haben (und nicht in Massachusetts, wie oft behauptet wird).

Über die I-64 gelangt man zum wohl geschichtsträchtigsten Boden in den USA (neben Neuengland): Das **Historic Triangle** umschließt die Siedlungen **Jamestown**, **Yorktown** und **Williamsburg**. Auf diesem Boden landeteten 1607 die ersten Engländer und gründeten die erste Siedlung auf **Jamestown Island**. Erhalten sind nur einige Grundmauern und die Ruinen eines Turms aus dem Jahr 1639. Das **Jamestown Settlement**, ein Museum und Freilichtmuseum mit rekonstruierten Gebäuden und einem nachgebauten Dorf der Powatha-Indianer, lässt diese Zeit lebendig werden.

Oben: Alte Bürgerkriegsschlachten noch einmal geschlagen.

Dass die Siedler trotz Hungersnöten und Krankheiten überlebten, hatten sie den hier lebenden Indianern zu verdanken, die später von den Weißen ausgerottet wurden. Nach Virginia, das sich zur reichsten Kolonie im Süden entwickelte, verschlug es vor allem Abenteurer, die sich für eine Schiffspassage in die Neue Welt in Virginia als Sklaven verdingten und nach einigen Jahren freigelassen wurden. Der Reichtum der hier erwirtschaftet wurde, hat sich bis heute in Yorktown und vor allem in **Colonial Williamsburg** erhalten.

Die gesamte Stadt Williamsburg ist heute das größte Freiluftmuseum der USA mit über 500 sorgsam restaurierten Originalgebäuden, in denen Schauspieler dem Besucher Kolonialleben vorspielen. Live-Demonstrationen von Handwerkern zeigen u. a. Geigenbau und Schmiedekunst. Architektonisch eindrucksvoll in dieser Stadt, deren Ursprünge im frühen 17. Jh. liegen, sind

besonders der **Governor's Palace**, das **Capitol**, sowie das **Wren Building**. Letzteres gehört zum Campus des **College of Mary and William**, der zweitältesten Universität in den USA (gegr. 1693).

NORTH CAROLINAS KÜSTE

Über **Norfolk** und **Virginia Beach** geht die Fahrt weiter zu den **Outer Banks**. Um diese Inselkette vor der Küste von North Carolina ranken sich viele Legenden von versunkenen Schiffen und Schätzen, Piraten und Abenteurern. Tatsächlich diente die rund 170 Meilen lange Landbarriere mit ihren unübersichtlichen Buchten und einsamen Dünenlandschaften so manchem Seeräuber als Schlupfwinkel. Dabei kaperten Piraten Schiffe nicht nur auf hoher See, sondern lockten sie mit Feuersignalen auf gefährliche Riffe, wo sie auf Grund liefen oder sanken. Am nächsten Morgen brauchten sie nur das Treibgut am Strand aufzusammeln. Bis heute tragen die Outer Banks daher auch den Spitznamen *Graveyard of the Atlantic* („Grab des Atlantiks"). Seit 1585, als hier Sir Richard Grenville's *Tiger* unterging, sind mehr als 500 Schiffe Opfer von Piraten, Stürmen und gefährlichen Riffs geworden. Das letzte Schiff, die *Lois Joyce*, sank erst im Jahr 1982.

Oben: Am Strand der Outer Banks, North Carolina. Rechts: Der Leuchtturm von Cape Hatteras an seinem neuen Standort.

Es ist eine Ironie der Geschichte, dass die Outer Banks heute vor allem wegen ihrer *Lighthouses* (Leuchttürme) bekannt sind. Darüber hinaus sind sie ein Paradies für Wassersportler, Angler und Drachenflieger. Für Naturfreunde bietet die Inselkette eine unüberschaubare Fülle von seltenen Vogelarten, die hier den Winter verbringen.

Größere Orte gibt es hier nicht, und selbst zur Ferienzeit geht es so gemächlich zu wie nirgendwo sonst an der amerikanischen Ostküste. Allein **Kitty Hawk**, **Kill Devil Hills** und **Nags Head** bieten sich als typische Badeorte an, wenn auch *Boardwalk*, Clubs und große Hotels fehlen. Die meisten Häuser ge-

Karte S. 152, Info S. 161

hören Wochenendausflüglern aus Washington oder Baltimore.

Kitty Hawk ist jedem Amerikaner ein Begriffe: In den Dünen des Städtchens wagten die Brüder Orville und Wilbur Wright, Inhaber eines Fahrradgeschäfts, am 17. Dezember 1903 den ersten Flug mit einem motorisierten Fluggerät. Im **Wright Brothers National Memorial** kann man Modelle ihrer primitiven Segel- und Motorflugzeuge bestaunen, auch die Wohnbaracke und ein kleiner Hangar stehen noch. Die Wright-Brüder konnten bei ihren Versuchen die günstigen Windverhältnisse auf den Dünen nutzen, und daran hat sich, zur Freude der Drachenflieger, nichts geändert: Rund um die Dünen im **Jockey's Ridge State Park** in Nags Head sieht man die grellen Farben der Windsegler am Horizont. Viele starten von den Wanderdünen im Staatspark, die als die größten an der gesamten Ostküste gelten.

Einen Abstecher wert ist **Roanoke Island**, wo jeden Abend das Leben in der „Lost Colony" als Freilichtdrama inszeniert wird: Diese ersten Kolonisten auf den Outer Banks siedelten hier 1584 und verschwanden dann spurlos auf geheimnisvolle Weise.

Südlich von Nags Head wird die Gegend immer verlassener, der Hwy. 12 wird hier von endlos scheinenden, menschenleeren Sandstränden und von sumpfigen Marschen eingerahmt. Die Wildnis ist Teil eines Naturschutzgebietes, der **Cape Hatteras National Seashore**. Am **Oregon Inlet** kann das **Bodie Lighthouse** besichtigt werden; im **Visitor Center** beim naheliegenden Hafen können Hochseeangler Boote mieten oder eine Tour buchen. Der schwarz-weiß geringelte Leuchtturm in **Cape Hatteras** ist eines der bemerkenswertesten maritimen Bauwerke Amerikas. 1999 musste er fast 900 m ins Inselinnere versetzt werden, da die Küstenerosion seinen Standort bedrohte. Vor dem Leuchtturm schlägt eine imposante Brandung gegen die Klippen

– zum Verdruss der Seefahrer, zur Freude der Surfer. So einladend die Wellen auch aussehen mögen, sollte man sich hier nur als erfahrener Surfer ins Wasser wagen.

Auf einer (kostenlosen) Fähre kann man nach **Ocracoke Island** übersetzen, dem schönsten und einsamsten Fleck auf den gesamten Outer Banks. Jahrzehntelang diente der kleine Ort **Ocracoke Village** dem berüchtigten Piraten Edward Teach alias „Blackbeard" als Versteck, bis er schließlich 1718 dort zur Strecke gebracht wurde. Neben dem Ort mit seinem malerischen Hafen ist auch das **Ocracoke Lighthouse** sehenswert. Nach einer weiteren, knapp dreistündigen Überfahrt geht es zurück aufs Festland, nach **Cedar Island**.

Cape Fear und Wilmington

So einsam und verlassen die Outer Banks auch wirken mögen, noch abgelegener scheinen die Marsch- und Sumpflandschaften der **Central Coast** zu sein. Der Highway 70 (später 17) führt durch Gegenden, in die sich kaum ein Tourist verirrt. Die Straße führt an malerischen Kanälen vorbei, die die ganze Region durchziehen. Kaum ein Einheimischer, der nicht sein eigenes Boot vor dem Haus angedockt hätte. Die Abgeschiedenheit mag skurrile Bräuche fördern – jedenfalls findet in **Morehead City**, an einem Sonnabend Mitte März, ein merkwürdiger Wettbewerb statt: Am *Old Quawk's Day* müssen die Teilnehmer versuchen, möglichst grässlich zu kreischen. Das Fest geht auf *Old Quawk*, den gemeinsten Mann im ganzen Land zurück, der nach einem Sturm auf See verschollen war – zur allgemeinen Erleichterung. Sein Verschwinden wird seitdem mit lautem Kreischen gefeiert.

Das Nachbarstädtchen **Beaufort** bietet mehr als 125 restaurierte Häuser im Kolonialstil, die sich rund um den **Old Burying Ground** gruppieren; sehenswert ist auch das **North Carolina Maritime Museum** (315 Front Street), in dem auch Vorträge zu den Outer Banks stattfinden.

Weiter an der Küste entlang geht die Fahrt nach **Wilmington**, einstmals größte Hafenstadt North Carolinas. Der Ort galt lange als heruntergekommen, doch in den letzten Jahren hat ein ehrgeiziges Restaurierungsprogramm die Innenstadt wieder aufleben lassen. Aus der Kolonialzeit stammt die **Cotton Exchange** (Ecke Red Cross St./Front St.), einst ein Lagerhaus für den Handel mit Baumwolle und heute ein Einkaufszentrum. Sehenswert im historischen Stadtkern sind auch das **Burgwin-Wright House** (224 Market St.) und die **Chandler's Wharf**, alte Lagerhäuser am Hafen, die zur Shopping-Meile umfunktioniert wurden.

Außerhalb von Wilmington kann man das **USS North Carolina Battleship Memorial** besuchen: Das Kriegsschiff hat im Zweiten Weltkrieg an fast jeder Offensive im Pazifik teilgenommen. Heute dürfen Touristen auf die Kanonentürme klettern.

Rechts: Besucher auf der Boone Hall Plantation – Assoziationen zum Film „Vom Winde verweht" sind erwünscht.

Weiter östlich auf dem Hwy. 17 führt die Route an die **Cape Fear Coast**, an der zwei sehenswerte Plantagen zu einem Abstecher einladen: Auf der **Poplar Grove Historic Plantation** (1850) wird das Plantagenleben des 19. Jh. lebendig. Die **Orton Plantation Gardens** (an der Straße 87/133) besticht vor allem durch ihre prächtigen Gartenanlagen.

SOUTH CAROLINA
Ein Hauch des Alten Südens

Kein Zweifel, in South Carolina beginnt der eigentliche Süden: Subtropisches Klima, die prachtvollen Reis- und Baumwollplantagen und die Stadthäuser der Pflanzeraristokratie machen den *Palmetto State* zu einem echten Südstaat. Doch von irgendeinem Hauch des Südens ist zunächst wenig zu spüren, der US Hwy. 17 führt durch **North Myrtle Beach** und **Myrtle Beach**, den zwei größten Urlaubsorten an der Küste nördlich von Florida. Der knapp 100 km lange **Grand Strand** ist hier im Sommer von Urlaubern überflutet, die die idealen Badegelegenheiten genießen. Zu beiden Seiten der Beach Road ziehen sich, scheinbar endlos, Hotels und Restaurants, Bars und Vergnügungsparks hin.

Die Stadt **Georgetown** wirkt hier mit ihrer großen Vergangenheit fast fehl am Platz. Nicht weit von der Stadtgrenze siedelten 1526 spanische Kolonisten. Diese erste europäische Siedlung auf amerikanischem Boden außerhalb des heutigen Mexikos überlebte indes nur ein Jahr – Indianer griffen an, Krankheiten vertrieben die Spanier. Heute erzählt das **Rice Museum** (Ecke Front St./Screven St.) die Geschichte des Reisanbaus in dieser Region. Von der englischen Kolonialvergangenheit Georgetowns zeugt die **Church of Prince George Winyah** aus dem 18. Jh.

Karte S. 152, Info S. 161

Direkt am Hwy. 17 liegt die **Hopsewee Plantation**, ein strahlend weißer, eindrucksvoller Barockbau inmitten von riesigen Eichen. Er gehörte Thomas Lynch Jr., einem Unterzeichner der Unabhängigkeitserklärung. Hinter dem North Santee River sind die überschwemmten Felder dieser alten Reisplantage zu erkennen.

Auf der nahen **Hampton Plantation** war die Rutledge-Familie, eine der bekanntesten des Südens, zuhause. Der gerade zum Präsidenten gewählte George Washington machte hier 1791 Rast, als er alle Unionsstaaten bereiste.

Boone Hall Plantation

Die Eichenallee, die zur Boone Hall Plantation in der Nähe von Charleston führt, wird vielen Besuchern bekannt vorkommen: Das Haus diente als Vorbild für die Kulisse des Films *Vom Winde verweht*. Gedreht wurde der Streifen jedoch nicht auf der Plantage selbst, wie immer wieder zu lesen ist, sondern in einem perfekten Nachbau in Hollywood. Auf Boone Hall entstanden dagegen die Außenaufnahmen für *Fackeln im Sturm* und andere Fernsehproduktionen.

So sehr die Plantage und die fast ein Kilometer lange Eichenallee auch beeindrucken mögen, die historische Schattenseite ist nicht zu übersehen. Denn unweit vom Herrenhaus liegt die einzige erhaltene **Slave Street** im Südosten der USA: neun Steinhütten, in denen einst die Haussklaven lebten.

Auf Boone Hall, 1676 von Major John Boone erbaut, wurde bis zur Jahrhundertwende Baumwolle angepflanzt, später auch die Pekannuss, eine Walnussart. Im Februar 1989 wurde die Plantage vom Hurrikan „Hugo“ heimgesucht; das Bootshaus wurde völlig zerstört, die alten Bäume der Eichenallee schwer beschädigt. Das Haupthaus blieb dagegen unversehrt. Freilich ist das Haus nicht historisch, sondern wurde erst 1935 nach Originalplänen wiedererrichtet: Die Plantage hatte nach dem Aussterben der Boones lange leergestanden. Dennoch sind viele Originalmöbel des alten Gebäudes noch vorhanden.

CHARLESTON
Erste Stadt des Südens

Die Stadt liegt an der Mündung der Flüsse Cooper und Ashley in den Atlantik, einer der schönsten Flussmündungen im Süden. **Charleston** wurde 1670 von Kolonisten aus Barbados gegründet und florierte schnell als Hafen und Umschlagplatz, vor allem für Reis und Indigo. Im 18. und 19. Jh. ließen viele reiche Plantagenbesitzer aus dem Umland hier pompöse Stadthäuser bauen. Weit über 1000 dieser Gebäude bestehen bis heute. Charleston verfügte zudem über hervorragende Ärzte und Hospitäler, so dass z. B. der Pirat „Blackbeard" Anfang des 18. Jh. als Lösegeld für entführte Bürger Medikamente verlangte.

Ein Rundgang vom **Visitor Center** an der **Meeting Street** aus führt auf historischem Kopfsteinpflaster durch das Altstadtviertel. Rund um den **City Market** erhält man einen Eindruck von Charleston im 18. Jh. Das **Charleston Museum** (Ecke John St./Meeting St.) bietet Touren durch einige der schönsten Herrenhäuser des Südens an: Die **Calhoun Mansion** (16 Meeting St.), das **Nathaniel Russell House** (51 Meeting St.), das **Hayward-Washington House** (87 Church St.) und das **Edmondston-Alston House** (21 East Battery). Die meisten großen Stadthäuser liegen an der **Waterfront** und ziehen sich halbkreisförmig an der **Battery** entlang. Berühmt geworden ist Charleston durch die **Rainbow Row** (82-107 East Bay), eine Reihe von verschiedenfarbigen Häusern aus dem 18. Jh. Jedes Haus erhielt angeblich eine andere Farbe, um den schwarzen (Sklaven-)Boten, denen jeder Unterricht verweigert wurde, die Orientierung zu erleichtern.

Von der starken Religiosität des Südens zeugen die vielen Kirchen in Charleston. Auf dem Friedhof der ältesten Kirche Charlestons (gegr. 1690), der **St. Philips' Episcopal Church** (146

Oben: Das Herrenhaus Drayton Hall wurde erst nach dem Bürgerkrieg errichtet und ist noch immer in Familienbesitz. Rechts: Prachtvolle alte Eichenalleen und farbenprächtige Azaleen auf dem Gelände von Magnolia Plantation and Gardens.

Karte S. 152, Info S. 161

Church St.), liegen historische Größen wie John C. Calhoun, Charles Cotesworth Pinckney und John Rutledge. Die **French Huguenot Church** (Church St.) ist die letzte Kirche auf amerikanischem Boden, in der bis heute die Liturgie der Hugenotten gefeiert wird.

Nicht nur, aber vor allem mit der maritimen Fauna und Flora South Carolina beschäftigt sich das hervorragende **South Carolina Aquarium** nördlich des Zentrums.

Die Umgebung der Stadt

Charleston hatte als Hafenstadt immense strategische Bedeutung. Und so wird die Stadt gleich von zwei Festungen bewacht: **Fort Moultrie** auf Sullivan's Island spielte eine wichtige Rolle im Unabhängigkeitskrieg. Berühmt geworden ist das **Fort Sumter**, wo am 12. April 1861 die ersten Schüsse des Bürgerkrieges abgefeuert wurden. Das Fort war damals mit knapp 100 Unionssoldaten bemannt, die den Befehl hatten, die Festung auch nach der Sezession South Carolinas zu halten. Als US-Präsident Lincoln Befehl gab, das Fort zu verstärken, bombardierten es die Südstaaten 34 Stunden lang, bis die Unionstruppen aufgaben. Nach Fort Sumter legen Boote vom Stadthafen am Lockwood Blvd. ab.

Der Mündungsbucht bei Charleston sind vier Inseln vorgelagert: **Isle of Palms**, **Sullivan's Island**, **Folly Beach** und **Kiawah Island** begeistern mit menschenleeren Stränden und starker Brandung. Dorthin verschlägt es kaum Touristen, nicht zuletzt, weil es auf den Inseln nur wenige Hotels gibt.

Plantagen und Gärten

In der Umgebung von Charleston liegen mehrere historische Plantagen. Die meisten wurden im 18. Jh. als Reisplantagen entlang des **Ashley River** von einigen der alteingesessenen Pflanzerfamilien gegründet. Das Herrenhaus **Drayton Hall** (1738/42 erbaut) gilt mit seinen roten Backsteinmauern und den weißen Säulen als die schönste Barock-Plantage in den USA. Thomas Drayton, Vorfahre derselben Familie, hatte bereits 1671 seine Heimat Barbados verlassen und ein Anwesen auf der heutigen **Magnolia Plantation and Gardens** gekauft. Bis heute ist das Gelände, zu dem der älteste künstlich angelegte Garten in den USA (1680) gehört, in Familienbesitz. Fast 1000 verschiedene Kamelienarten, Azaleen und Magnolien verwandeln es in ein wahres Blumenmeer. Auf engen Stegen oder per Kanu kann man außerdem den tropisch anmutenden **Audubon Swamp Garden** und dessen einzigartige Vogel- und Tierwelt erkunden. Das Herrenhaus der Plantage stammt aus der Zeit nach dem Bürgerkrieg und erinnert mit seiner massiven Steinbauweise an eine europäische Burg.

Ebenfalls am Ashley River liegt die große Plantage **Middleton Place**. Das Herrenhaus wurde von brandschatzenden Unionstruppen bis auf den Ostflügel zerstört. Die terrassenartige Gartenanlage stammt aus dem Jahr 1741; besonders schön ist der Blick von den kunstvollen Lustgärten hinab auf die Spiegelseen. Dahinter markiert eine verträumte Marschlandschaft die Lage der alten Reisfelder. Die Plantage strahlt jene selbstsichere Eleganz aus, die für Familien wie die Middletons typisch war: Einige Familienmitglieder waren Gouverneure und Botschafter; Arthur Middleton war zudem Unterzeichner der Unabhängigkeitserklärung. Seine Villa zeugt bis heute vom Reichtum der Pflanzer.

Beaufort und Hilton Head Island

Südlich von Charleston erreicht man **Beaufort**, ein romantisches Städtchen aus der Zeit vor dem Bürgerkrieg. Beaufort (im lokalen Dialekt wird der Name wie „Biufort“ ausgesprochen) galt im 19. Jahrhundert als eine der wohlhabendsten Gemeinden des Südens. Noch heute zeugen dort verschwenderisch angelegte Gärten und große Villen vom Reichtum der Pflanzerfamilien.

Die Insel **Hilton Head Island** hat sich in den letzten fünfzig Jahren zu einem beliebten Ferienzentrum mit kilometerlangen, sauberen Stränden und gepflegten Golfplätzen entwickelt. Ehemalige Plantagen wandelte man in Luxusresorts um.

SAVANNAH
Georgias Vorzeigestück

Die letzte Station dieser Route liegt bereits im Bundesstaat Georgia. **Savannah** hat den Bürgerkrieg unbeschadet überstanden, und so besitzt die 1773 vom englischen General James Edward Oglethorpe gegründete Stadt heute das größte historische Viertel in den USA. Als Umschlagplatz für Baumwolle kam es bald zu Reichtum, und auch nach dem Niedergang dieses Wirtschaftszweigs waren die Bürger um den Erhalt der historischen Bausubstanz bemüht: Seit den 1950ern wird die Südstaatenperle sorgsam instandgehalten.

Einen Popularitätsschub bekam die Stadt durch den Roman *Midnight in the Garden of Good and Evil* von John Berendt (dt. „Mitternacht im Garten von Gut und Böse“, Goldmann Verlag), den Clint Eastwood 1997 in Savannah, dem Originalschauplatz, verfilmte.

Stattliche Häuser aus der Kolonialzeit wie das **Davenport House** (324 E State St.), das **Green-Meldrin House** (Madison Sq.) und das **Owen Thomas House** (124 Abercorn St.) sind heute als Museen zugänglich. Rund um den **City Market** (W Saint Julien St.) bieten Cafés, Läden, Galerien und Jazzbars Zerstreuung. Hier befindet man sich mitten in der **Historic Savannah Waterfront**, wo das nostalgische Flair dank Kopfsteinpflaster und gepflegter historischer Fassaden erhalten blieb. In der Nähe locken das **Telfair Museum of Art** mit seiner umfassenden Schau amerikanischer und europäischer Kunst sowie das **Ships of the Sea Museum**, das Savannahs Vergangenheit als bedeutender Baumwoll-Umschlagplatz aufarbeitet.

Karte S. 152

RICHMOND

Richmond Metropolitan Convention & Visitors Bureau, 401 N. 3rd St., Tel. 804/742-4666, www.visitrichmondva.com.

Museum of the Confederacy, 1201 East Clay St., Tel. 804/649-1861, www.moc.org, tgl. 10-17 Uhr. **Petersburg National Battlefield**, Tel. 804/732-3531, www.nps.gov/pete, tgl. 9-17 Uhr. **Richmond National Battlefield**, 3215 E Broad St, Tel. 804/226-1981, www.nps.gov/rich, tgl. 9-17 Uhr. **State Capitol of Virginia**, 9th/Grace Sts., Tel. 804/698-1788, www.virginia.org.

WILLIAMSBURG

Williamsburg Area Convention & Visitors Bureau, 421 N. Boundary St., Tel. 757-229-6511, www.visitwilliamsburg.com.

Berkely Plantation, 12602 Harrison Landing Rd, Charles City, Tel. 804/829-6018, www.berkeleyplantation.com, tgl. 9-16.30 Uhr. **Busch Gardens**, Tel. 757/253-3350, www.buschgardens.com. Vergnügungspark. **Jamestown Settlement**, Rte. 31/Colonial Pkwy, Tel. 757/253-4838, www.historyisfun.org, tgl. 9-17, Mitte Juni-Mitte Aug. bis 18 Uhr. **Shirley Plantation**, 501 Shirley Plantation Rd., Charles City, Tel. 804/829-5121, www.shirleyplantation.com.

OUTER BANKS UND CAPE FEAR

Cape Fear Coast C & V Bureau, 24 N. Third St., Wilmington, Tel. 910/341-4030, Fax 341-4029, www.capefearcoast.com. **Outer Banks Chamber of Commerce**, 101 Town Hall Dr., Kill Devil Hills, Tel. 252/441-8144, www.outerbankschamber.com.

Reservierungen für die gebührenpflichtigen **Fähren** zwischen den Outer Banks und dem Festland sind dringend zu empfehlen. Fahrpläne unter www.outerbanks.com/ferry, Tel. 252/225-7411 für Abfahrten von Cedar Island, Tel. 252/928-5311 für Abfahrten von Ocracoke Island, Tel. 252/926-6401 für Abfahrten von Swan Quarter.

Cape Hatteras Lighthouse, Tel. 252/473-2111, www.nps.gov/caha, Besteigung Mitte April bis Ende Okt. **The Lost Colony**, Freilichtbühne, Roanoke Island, Tel. 252/473-2127, www.thelostcolony.org. **Wright Brothers National Memorial**, Kill Devil Hills (an der US 158; bei Kitty Hawk), Tel. 252/473-2111, www.nps.gov/wrbr.

SOUTH CAROLINA UND CHARLESTON

Forever Charleston, 375 Meeting St., Tel. 843/724-7474, www.charlestoncvb.com.
Myrtle Beach Area C & V Bureau, 1200 N Oak St., Myrtle Beach, Tel. 843/626-7444, www.visitmyrtlebeach.com.

Garibaldi's, 49 S Market St, Charleston, Tel. 843/723-7153. Italien. Küche.

Boone Hall Plantation, www.boonehallplantation.com, Mo-Sa 8.30-18.30, So 12-17 Uhr, im Winter kürzer. **Drayton Hall**, 3380 Ashley River Rd., www.draytonhall.org, März-Okt. 9-17, sonst bis 16 Uhr. **Hampton Plantation State Park**, www.southcarolinaparks.com, Gebäude Sa-Di 13-15 Uhr, Anlage tgl. 9-18 Uhr. **Hopsewee Plantation**, www.hopsewee.com, Di-Fr 10-16 Uhr. **Fort Sumter**, Bootstouren ab City Marina und Patriots Point, www.nps.gov/fosu. **Magnolia Plantation**, www.magnoliaplantation.com, März-Okt. 8.30-17.30 Uhr, sonst kürzer. **Middleton Place Plantation**, www.middletonplace.org, 9 Uhr bis Dämmerung.

SAVANNAH

Savannah Area C & V Bureau, 101 East Bay St, Tel. 912-644-6401, http://savannahvisit.com.

Telfair Museum of Art, 121 Barnard Street (Zweigstellen: Owens Thomas House, 124 Abercorn St.; Jepson Center, 207 W. York St.), Mo 12-17, Di-Sa 10-17, So 13-17 Uhr, www.telfair.org. **Ships of the Sea Museum**, 41 M. L. King Boulevard, Di-So 10-17 Uhr, www.shipsofthesea.org.

VON WASHINGTON, D.C. NACH ATLANTA

SHENANDOAH VALLEY
CHARLOTTESVILLE
BLUE RIDGE PARKWAY
GREAT SMOKY MOUNTAINS
ATLANTA

Von den Bergen im Westen Virginias, durch die einsamen Täler in Tennessee und die Gebirge North Carolinas bis hinunter nach Atlanta, zeigt diese Strecke den westlichen Teil des Alten Südens, der außerhalb Amerikas kaum bekannt ist. Die Route ist etwa 850 Meilen (1400 km) lang. Für die Reise sollte man mindestens zehn Tage, besser aber zwei Wochen veranschlagen. Im *Indian Summer*, wenn das Laub sich verfärbt, ist hier Hochsaison. Dann sind das Shenandoah Valley und die Great Smoky Mountains voller Touristen. Und womöglich stimmt sogar der eine oder andere Besucher den Countrysong „Take me home, Country Roads“ an.

SHENANDOAH VALLEY

Nur wenige Autostunden von Washington, D. C. erricht man (über die Interstate 66) das **Shenandoah Valley**, eingebettet in zwei Gebirgszüge der **Appalachen**, die **Alleghenies** im Westen und die **Blue Ridge Mountains** im Osten. Hervorragend erschlossen ist der **Shenandoah National Park** durch den 105 Meilen langen **Skyline Drive** (der weiter südlich in den berühmten Blue Ridge Parkway übergeht). Der Shenandoah-Nationalpark beginnt südlich von **Front Royal**, wo sich am Parkeingang auch ein **Visitor Center** befindet. Hier sollte man sich unbedingt eine detaillierte Karte besorgen, die über Wanderwege, Wasserfälle, Flüsse und Tropfsteinhöhlen informiert. Es gibt mehrere Campingplätze, die allerdings nachts gelegentlich von Schwarzbären besucht werden.

Hinweisschilder am Straßenrand machen auf die Sehenswürdigkeiten aufmerksam; über 60 Aussichtspunkte laden zum Verweilen ein. Von fast allen diesen Stellen aus erblickt man je nach Wetterlage, die sich hier schnell ändern kann, ein herrliches Panorama: Das hügelige Farmland in dieser Gegend, das man hier aus 700 bis 1000 m Höhe sieht, erinnert mit seinen Bauernhöfen an Nordeuropa – was kaum erstaunlich ist, da im 19. Jh. sich hier deutsche und irische Familien niederließen. Besonders während der Azaleenblüte im Frühling wird Shenandoah seinem indianischen Namen „Tochter der Sterne“ gerecht.

Am besten entwickelt, aber auch am interessantesten ist der **Central District** zwischen Thortnon Gap und Swift Run Gap. Die schönsten Tropfsteinhöhlen in dieser Region sind die **Skyline Caverns** (hinter dem Parkeingang) sowie die **Luray Caverns**, in der Stalaktiten eine bespielbare „Naturorgel“ bilden.

Links: Blick vom Chimney Rock auf Lake Lure in North Carolina.

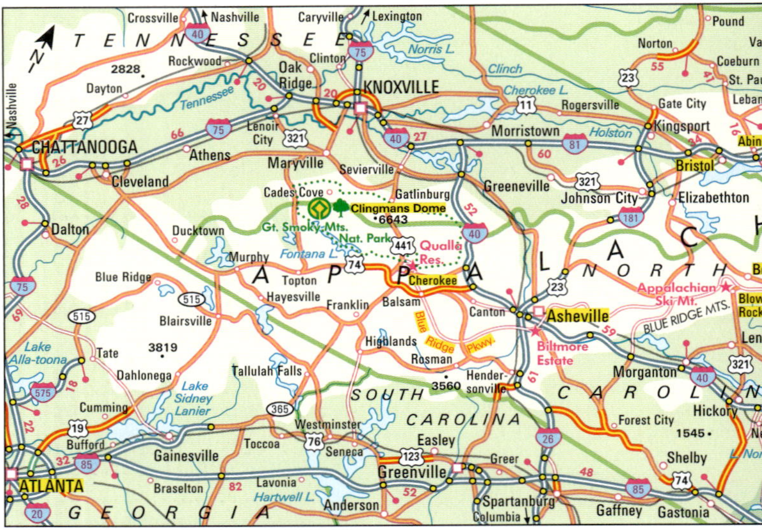

CHARLOTTESVILLE

Ein Abstecher bei Waynesboro, über die Interstate 64, führt nach **Charlottesville** zu einem der bekanntesten Anwesen in den USA – **Monticello**. Thomas Jefferson, der Verfasser der Unabhängigkeitserklärung und dritter US-Präsident, baute sich hier 1809 nach eigenen Plänen ein plantagenähnliches Anwesen, das auf einem Hügel liegt (ital. *monticello* = kleiner Berg) und von den grünen Bergketten Virginias umrahmt wird.

In Monticello, das er nach einer fünfjährigen Reise durch Frankreich erbaute, zeigen sich seine Fähigkeiten als Staatsmann, Architekt und Wissenschaftler zugleich. Das Gebäude enthält Anleihen aus französischer und englischer Architektur, bricht aber radikal mit dem alten Kolonialstil. Auf der Rückseite der Fünf-Cent-Münze ist bis heute die architektonisch sehr gelungene Villa abgebildet.

Jefferson baute fast 40 Jahre an seinem Anwesen und sammelte hier seine Schätze (darunter 7000 Bücher) und Erfindungen. Einen Teil kann der Besucher heute noch bewundern, u. a. den so genannten Polygraph, eine Schreibvorrichtung mit zwei Federn, die jedes Dokument, das der Präsident schrieb, automatisch kopierte. Der Weinliebhaber Jefferson erdachte auch den Flaschenaufzug im Speisezimmer, der volle Weinflaschen aus dem Keller nach oben transportiert und leere nach unten. Jefferson liegt auf seinem Anwesen begraben, er starb hier am 4. Juli 1826, dem 50. Jahrestag der Unabhängigkeitserklärung.

Nicht weit von Monticello entfernt kann man ein anderes Meisterwerk Jeffersons bewundern, die **Universität von Virginia**, die er im Jahr 1825 plante und gründete. Der Campus erstreckt sich um eine Straßenzeile, an deren Stirnseite ein runder, dem Pantheon in Rom nachempfundener Zentralbau mit Kuppel steht. Auch hier zeigt sich, dass Jefferson seiner Zeit weit voraus war. Im Gegensatz zu den Universitäten des Nordens sprach er sich für ein „Studium Generale" aus, das Theorie und Praxis sinnvoll miteinander verbinden sollte.

Info S. 169

Neben Edgar Allan Poe war hier auch der spätere US-Präsident Woodrow Wilson eingeschrieben.

Abstecher in die Geschichte Virginias

Wer von präsidialen Orten noch nicht genug hat, kann in **Staunton**, auf der anderen Seite des Shenandoah-Tals, die **Geburtsstätte von Präsident Woodrow Wilson** mitsamt Museum besichtigen. Virginia hat bisher insgesamt acht Präsidenten gestellt, so viele wie kein anderer US-Bundesstaat. Außerhalb von Staunton bietet das **Frontier Culture Museum** mit Live-Demonstrationen einen Einblick in das typische Farmerleben im 19. Jahrhundert als Shenandoah an der Grenze zum Wilden Westen lag.

Ebenfalls wie ein Museum mutet **Lexington** an, das nächste Städtchen an der Interstate 81. In diesem Ort, wo die Kolonialzeit noch lebendig scheint, lehrte der in den Südstaaten heute noch verehrte General Robert E. Lee an der **Washington and Lee University**, nachdem der Bürgerkrieg verloren war. Er ist in der **Lee Chapel** auf dem Universitätsgelände beigesetzt. Neben Lees Wohnhaus kann auch das Haus von Thomas J. „Stonewall" Jackson besichtigt werden, einem weiteren Südstaaten-Feldherrn.

Zur **Natural Bridge**, einem der „Natur-Weltwunder" 15 Meilen südlich von Lexington führt der Hwy. 11. Die natürliche Steinbrücke, hat sich hier im Lauf der Jahrhunderte durch Wasseraushöhlung gebildet. Thomas Jefferson war von dem 150 m hohen und 27 m langen Naturphänomen so begeistert, dass er die Brücke 1774 mitsamt Umland kurzerhand von König George III. für 20 Schilling kaufte.

Kurz hinter **Lynchburg** ereignete sich ein weiteres bedeutendes Kapitel amerikanischer Geschichte. Im **Appomattox Courthouse** wurde am 9. April 1865 das Ende des Bürgerkrieges und damit das Ende der Südstaatenkonföderation besiegelt. Lees ausgehungerte Armee war von Unionstruppen eingekreist. Der General erkannte, dass ihm nur die Kapitulation blieb. Er wolle lie-

ber tausend Tode sterben als weiterkämpfen, soll er gesagt haben.

BLUE RIDGE PARKWAY

Vom Shennandoah National Park Richtung Westen verläuft der **Blue Ridge Parkway**. Entlang der etwa 470 Meilen (750 km) langen Strecke bis hinunter zu den Great Smoky Mountains findet man in etwa 900 m Höhe kleine Bergdörfer, atemberaubende Aussichten und im Frühling eine unvergessliche Blütenpracht. Die Visitor Centers in **Peaks of Otter**, **Rocky Knob** und **Doughton Park** informieren über lokale Sehenswürdigkeiten, Museen und Feste in den kleinen Orten der Umgebung.

Die Menschen in dieser Gegend gelten als Individualisten; je weiter man nach Süden vorstößt, desto mehr alter Pioniergeist hat sich in den Dörfern erhalten. Dass die Bewohner sich hier um staatliche Autorität wenig kümmern, zeigt sich im so genannten **Moonshine County**, rund um den Mile Post 150, südlich von Roanoke: Hier brennen die Bauern bis heute schwarz Whiskey und verkaufen ihn an Touristen – die Park Ranger drücken beide Augen zu.

Oben: Der Blue Ridge Parkway im Herbst. Rechts: Ein Häuptling der Cherokee in traditioneller Tracht.

Von Roanoke geht es auf dem Parkway Richtung Süden bis zum Hwy. 21. Hier biegt man nach Norden ab zur **Mount Rogers National Recreation Area**, einem fast 2800 km^2 großen Erholungsgebiet rund um den höchsten Berg in Virginia, den **Mount Rogers** (1746 m). Am Fuß der Bergkette liegt der kleine Ort **Abingdon**, weiter in Richtung Südwesten, an der Interstate 81, das Städtchen **Bristol** genau auf der Staatsgrenze zwischen Virginia und Tennessee. Die Grenzlinie soll exakt auf der **State Street** verlaufen.

Ein weiterer Abstecher Richtung Süden führt auf dem Hwy. 421 nach **Winston-Salem**. Der ältere Teil, Salem, wurde 1753 gegründet und lohnt den Besuch wegen seines historischen Viertels **Old Salem** (Old Salem Rd.) mit zahlreichen Gebäuden aus dem 18. Jh.

Nun geht es weiter auf dem Blue Ridge Parkway Richtung Westen. Das Städtchen **Boone** erinnert an den Trapper und Pionier Daniel Boone, der hier im 18. Jh. eine Blockhütte besaß. **Blowing Rock** besitzt eine der ältesten Touristenattraktionen in North Carolina: In der Nähe des kleinen Ortes liegt ein Felsen, der in den Abgrund geworfenes Papier oder T-Shirts wieder zurücktreibt. Dahinter steckt ein sehr starker Luftstrom, der aus 1200 m Tiefe hochsteigt bis zum „Blowing Rock“.

Die Stadt **Asheville** hat eine sehenswerte Altstadt mit vielen Art-déco-Bauten. Seinen Namen verbindet man jedoch hauptsächlich mit dem nahegelegenen **Biltmore Estate**. Wie viele Industriemagnaten des 19. Jh., ließ sich hier George Vanderbilt, der die Region als „schönsten Flecken in der Welt“ pries, 1880 ein schlossähnliches Anwesen mit verspielter Architektur bauen.

Karte S. 164-165, Info S. 169

GREAT SMOKY MOUNTAINS

Westlich von Asheville markiert **Cherokee** den Eingang zum meistbesuchten Nationalpark der USA, dem **Great Smoky Mountains N. P.** Die Stadt verdankt ihren Namen dem Indianerstamm der Cherokee, die hier früher lebten. Das Volk galt als eines der fortschrittlichsten in Nordamerika; es betrieb Ackerbau und verfügte über eine Schriftsprache. Zu Beginn des 19. Jh. wurden die Cherokee vom Bundesgerichtshof als eigenständige Nation anerkannt. Dennoch ließ US-Präsident Andrew Jackson die Cherokee 1838 gewaltsam nach Oklahoma umsiedeln. Auf diesem berüchtigten *Trail of Tears*, einem der grausamsten Verbrechen der Weißen an den amerikanischen Ureinwohnern, starben 5000 Indianer. Der Rest des Volkes flüchtete in die Berge dieser Region, wo bis heute, im **Qualla-Indianerreservat**, einige tausend Nachfahren leben. Am Parkeingang, in der Nähe des **Visitor Center** in **Oconaluftee**, lohnt das gleichnamige **Indian Village** einen Besuch.

Die Great Smoky Mountains verdanken ihren Namen den rauchartigen Nebelschwaden, die hier aus den Tälern aufsteigen. Sie zählen zu den schönsten Gebirgsregionen in den Appalachen. Mehr als 1400 Blütenpflanzen (u. a. Orchideen, Rhododendren und Bergmagnolien) entfalten sich hier in ihrer vollen Pracht. Rund 16 Gipfel sind höher als 1800 m, der höchste Berg ist der **Clingmans Dome** mit 2024 m. Wie alle Naturwunder in diesem Nationalpark ist er nur zu Fuß erreichbar. Der Wanderweg bildet einen Abschnitt des **Appalachian Trail**, der von Maine bis Georgia die Appalachen durchzieht. Den Blick auf Clingmans Dome gibt dagegen schon einer der zahlreichen Aussichtspunkte entlang der **Newfound Gap Road** (Rte. 441) frei. Sie führt als einzige Straße von Süd nach Nord durch die „Smokies". Neben Wandern ist dort auch Rafting sehr beliebt.

DAS NEUE ALTE ATLANTA

Auf dem Hwy. 19 weiter Richtung Süden erreicht man **Atlanta**. Die Hauptstadt von Georgia im Herzen des tiefen Südens hat in ihrer jungen Geschichte viel gelitten. 1865 wurde sie bei der Belagerung durch Unionstruppen dem Erdboden gleichgemacht. Doch der einst wichtigste Eisenbahnknotenpunkt des Südens hat sich nach langem Abstieg wieder erholt.

Heute ist die Stadt mit über 420 000 Einwohnern eine internationale Metropole und eine der besten Städte zum Geldverdienen in den USA. Großbanken und Versicherungen haben sich niedergelassen, der Nachrichtensender CNN hat hier sein Hauptquartier, und durch seinen bedeutenden Flughafen ist Atlanta wieder zur „Drehscheibe des Südens" geworden. Als Austragungsort der Olympischen Spiele 1996 erlebte die Stadt einen weiteren Popularitätsschub. Viele Weltfirmen haben hier seither Niederlassungen eingerichtet.

Bürogebäude und Wolkenkratzer aus Glas und Beton beherrschen die Innen-

stadt. Das „Zentrum im Zentrum" ist **Five Points MARTA**, ein Metroknotenpunkt an der Ecke Peachtree und Alabama Street.

Einen Spaziergang ganz besonderer Art bietet **Underground Atlanta**, ein unterirdisches Einkaufs- und Restaurantcenter, das aus rekonstruierten Katakomben ehemaliger Eisenbahnanlagen hervorgegangen ist. Südlich von hier bestimmt die eindrucksvolle goldene Kuppel des 1889 erbauten **State Capitol** die Silhouette von Downtown.

Wer schon immer wissen wollte, weshalb die halbe Welt süchtig ist nach einem dunklen, zuckersüßen Brausegetränk, ist in **New World of Coca-Cola Pavilion** im **Centennial Olympic Park** genau richtig: Erzählt wird hier der Siegeszug des koffeinhaltigen Softdrinks, der in Atlanta erfunden wurde.

Gleich nebenan liegt mit dem **Georgia Aquarium** eines der größten und besten Aquarien der Welt, in dem über 50 000 Meerestiere zu bestaunen sind.

Oben: Atlanta – Blick auf Midtown.

Beeindruckend ist in Downtown auch eine Führung durch das **CNN Center**, bei der man Einblick in die Arbeit des Senders bekommt.

Auf der anderen Seite der Interstate 75 liegt ein historisches Viertel, das an den Bürgerrechtskampf der Schwarzen gemahnt. Neben der **Ebenezer Baptist Church** (407 Auburn Avenue) erinnert eine ewige Flamme auf dem **Grab von Dr. Martin Luther King jr.** an das bewegte Leben des amerikanischen Bürgerrechtlers. Neben der Kirche zeigt das **King Center** eine Ausstellung über den Hoffnungsträger der Afro-Amerikaner in den 1960er-Jahren. Das Museum wurde 1968, nach der Ermordung des Friedensnobelpreisträgers in Memphis, eingerichtet. Sein Geburtshaus (501 Auburn Ave.) kann ebenfalls besichtigt werden.

Von der U-Bahn-Station „Midtown" aus kommt man zum **Margaret Mitchell House**, in dem die Autorin ihr weltberühmtes Werk *Vom Winde verweht* schrieb. Nach aufwendiger Restaurierung ist das 1914 erbaute Haus heute öffentlich zugänglich.

Karte S. 164-165

SHENANDOAH VALLEY

Shenandoah County Tourism, 600 N. Main St., Woodstock, VA 22664, Tel. 540/459-6227, www.shenandoahtravel.org, www.nps. gov/shen/

Emilio's, 23 East Beverley Street, Staunton, Tel. 540/885-0102. Italienische Küche in eleganter Atmosphäre, Fr u. Sa Live-Jazz. **Baja Bean,** 1327 W. Main Street, Charlottesville, Tel. 434/293-4507. Kalifornisch-mexikanisch. Filiale in Staunton, 9 West Beverley St., Tel. 540/ 885-9988.

Appomattox Court House, National Historical Park, Tel. 434/352-8987, www.nps.gov/apco, tgl. 8.30-17 Uhr. **Monticello**, 5 km südl. von Charlottesville am Hwy. 53, Tel. 434/984-9822, www.monticello.org, tgl. 8-17 Uhr, Nov.-Feb. tgl. 9-16.30 Uhr. **Luray Caverns**, Rte. 211, Tel. 540/743-6551, www.luraycaverns.com, Touren stdl., tgl. ab 9 Uhr, letzte Tour Nov.-März 16, sonst 17 Uhr. **Frontier Culture Museum** (I 81, Ausfahrt 222), Staunton, Tel. 540/332-7850, www.frontiermuseum.org, tgl. 9-17, Dez.-Mitte März 10-16 Uhr. **Skyline Caverns**, US 340 South, Front Royal, Tel. 540/635-4545, www.skylinecaverns.com, tgl. 9-17, Sommer bis 18, Mitte Nov.-Mitte März bis 16 Uhr. **Woodrow Wilson Birthplace and Museum**, 20 N Coalter St., Staunton, Tel. 540/885-0897, www.woodrowwilson.org, tgl. 10-17, So 12-17 Uhr, Nov.-Feb. nur bis 16 Uhr.

BLUE RIDGE PARKWAY

Blue Ridge Parkway, Roanoke, Tel. 828-271-4779, www.nps.gov/blri, www. blueridgeparkway.org.

Alison's, 1220 West Main Street, Abingdon, Tel. 276/628-8002. Familienrestaurant, Steaks, Spareribs und Fisch. **The Laughing Seed,** 40 Wall Street, Asheville, Tel. 828/252-3445. Große Auswahl an vegetarischen Köstlichkeiten.

Biltmore Estate (südl. v. Asheville an der US 25), Tel. 828-225-1333, www. biltmore.com, Gärten tgl. 9 Uhr bis Dämmerung, Haus tgl. 9-17.30 Uhr. **Blowing Rock** (2,5 Meilen südöstl. des Ortes Blowing Rock an der US 321), Tel. 828/295-7111, www.theblowingrock.com, tgl. 8.30-19, März-Mai, Nov., Dez. tgl. 9-17 Uhr, Jan/Feb. nur Sa/So.

***SKISPORT*: Appalachian Ski Mountain** (3 Meilen nördl. a. d. US 321), Tel. 828/295-7828, www.appskimtn.com.
***RAFTING*: Hot Springs Rafting**, Hot Springs, Tel. 877-530-7238, www.hotspringsraftingco.com. Geführte Wildwassertouren.

GREAT SMOKY MOUNTAINS

Great Smoky Mountains National Park, Superintendent, 107 Park Headquarters, Gatlinburg, Tel. 865/436-1200, www.nps.gov/grsm. Visitor Centers in Sugarlands, Oconaluftee und Cades Cove.

Museum of the Cherokee Indian (an der US 441), Tel. 828/497-3481, www. cherokeemuseum.org, tgl. ab 9 Uhr.
Oconaluftee Indian Village (1,5 Meilen nördl. an US 441), Tel. 828/497-2315, www.cherokee-nc. com, Mitte Mai-Mitte Okt. tgl. 9-17.30 Uhr.

ATLANTA (☎ 404)

Atlanta Convention & Visitors Bureau, 233 Peachtree St. NE, Suite 1400, Tel. 521-6600, Fax 577-3293, www. atlanta.net, www.dcvb.org. Infos zum **öffentlichen Nahverkehr**: www. itsmarta.com.

Bacchanalia, 1198 Howell Mill Rd. NW, Tel. 365-0410. Vielgelobte, preisgekrönte Küche. **Ray's on the River**, 6700 Powers Ferry Rd., Tel. 770/955-1187. Gegrilltes Seafood. **Varsity**, 61 North Ave., Tel. 881-1706. Größtes Drive-In-Restaurant der Welt.

CNN Center, 7 Marietta St., Tel. 827-2300 (Studiotouren), http://edition.cnn.com/tour, tgl. 9-17 Uhr. **Margaret Mitchell House**, 990 Peachtree St., Tel. 249-7015, www.gwtw.org, Mo-Sa 10-17.30, So 12-17.30 Uhr. **King Center**, 449 Auburn Avenue, NE, Atlanta, Tel. 526-8900, www.thekingcenter.org. **Georgia Aquarium**, 225 Baker St. NW, Tel. 581-4000, www.georgiaaquarium.org, So-Fr 10-17, Sa 9-18 Uhr.

BECK'S

DURCH FLORIDAS SÜDEN

MIAMI
EVERGLADES
FLORIDA KEYS
ST. PETERSBURG
TAMPA

Der **Süden Floridas** war einst ein exklusives Ferienparadies für reiche, sonnenhungrige Familien aus dem Norden. Heute lebt in Südflorida, insbesondere in Miami, eine bunte Mischung von Rentnern, Hippies, Yuppies, Urlaubern, Stars und Sportlern, Künstlern und Musikern. Sie alle lassen sich gleichermaßen von Floridas entspannter Atmosphäre und den endlosen scheinenden, sonnenbeschienenen Stränden begeistern.

Doch der Kampf um die Zukunft dieser Region hat längst begonnen: Umweltschützer versuchen das alte Florida mit all seinen Naturschönheiten zu bewahren, während Baugesellschaften eben diese Vorzüge kommerziell ausnutzen wollen.

Die hier beschriebene Tour von 400 Meilen (630 Kilometer) Länge zwischen Key West und Tampa dürfte rund sieben Tage dauern; die Reise beginnt in Miami, folgt dann der eindrucksvollen US Rte. 1 zu den Florida Keys, führt auf dem Highway 41 durch das Naturwunder der Everglades und dann über die Interstate 75 bis nach St. Petersburg und Tampa.

Vorherige Seiten: Bikini-Wettbewerb im beliebten Badeort Fort Lauderdale, Florida. Links: Üppig wuchernde Sumpflandschaft der Everglades.

MIAMI

Im 19. Jh. war **Miami** eine von vielen Kleinstädten, die zwischen dem Atlantik und einem riesigen Mangrovensumpf lagen. Doch im Jahr 1896 erreichten die Eisenbahnlinien des Bahnmagnaten Henry Flagler Miami und verwandelten die Siedlung in eine Stadt. In den zwanziger Jahren erlebte auch Miami die Freiheit und Ausgelassenheit des *Jazz Age* – es gab viel Geld in der Stadt, Vergnügungen waren billig und Geschäftsleute witterten hier den schnellen Dollar. Hotels und Häuser wurden in atemberaubendem Tempo hochgezogen, Landspekulatoren und neue Einwanderer wollten sich ihren Teil des Profits sichern. Ein Hurrikan setzte diesem Boom 1926 ein Ende, die Stadt wurde fast dem Erdboden gleichgemacht. Nur langsam erholte sich Miami von dem Schock und begann von neuem – diesmal allerdings etwas langsamer.

Erneut entstanden Hotels, mehr und mehr Einwohner strömten nach Miami, und allmählich wurde die Stadt, mangels anderer Sehenswürdigkeiten im Staate, ein abgelegener Anziehungspunkt für Touristen, in dem eigentlich nur die Ruhe auffiel.

Doch als Fidel Castro in den 1980er Jahren die kubanischen Flüchtlingslager öffnete und die ersten 125 000 „un-

Karte S. 174-175, Info S. 183

erwünschten" Kubaner nach Florida sandte, veränderte sich Miami in sozialer und ökonomischer Hinsicht: Aus Gemeinden, in denen sich vorzugsweise Senioren wohl fühlten, wurden teilweise gefährliche Stadtviertel. Drogenbosse und Waffenschieber begannen Bandenkriege, und Gewalt machte sich breit. Der Flüchtlingsstrom und seine Folgen stigmatisierten Miami, bis die bekannte Fernsehserie *Miami Vice* das Image der Stadt erneut veränderte – Miami stand nun für schnelle Autos, schnittige Boote und schöne Frauen.

Dennoch zerbrach die Glitzerfassade Floridas durch spektakuläre Überfälle Mitte der 1990er Jahre endgültig. Jetzt litt der Staat unter dem Ruf eines gefährlichen Reiseziels. Stadtverwaltung und Polizei reagierten auf die untragbare Situation und schilderten etwa die Fahrstrecken vom Flughafen nach Miami Beach so aus, dass sich Besucher nicht mehr in „No-Go"-Gebiete „verirren" konnten. Mittlerweile sind Miami und Miami Beach genauso sicher oder unsicher wie jede andere Großstadt in den USA. Der Großraum hat sich in den letzten Jahren zu einem beliebten und attraktiven Touristenziel mit internationalem Flair gewandelt.

Miami Beach: Art déco und Strände

Das heutige Miami lernt man am besten in **Miami Beach** kennen. Dieses Viertel hat von der Renaissance Miamis am stärksten profitiert, und heute ist der Stil von Miami Beach zum Vorbild für ganz Miami avanciert. Das Flair erinnert an jene Tage, da die Rockefellers unter schattigen *Cabanas* ihre Limonade schlürften. In den letzten Jahren haben Millionen verschlingende Restaurationen an Gebäuden und Stränden (!) diese Gegend zu einem herausragenden Beispiel für gelungene Stadterneuerung gemacht. Wer einen Tag an den zehn Meilen langen Stränden der Stadt verbringen möchte, sollte die Gegend um **SoBe, South Beach**, wählen.

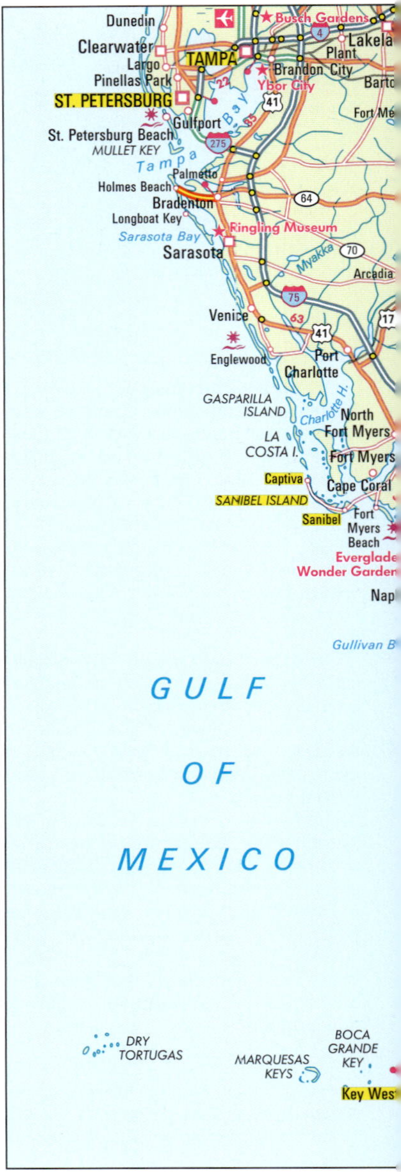

 Info S. 183

Floridas Süden 13

Auch wer zum ersten Mal nach Miami kommt, wird die aus Film, Fernsehen und Modemagazinen in aller Welt bekannte Neon- und Art-déco-Architektur wiedererkennen. Dieses Viertel zwischen 6./23. St. sowie **Ocean Drive** und **Lenox Ave** ist wegen seiner Art-déco-Gebäude, der stromlinienförmigen modernen oder spanisch-mediterranen Architektur auch als der **Deco District** bekannt. Das Viertel mit seinen schicken Restaurants und Cafés ist ein beliebter Treffpunkt – auch für Stars und Sternchen. Im Art-déco-Stil präsentiert sich auch das **Bass Museum**; hinter der schönen Fassade verbirgt sich eine Kollektion europäischer Kunst des Mittelalters und der Renaissance.

Die Tour durch das Miami der Reichen und Schönen sollte auch nach **Bal Harbor** führen, einem Paradies stilvoller Entspannung und tropischer Schönheit. Nordwestlich von Bal Harbour, in North Miami Beach verbirgt sich das **Ancient Spanish Monastery**, ein spanisches Kloster aus dem 12. Jh., das der Kunstsammler William Hearst 1925 auf einer Europareise erworben hatte und hier Stück für Stück wieder aufbauen ließ. Im Kloster sind Kunstwerke aus dem Mittelalter ausgestellt.

Oben: Das Art-déco-Viertel am Ocean Drive in Miami Beach. Rechts: Mit dem Propellerboot unterwegs in den Sümpfen der Everglades.

Downtown Miami

Das erste Highlight auf dem Weg von Miami Beach nach Miami ist der **Bayside Marketplace**, ein Paradies für Einkaufswütige. Hier konkurrieren über 150 Läden, Restaurants und Kneipen um die Gunst der Besucher. In Sichtweite liegt der **Port of Miami**, der größte Kreuzfahrthafen der Welt.

Die Museumslandschaft von Miami ist seit geraumer Zeit im Umbruch begriffen. Das Flaggschiff der lokalen Kunstszene ist seit langem das **Miami Art Museum** mit bedeutenden Werken internationaler Künstler (101 W. Flagler St., www.miamiartmuseum.org). In naher Zukunft soll dieses geschätzte Museum ebenso wie das **Miami Mu-**

seum of Science und das **Historical Museum of Southern Florida** in den neu angelegten **Museum Park** südlich der Auffahrt zum MacArthur Causeway umziehen; die Eröffnung ist für 2013 geplant.

Entlang der Biscayne Bay verläuft die **Brickell Avenue** mit ihren Wolkenkratzertürmen Richtung Süden. Auf dem gebührenpflichtigen Rickenbacker Causeway gelangt man nach **Virginia Key**, wo das **Miami Seaquarium** die Hauptattraktion darstellt. Shows mit Delfinen, Seelöwen und weiteren Meeresbewohnern erfreuen vor allem Kinder. **Key Biscayne** ist die nächste Insel in der Biscayne Bay. Dort bietet der **Crandon Park** mit seinen langen Stränden, Radfahrwegen, Bootsverleihen und einem Golfplatz viele Sportmöglichkeiten.

Zurück auf dem Festland biegt man links ab zur **Villa Vizcaya** (3251 S Miami Ave.). Dieser italienische Bau im Stil der Renaissance-Paläste, den sich der Industrielle James Deering 1916 errichten ließ, ist äußerst verschwenderisch mit europäischen Möbeln und Kunstwerken aus dem 15. bis 19. Jh. eingerichtet.

Die Weiterfahrt an der Küste nach **Coconut Grove** ist eine Reise in das Land der Bohemiens. Hier sorgen nach wie vor Intellektuelle, der Jetset und Künstler für ein buntes Treiben in den Straßen mit ihren Cafés und teuren Boutiquen. Zentrum des Geschehens ist der **Coco Walk** an der Grand Avenue. Jeden Abend verwandelt sich das ganze Viertel in ein einziges großes Vergnügungszentrum.

Fort Lauderdale

Etwa 40 km nördlich von Miami lockt **Fort Lauderdale** viele Touristen an: Nicht nur für ihre Strände ist die Stadt berühmt, sondern vor allem für ihr ausgedehntes Netz von Kanälen und Wasserwegen. Vor allem Yachtbesitzer und Fischer lieben das „Venedig Amerikas". Lohnend ist ein Bummel durch den **Fort Lauderdale Swap Shop**, den größten Flohmarkt der Welt, der sich abends in ein Drive-in-Kino verwandelt (3291 West Sunrise Blvd.; täglich).

DIE WILDEN EVERGLADES

Unmittelbar hinter dem westlichen Einzugsgebiet von Miami beginnt das 600 000 Hektar große, subtropische Feucht- und Sumpfgebiet der **Everglades**. Früher – vor Beginn der Umweltschutzbewegung – galt es vielen als nur als riesiges Brachland mit Seegras, Marschen und gefährlichen Alligatoren. Obwohl die Everglades bereits seit 1947 Naturschutzpark sind, ist den Bewohnern Floridas erst seit rund zehn Jahren bewusst, wie bedeutend diese weitläufige Wildnis ist.

Die Everglades werden aus weit nördlich gelegenen Flüssen gespeist; auch die Überschwemmungen des **Lake Okeecheboo** und ein flacher, 63 km breiter Marschfluss zwischen der Florida Bay und dem Golf von Mexiko bescheren ihnen beständige Feuchtigkeit.

Oben: Ein Florida-Panther beobachtet den Fotografen – viele Tiere der Everglades haben die Scheu vor Menschen verloren. Rechts: Vorsicht vor Alligatoren!

Am besten folgt man der State Rd. 9336 durch den südlichen Teil des Parks mit dem Haupteingang bei **Florida City**. Der Nationalpark, in dem hunderte von Tier- und Pflanzenarten leben, lässt sich am besten auf Steg-Wanderungen erschließen. Man kann auch an von Rangern angebotenen Touren teilnehmen. Dazu gehören Vorträge, Wanderungen, Kanuausflüge, und Lagerfeuer-Touren. Auskünfte geben die Visitor Centers in **Royal Palm** (mit den interessanten Anhinga und Gumbo-Limbo-Trails), **Flamingo** und **Shark Valley** und in **Everglades City**. Die beste Jahreszeit für einen Besuch ist das Ende der Trockenzeit im März/April.

Am besten kann man die verschiedenen Tierarten am **Anhinga Trail**, **Snake Bights**, der **Chokoloskee Bay**, **Loop Road** und der **Turner River Road** ansehen. Eine Tram-Tour führt zum 20 m hohen Turm in **Shark Valley**, von wo aus man gut Vögel und Alligatoren beobachten kann. Im Park sollte man übrigens den Rat der Ranger beherzigen, und Seekühe, Schildkröten und Waschbären weder berühren noch füttern. Denn viele dieser Tiere haben ihre natürliche Scheu vor Menschen leider verloren. Vorsicht auch vor Schlangen und Alligatoren!

Für Kanutrips eignet sich der 100 Meilen lange **Wilderness Waterway**, von dem mehrere kurze Wasserwege abgehen. Dazu gehören der **Nine Mile Pond** (5,2 Meilen), der zwei Meilen lange **Noble Hammock,** außerdem der **Mud Lake** und die **Hells Bay**.

Naturfreunde können über Nacht auf **Long Pine Key, Flamingo** oder **Chekika** campen. Die Plätze bieten Trinkwasser, Picknicktische, Grillstellen, Zelte und auch Stellplätze für Wohnmobile – und Moskitoschwärme (vor allem zwischen Mai und Sept.).

An der Nordwestgrenze der Everglades bietet sich ein Abstecher zu den Inseln **Sanibel** und **Captiva** an: tropische Paradiese, wo so mancher gern den Rest seines Lebens verbringen würde.

Karte S. 174-175, Info S. 183

DIE FLORIDA KEYS

Der Hwy. 1 (besser bekannt als US 1) verlässt das Festland und führt über die **Florida Keys**, eine sanft gebogene Inselkette, die sich bis nach Key West, dem südlichsten Punkt auf dem Festland der USA, herunterzieht. Auf der 126 Meilen langen Fahrt gibt es aber viel mehr als nur Key West zu sehen: Besucher können zwischen Korallenriffen schnorcheln oder tauchen, nach seltenen Vogelarten Ausschau halten, die Sumpfgewässer mit dem Kajak erforschen und durch die tropische Pflanzenwelt der Lianenwälder wandern.

Nur vierzig Minuten Flugzeit (oder eine vierstündige Autofahrt) von Miami entfernt liegen Inseln wie **Key Largo**, das durch den gleichnamigen Film mit Humphrey Bogart und Lauren Bacall weltberühmt geworden ist.

Der **John Pennekamp Coral Reef State Park** auf Key Largo ist das älteste und auch beste Unterwasserschutzgebiet der USA. 1960 gegründet, erstreckt sich der Park über 192 km^2 und bietet 55 verschiedenen Korallen- und 500 Froscharten Schutz. Schnorchel- und Taucherausrüstung zur Erkundung dieses Unterwasserparadieses kann hier gemietet werden.

Die US 1 „springt" von einer Insel zur nächsten und folgt dabei der alten Eisenbahnlinie entlang der Küste, vorbei an smaragdgrünen Lagunen, tiefblauen Seen, Palmen und herrlicher Natur.

Auf **Grassy Key** kann man gegen eine Spende im bekannten **Dolphin Research Center** (www.dolphins.org) sogar mit den Tieren schwimmen.

Die Straße endet in **Key West**, jenem einzigartigen Inselparadies, dessen ausgelassene Atmosphäre nicht nur Aussteiger anzieht, sondern auch Sportler, Schriftsteller und Politiker. US-Präsident Harry S. Truman machte Key West in den Wintermonaten zu seinem „Weißen Haus", der Dramatiker Tennessee Williams schrieb hier *Die Katze auf dem heißen Blechdach* und Hemingway verfasste einige seiner Romane hier.

Im **Hemingway House**, einem bürgerlichen Wohnhaus aus der Zeit vor dem Bürgerkrieg, lebte der Autor von 1931 bis 1939. Es ist heute als Museum

zugänglich. Hemingways Stammkneipe war **Sloppy Joe's Bar** (Duval Ecke Green St.), wo jedes Jahr Mitte Juli die *Hemingway Days* gefeiert werden.

In Key West lädt neben dem **Florida Keys Eco-Discovery Center** und dem vergrößerten **Key West Aquarium**, das **Mel Fisher Maritime Heritage Society's Treasure Museum** zur Besichtigung ein. Auch hier werden Unterwassersehenswürdigkeiten ausgestellt. Das Abwracken von gestrandeten Schiffen war früher ein regelrechter Berufszweig in Key West. Solche Stücke, u. a. Gold und Silber der 1622 gesunkenen *Atocha*, werden hier gezeigt. In der Nähe zeigt das **Audubon House**, wie reich man mit diesen gefundenen Gegenständen werden konnte. In dem Haus lebte auch der Künstler und Naturschützer John James Audubon kurze Zeit.

Abends bietet der Mallory Square ein vielseitiges Angebot an Unterhaltung. Jeden Abend zum Sonnenuntergang treten am nördlichen Ende der Duval Street zahlreiche Gaukler und Pantomimen in Aktion.

Oben: Am Sunset Pier den Sonnenuntergang erwarten (Key West). Rechts: Im Salvador Dalí Museum, St. Petersburg.

Key West eignet sich für Fahrradausflüge: in versteckten Seitenwegen lassen sich Schätze wie das **Spirit Theater** entdecken, dessen Besucher an spiritistischen Sitzungen teilnehmen können. Überall wird Mode im Südsee-Stil angeboten. Nicht zu vergessen sind die reizvollen **Badestrände** in Key West, darunter der Strand im Fort Zachary Taylor, South Beach, Higg's Beach und Smathers Beach, an denen man auch Wassersportgeräte ausleihen kann.

ST. PETERSBURG

St. Petersburg ist mit enorm viel Sonne gesegnet (nur vier Tagen Regen im Jahr) und gilt wegen seines ausgeglichenen Klimas als Rentnerparadies. Die größte Attraktion der Stadt sind die 28 Meilen langen Strände. Die Gewässer vor „St. Pete" sind mit ihrer Vielzahl von Fischen – Königsmakrelen, Grouper, Marlin, Flundern und Red Snapper – eine wahre Herausforderung für

Karte S. 174-175, Info S. 183

Angler. Doch schon eine Tagestour auf einem gecharterten Fischerboot kann hunderte von Dollar kosten, so dass die meisten lieber an Piers und Brücken umsonst oder für wenige Dollar die Angelleine ins Wasser werfen. Fisch steht denn auch auf den Speisekarten der hiesigen Restaurants an oberster Stelle: Golfshrimps werden hier als Delikatesse betrachtet und sollten *Cajun Style* zubereitet sein.

Die entspannte Atmosphäre von St. Pete hat viele örtliche Künstler inspiriert. Die berühmtesten Werke hängen im neuen **Salvador Dalí Museum**, das nicht nur mit über 2100 Exponaten, sondern auch mit einer außergewöhnlichen Architektur zu punkten weiß. Mit Gemälden wie etwa den tropfenden Uhren, aber auch weniger bekannten Grafiken wird eine Übersicht über das Schaffen des Surrealisten gegeben. Auch der angegliederte Museumsladen ist einen Besuch wert.

Das **Museum of Fine Art** bietet europäische, amerikanische und präkolumbische Kunst. Sehenswert ist die **Ruth Eckerd Hall,** wo die Florida Opera und das Florida Orchestra oft auf der Bühne zu sehen sind. Etwas Farbe in den Kunstkalender bringt das im April veranstaltete **Mainsail Arts Festival**, bei dem Kunst in unterschiedlichen Kategorien gezeigt und verkauft wird. Beim St. Petersburg Festival of States handelt es sich um ein Konzentrat mehrerer Feste, auf dem Jahr für Jahr im März vierzig Nationen vertreten sind.

Abwechslung garantiert auch das Glücksspiel. Obwohl es in Florida verboten ist, drückt der Staat ein Auge zu, wenn es um Wetten bei Pferde- und Windhundrennen oder „Jai Alai" geht – eine spanische Sportart, die dem Tennis vergleichbar ist.

TAMPA

In **Tampa**, einer der größten Städte Floridas (ca. 2 Mio. Einwohner inklusive Vororte) liegen alle Sehenswürdigkeiten dicht beieinander, so dass sie ohne Mühe zu Fuß zu bewältigen sind. Seit der ersten Besiedlung durch Kaufleute in den 1850er Jahren hat der Handel das Gesicht dieser Stadt entscheidend geprägt. Als 1884 die Eisenbahn nach Tampa kam, erhielt die Stadt einen zusätzlichen Schub. Seit den 1920er Jahren ist die Tampa Bay ein Touristenmagnet.

Die **Tampa Bay**, gespeist aus dem Hillsborough River, ist heute mit Frachtschiffen und Kreuzfahrtlinern überfüllt, die täglich von der Golfküste ablegen. Die Bucht ist mit 1031 Quadratkilometern fast doppelt so groß wie der Bodensee, weist aber eine durchschnittliche Tiefe von nur etwa drei Metern auf. Der Ausgang in den Golf von Mexico wird von der gewaltigen **Sunshine Skyway Bridge** überspannt.

Zu einem Highlight unter den Attraktionen avancierte das an der Waterfront gelegene **Florida Aquarium** mit über 10 000 Meereslebewesen, einem Zypressensumpf, Korallenriffs mit lebenden Barrakudas und einer Sektion mit Alligatoren und Krokodilen, wie sie in manchen Gegenden des Landes heute noch vorkommen. Bootstouren an Bord eines Katamarans führen zu den in der Tampa Bay lebenden Delfinen.

Auch kulturell hat Tampa einiges zu bieten: Empfehlenswert ist das **Tampa Theatre**, einer der schönsten Kinopaläste des Südens. Das renovierte Gebäude im mediterranen Florida-Stil ist mit seinen Kolonnaden, Balkonen und pseudo-antiken Skulpturen ein echter Klassiker. Vollends nostalgisch wird es hier, wenn ein Organist vor den sonnabendlichen Matineen Orgel spielt.

Ein Vergnügen ist ein Besuch im **Tampa Museum of Science and Industry,** wo eine „Titanic"-Ausstellung viele Besucher anlockt. Teil des Museums ist das **IMAX Dome Theatre** und das **Sauders Planetarium**.

Das **Museum of African-American Art** im Stadtzentrum von Tampa beherbergt die **Aden-Barnett Collection**, eine der ältesten und größten Sammlungen afro-amerikanischer Kunst in den USA. Das Herzstück des Kulturlebens in Tampa ist das **Performing Arts Center** mit seiner **Festival Hall** (2400 Plätze), dem **Playhouse** und dem **Jaeb Theater**. Hier wird von Broadway-Produktionen und Symphoniekonzerten über Ballett bis hin zu Tanzperfomances regionaler Gruppen alles geboten.

Eine interessante Verbindung von Freizeit- und Tierpark mit dem thematischen Schwerpunkt „Afrika" bieten die **Busch Gardens** auf über 120 ha mit rund 3000 freilaufenden Tieren, die vor allem vom afrikanischen Kontinent stammen. Darüber hinaus kann man Achterbahn- und Wildwasserfahrten unternehmen.

Ybor City

Tampas Stadtteil **Ybor City** ist allein schon wegen seines historischen Stadtkerns einen Besuch wert. Die alten Holz- und Ziegelgebäude, Fabriken und Warenhäuser wurden im Lauf vieler Jahrzehnte von kubanischen, spanischen, italienischen und deutschen Einwanderern genutzt. Einst war Ybor City Hauptstadt der Zigarrendreher, deren Geschichte im **Ybor City Museum** lebendig erzählt wird. Heute liegt es über zehn Wohnblöcke verteilt im Zentrum von Tampa und ist mit seinen vielen Restaurants und Clubs, antiken Straßenlampen und kunstvoll verzierten Eisenbalkonen ein touristisches Ziel.

In ehemaligen Warenhäusern verkaufen Künstler ihre Arbeiten aus Glas und Stahl, Schmuck und Ton, während die *patrones* kubanischen Kaffee in schicken Cafés und Buchläden trinken. Einst wurde in den Clubs dieses Viertels spanische Lebensart gepflegt. Heute pulsiert das **Columbia Restaurant**, das älteste und am verschwenderischsten dekorierte spanische Restaurant der USA, im nächtlichen Rhythmus des Flamencos. Zum neuen Stadtzentrum hat sich die moderne **Ybor City** entwickelt, ein um eine Plaza liegender Komplex aus Restaurants, Cafés, Kneipen, Geschäften und einem Informationszentrum.

Karte S. 174-175

MIAMI & MIAMI BEACH (☎ 305)

Greater Miami Convention & Visitors Bureau, 701 Brickell Ave., Miami, Tel. 539-3000, www.miamiandbeaches.com.

Chef Allen's, 19088 NE 29th Ave., Aventura, Tel. 935-2900. Fisch, guter Wein. **News Café**, 800 Ocean Drive, Miami, Tel. 538-6397. Am Beach, 24 Std. geöffnet.

ARCHITEKTURTOUREN: durch den Art-Déco-District in Miami Beach: Miami Design Preserv. League, 1001 Ocean Dr., Miami Beach, Tel. 672-2014, www.mdpl. org.

Ancient Spanish Monastery, 16711 West Dixie Highway, North Miami Beach, Mo-Sa 10-16, So 11-16 Uhr, www. spanishmonastery.com. **Bass Museum**, 2100 Collins Ave., Miami Beach, Mi-So 12-17 Uhr, www.bassmuseum.org. **Miami Seaquarium**, 4400 Rickenbacker Causeway, Tel. 361-5705, www.miamiseaquarium.com, tgl. 9.30-18, letzter Einlass 16.30 Uhr. **The Falls**, 8888 SW 136th St, www.shopthefalls. com, schöne Mall. **Vizcaya Museum & Gardens**, 3251 S Miami Ave., Coconut Grove, www.vizcayamuseum.org, Mo-So 9.30-16.30 Uhr.

EVERGLADES

Everglades National Park, Homestead, Tel. 305/242-7700, Fax 305/ 242-7711, www.nps.gov/ever

TOUREN DURCH DIE EVERGLADES: **Billie Swamp Safari**, Alligator Alley (I-75) Exit 14, Clewiston, Florida 33440, Tel. 863/983-6101, www.seminoletribe.com/ safari. Safaritouren durch die Everglades. **Sawgrass Recreation Park**, Hwy. 27, 2 Meilen nördl. d. I-75, Tel. 954/ 389-0202, http:// evergladestours.com. Luftboot-Touren.

FLORIDA KEYS (☎ 305)

Florida Keys Visitor Center, 106000 Overseas Hwy., Key Largo, Tel. 451-4747, Fax 451-4726, www.keylargochamber.org. **Key West Chamber of Commerce**, 510 Greene St., 1st Floor, Key West, FL 33040, Tel. 305-294-2587, www.keywestchamber.org.

Audubon House and Gardens, 205 Whitehead St., Key West, Tel. 294-2116, www.audubonhouse.com, tgl. 9.30-17 Uhr. **Ernest Hemingway House Museum**, 907 Whitehead St., Key West, Tel. 294-1136, www. hemingwayhome.com, tgl. 9-17 Uhr. **Little White House Museum**, 111 Front St., Key West, Tel. 294-9911, www.trumanlittle whitehouse.com, tgl. 9-16.30 Uhr. **Florida Keys Eco-Discovery Center**, 35 E. Quay Rd., Tel. 809-4750, http://floridakeys.noaa. gov/eco_discovery.html, Di-Sa 9-16 Uhr.

SPORT UND FREIZEIT: **Dolphin Research Center**, Meile 59 am US Hwy. 1, Grassey Key, Tel. 289-1121 (Reserv. für Schwimmen mit Delfinen), www.dolphins.org. **John Pennekamp Coral Reef State Park**, Tel. 451-1202, www.floridastateparks. org/ pennekamp, großes Wassersportangebot.

ST. PETERSBURG (☎ 727)

St. Petersburg/ Clearwater CVB, 13805 58th St. N., Suite 2-200, Clearwater, Tel. 464-7200, www.floridasbeach.com.

Museum of Fine Arts, 255 Beach Dr. NE, http://fine-arts.org, Mo-Sa 10-17, Do bis 20, So 12-17 Uhr. **Salvador Dalí Museum**, One Dali Blvd., Tel. 823-3767, http:// thedali.org, Mo-Mi 10-17.30, Do 10-20, Fr-Sa 10-17.30. So 12-17.30 Uhr.

TAMPA (☎ 813)

Tampa/Hillsborough C&V Ass., 401 E. Jackson St., Tel. 223-1111, www.visittampabay. com.

Busch Gardens, 3605 Bougainvillea Ave., www.buschgardens.com, tgl. 9-ca. 19 Uhr, im Sommer länger. **Tampa Theatre**, 711 Franklin St., www.tampatheatre.org. **Straz Center Performing Arts Center**, 1010 W.C. MacInnes Pl. N., www.tbpac.org. **Museum of Sience and Industry**, 4801 E. Fowler Ave., www.mosi.org, tgl. 9-17. **Ybor City Museum State Park,** 1818 E. 9th Ave., www.floridastateparks.org, tgl. 9-17 Uhr. **Florida Aquarium**, 701 Channelside Dr., Tel. 273-4000, www.flaquarium.net, 9.30-17 Uhr.

RENTALS
FOOD

DURCH FLORIDAS NORDEN

ORLANDO / DISNEY WORLD
CAPE CANAVERAL / DAYTONA
ST. AUGUSTINE
JACKSONVILLE
TALLAHASSEE / PANHANDLE

Florida hat sich seit den 1960er Jahren tiefgreifend verändert, insbesondere die Zentralregion: Vor dem Bau der riesigen Vergnügungsparks war diese Gegend nichts weiter als ein verschlafener Zwischenstopp für Urlauber aus dem Norden. Das änderte sich schlagartig im Jahr 1971, als Disney World seine Tore öffnete und riesige Besuchermengen anlockte: Kleine Motels und idyllische Orangenhaine wurden schnell von riesigen Hotelburgen und Ladenketten verdrängt.

Auf Grund dieser tiefgreifenden Umgestaltung wurde die Region ein riesiges Touristenzentrum. Die 100 Meilen (160 km) lange Fahrt von St. Petersburg nach Orlando und dann weiter nach Cape Canaveral und St. Augustine, ist eine Reise durch die verschiedensten Vergnügungsparks, die amerikanische Geschichte und Zukunft – und das alles in nur acht Tagen.

ORLANDO

Aus südlicher Richtung gelangt man über den Hwy. 92/441 nach **Orlando**. An der Südgrenze der Stadt kommt man an **Gatorland** vorbei, einem Alligatorenzoo mit Streichelgehege und Minieisenbahn für Kinder.

Links: Daytona Beach – hier drängeln sich nicht nur Menschen, sondern auch Autos.

Danach sollte man sich wieder Richtung Westen und I-4 orientieren, denn diese Straße führt nach **Sea World**, das zu einem unterhaltsamen Tag mit Orca-Shows, Seelöwen, Delfinen, Robben und Wasserskiläufern einlädt und auch einige rasante Wasserfahrten bietet. Am Abend ist einiges los an der Wasserfront, die wie ein geschäftiger Hafen wirkt. Eine Attraktion gleich nebenan ist die **Discovery Cove**, wo man mit Delfinen und Rochen schwimmen kann. Gegenüber liegt der spektakuläre neue Wasserpark **Aquatica** mit atemberaubenden Rutschen und zwei Wellenpools.

Stadteinwärts auf der I-4 lässt der Wasserpark **Wet 'n' Wild** die Herzen aller großen und kleinen Wasserratten höher schlagen. Rutschen mit Namen wie Mach5, Stuka oder der sechsstöckige Fuji Flyer garantieren rasante Fahrten und sind eher etwas für Erwachsene, aber auch die Kleinsten finden ihr Vergnügen.

Das nächste Ziel ist das **Universal Orlando Resort** mit den **Universal Studios Florida** und den gleich daneben liegenden **Islands of Adventure**, die man über den **City Walk** erreicht. Hier laden Bars, Clubs und Diskotheken, Geschäfte und ein Kinokomplex zum abendlichen Bummeln nach dem Parkbesuch ein. „In"-Lokale wie *Bob Marley: A Tribute to Freedom, Pat O'*

Karte S. 187, Info S. 198-199

Briens oder *CityJazz* haben der einstigen Nightlife-Szene Downtown Orlando mittlerweile das Wasser abgegraben.

Zwei Tage Zeit sollte man sich nehmen, um das Resort zu besuchen. Starregisseur Steven Spielberg war an der Planung der äußerst unterhaltsamen Filmstudios beteiligt, so dass viele seiner Filme wie *Zurück in die Zukunft, Der weiße Hai* und *E.T.* in themenbezogene *joy rides* (Vergnügungsfahrten) umgesetzt wurden. Mitten in einem Katastrophenfilm landet man im Fahrgeschäft *Disaster! A Major Motion Picture Ride ... Starring You*. Neueste Attraktion ist die riesige Achterbahn *Hollywood Rip Ride Rockit*, deutlich harmloser wirkt die für kleinere Kinder gestaltete *Woody Woodpecker's Kid Zone*.

Die **Islands of Adventure** bieten ebenso jede Menge Vergnügen, wobei die *Killer Coaster* (höllische Achterbahnen) nicht jedermanns Geschmack sein dürften, auf jeden Fall aber ein Erlebnis für Wagemutige. Eine nasse Angelegenheit sind der wilde Ritt auf den *Ripsaw Falls* und eine Reise durch den *Jurassic Park*. Jüngste Attraktion ist **The Wizarding World of Harry Potter**, der Besuchern die Fantasiewelt der berühmten Romanfigur öffnet – mit *Harry Potter and the Forbidden Journey* im Hogwarts Castle.

Drei Themenhotels auf dem Gelände sorgen für schnelle Zugänge in die Parks, wobei ein spezieller Pass für kürzere Wartezeiten vor den Fahrattraktionen sorgt. Luxuriös sind das *Portofino Bay Hotel,* das drei Pools und sogar Suiten mit eigenen Kinderzimmern sowie einen Schönheitssalon bietet, und das *Royal Pacific*, natürlich mit Pool und mehreren Restaurants, während das *Hard Rock Hotel* eher etwas für jüngere Musikfans ist.

Unweit der Universal Studios beginnt der **International Drive**, eine Art Boulevard mit einer Ansammlung von Läden, Kettenrestaurants und Motels für die Touristenmassen. Wer kein Hotelzimmer vorgebucht hat, findet hier sehr wahrscheinlich noch eine Unterkunft

Rechts: Nur für die Menschen ein Vergnügen? Streicheln von Delfinen in Sea World, Orlando.

Info S. 198-199

14 Floridas Norden

sowie viele Möglichkeiten, am Abend auszugehen, ohne fahren zu müssen. Am International Drive finden sich eine Ausstellung über die legendäre Titanic (**Titanic – The Experience**; Nr. 7324, www.titanictheexperience. com) sowie **Wonderworks** (Nr. 9067) mit Erdbebensimulator und zahlreichen spektakulären interaktiven Effekten (www.wonderworksonline.com).

Ebenfalls am I-Drive (Nr. 4951) liegt das Einkaufsmekka von Orlando, die **Premium Outlets**, mit preislich attraktiven Markenprodukten.

Unternehmungslustige, die abends nicht in einem Hotel der Parks untergekommen sind, finden auch Downtown einiges an Unterhaltung. Beliebt ist *8 Seconds* in der Livingston Street, eine Bar mit echtem Rodeo am Samstagabend – vor der Tür, versteht sich. 8 Sekunden sind die Mindestzeit, die ein echter Cowboy auf dem Rücken eines Bullen aushalten muss.

Oben: Cinderella's Castle im Walt Disney World Resort. Rechts: Mickeys Hund Pluto wacht über die Parade in Disney World.

DISNEY WORLD

Das berühmte **Walt Disney World Resort**, 25 Meilen südwestlich von Orlando, ist mit einer Ausdehnung von 17 000 ha so groß wie Manhattan. Wer hier mit kleinen Kindern unterwegs ist, sollte das **Magic Kingdom** besuchen, während die anderen Parks interessant für alle Altersgruppen sind.

Ein Blick auf die Karte des Parks zeigt, dass er wie ein Speichenrad aufgebaut ist, von dessen Mitte, dem Neuschwanstein-Imitat **Cinderella's Castle**, die einzelnen Themenparks strahlenförmig ausgehen. Im **Adventureland** treiben die *Pirates of the Caribbean* ihr Unwesen, **Tomorrowland** ist der Ort für *Extra-terror-estrial Alien Encounters* und für eine Fahrt mit der atemberaubenden Achterbahn **Space Mountain**, im **Fantasyland** geht man mit Peter Pan und Winnie the Pooh auf Reisen. Ein weiteres Highlights im Magic Kingdom ist das **Haunted Mansion**, ein Geisterhaus mit verblüffenden Spezialeffekten.

Es empfiehlt sich, bereits am frühen Morgen (ab 9 Uhr) zu kommen und sich gegen den Uhrzeigersinn durch den Park zu bewegen, beginnend mit dem *Space Mountain*. Dadurch vermeidet man die Besuchermassen, und wenn man vor 12 oder nach 14 Uhr essen geht, muss man auch vor den Restaurants nicht Schlange stehen.

In der Hochsaison an Weihnachten, Ostern und in der amerikanischen Ferienzeit (Juni-September) wird man sich allerdings mit Touristenströmen abfinden müssen – dafür bietet der Park dann aber auch mehr: längere und aufwendigere Paraden und atemberaubende Feuerwerke.

Nur eine kurze Fahrt mit der **Monorail** entfernt liegt **Epcot** (das Kürzel steht für Experimental Prototype Community of Tomorrow). Das **World Showcase** stellt 12 Länder vor, mit ihren Bauwerken und ihrer Kultur. Deutschland präsentiert sich mit Ku-

Karte S. 187, Info S. 198-199

ckucksuhren und deutschem Biergarten, während im chinesischen Dorf Akrobaten ihre Kunststücke vorführen.

In **Future World** gehören das **Space Ship Earth**, eine simulierte Reise zum Mars in **Mission: Space** sowie **Test Rack,** eine rasante Sportwagenfahrt, zu den großen Attraktionen. Ein Vergnügen für Groß und Klein ist der 3D-Film *Honey, I shrunk the Audience,* wo das Publikum riesigen Mäusen und Hunden begegnet. Größter Anziehungspunkt am Abend ist das große Feuerwerk mit Lasershow um 21 Uhr.

Epcots südlicher Nachbar sind die **Disney's Hollywood Studios**, wo es interessante Einblicke in populäre Filmproduktionen sowie nachgestellte Szenen im Stil des alten Hollywood-Kinos der 1930er Jahre gibt. Höhepunkte sind hier die 3-D-Fahrt **Toy Story Mania!**, die interaktive Disneyparade **Block Party Bash** und eine Fahrt mit der Achterbahn **Rock 'n' Roller Coaster**. Sehr aufregend und nichts für schwache Nerven, Herzen oder Mägen ist der freie Fall über 13 Stockwerke im gruseligen **Tower of Terror**.

Ganz im Süden von Disney World befindet sich das faszinierende **Animal Kingdom**, in dem die **Kilimanjaro Safari** nicht versäumt werden sollte. Besucher düsen in Lastwagen durch eine täuschend echt wirkende Savanne und begegnen Elefanten, Giraffen und Pavianen, ja sogar Elfenbeinwilderern. Auf dem **Maharaja Jungle Trek** sind majestätische Tiger zu bewundern, während man auf dem **Pangani Forest Exploration Trail** Fledermäusen, einer Gorillafamilie und Nilpferden sehr nahe kommt.

Drei Tage sollten für einen Besuch von Disney World mindestens eingeplant werden, wobei der FASTPASS bei den beliebtesten Fahrten und Attraktionen hilft, lange Schlangen zu umgehen. Die zwei sehenswerten Wasserparks **Blizzard Beach** und **Typhon Lagoon** erfordern je nach Lust und Laune noch zusätzliche Zeit.

Wer abends noch die Energie aufbringt, spaziert durch **Pleasure Island**, die Amüsiermeile von Disney World mit schicken Clubs und Diskotheken und einem Shuttle-Service zu einem der 23 Hotels, die ebenfalls dazugehören. Gute Spartipps für den Trip nach Disney World findet man im Internet unter www.mousesavers.com.

CAPE CANAVERAL
Raketen und Raumfähren

Nur wenige Meilen entfernt von jener Stelle, die Jules Verne 1865 in seinem Zukunftsroman *Von der Erde zum Mond* als Abflugpunkt seiner Rakete auserkoren hatte, liegt **Cape Canaveral**, Amerikas berühmte Weltraumbasis. Von hier ist der seit seiner erneuten Weltraumfahrt 1998 zum Volkshelden avancierte John Glenn als erster Amerikaner in den Weltraum gestartet. *Apollo 11* hob am 20. Juli 1969 zur ersten bemannten Mondlandung ab, und bis heute startet hier die kleine Flotte der amerikanischen *Space Shuttles* in den Weltraum.

Trotz einiger aufsehenerregender Unglücksfälle in Cape Canaveral ist eine Reise zum **Kennedy Space Center** eine Fahrt in das Reich des technischen Fortschritts. Unbedingt mitmachen sollte man eine Bustour über das weitläufige Gelände auf Merrit Island. Hier sieht man unter anderem die Startrampen der Shuttles und das **Saturn-V/ Apollo-Center**. Auch die IMAX-Filme auf Großleinwand sind sehenswert. Wer sorgfältig plant, kann eventuell einen Shuttle-Start live miterleben. Auch ein Besuch der **Astronauts Hall of Fame** sollte im Rahmen eines Besuches des Kennedy Space Center nicht fehlen.

SEHENSWERTES IM UMLAND

Ein Vorteil der Gegend um Orlando ist das immer schöne Wetter – ideal für Ausflüge und jede Menge sportlicher Aktivitäten. Ein aufregender Weg, das Umland zu erkunden, kommt mit Easy Rider Feeling daher: Brandneue Harley-Davidson-Motorräder des Typs *Electra-Glide Classic* werden in Orlando bei diversen Rentals an über 21jährige Führerscheinbesitzer vermietet.

Oben: Im John F. Kennedy Space Center, Cape Canaveral. Rechts: Daytona Bech – Selbstinszenierung ist angesagt.

Winter Park, ein Vorort von Orlando an der I-4, galt lange als Vorzeigegemeinde der Region und die **Park Avenue** mit ihren teuren Boutiquen und Cafés als das Glanzstück der Stadt. Der Boulevard ist eine Oase der Ruhe mit millionenteuren Villen sowie dem **Rollins College** und wird von einem Park voller Eichenbäume eingerahmt.

Das Städtchen ist auch bekannt für seine drei Museen. Auf dem Collegegelände befindet sich das renommierte **Cornell Fine Arts Museum**, das Werke von der Renaissancemalerei bis hin zu Comics von Robert Crums zeigt. Im **Charles Hosmer Morse Museum of American Art** (445. N. Park) ist eine Sammlung des Glaskünstlers Tiffany untergebracht. Das **Albin Polasek Museum** (633 Osceola Ave.) mit einem schönen Skulpturengarten ist dem tschechischen Bildhauer Polasek gewidmet.

Karte S. 187, Info S. 198-199

Die reizvollen Häuser von Winter Park wurden von schwerreichen *snowbirds* erbaut: Touristen aus dem Norden, die früher die Wintermonate in dieser Gegend verbrachten. Einige der schönsten Villen direkt am Wasser kann man bei Bootstouren der **Scenic Boat Tours** (Morse Ave.) bewundern.

Das Städtchen **Mount Dora** hat den vielgepriesenen Charme von Winter Park mittlerweile überboten. Etwa 25 Meilen nordwestlich von Orlando, am Hwy. 441, liegt diese Gemeinde zwischen einem Eichenwald und dem Lake Dora. Wegen dieser Lage und seinem kleinen, aber noblen Geschäftszentrum wird es oft mit Dörfern in Neuengland verglichen.

Wer hier übernachten möchte, kann zwischen mehreren Bed & Breakfast-Angeboten sowie dem **Lakeside Inn** wählen. Das Hotel wurde bereits 1881 eröffnet und ist ein wunderschönes Beispiel für die Architektur Floridas Ende des 19. Jh.. Nach einem Abendessen im **The Beauclaire** kann man hier in einem Schaukelstuhl auf der Veranda entspannen und den Sonnenuntergang am Lake Dora genießen.

Die verträumte Landschaft der Region lässt sich sehr schön bei einer Kanutour erkunden, am besten in den kristallklaren Gewässern des sauberen **Wekiwa River** und seinen Seitenarmen. In **Sanford**, zu erreichen über die I-4 in Richtung Norden, dann Abfahrt State Rd 46. nach Westen, bietet **Katie's Wekiwa River Landing** neben verschiedenen Kanutrips auch Camping, Bootstouren und Angeln an. Man sollte unbedingt eine Kamera einpacken, um die Waschbären, Fischfalken und Adler, die an den Flussufern leben, auf Film zu bannen.

Abenteuerlicher geht es beim Segelfliegen zu: Westlich von Orlando, an der State Rd. 50 in **Clermont** beim **Seminole-Lake Gliderport** beginnt ein preiswerter Flug schon bei 600 m Höhe. Etwas teurer wird der Spaß in knapp zwei Kilometer Höhe – wer dies noch

nicht spannend genug findet, der kann den Piloten auch darum bitten, ein paar Kunstfiguren zu fliegen.

Treffenderweise lebten die Großeltern von Walt Disney im 19. Jahrhundert nur wenige Meilen vom heutigen Vergnügungspark entfernt in den großen Weidegebieten rund um **Kissimmee** (südwestlich von Orlando, zu erreichen über die US Rte. 192). Heute sind hier kaum noch Rinderherden anzutreffen, statt dessen finden Touristen in Kissimee eine endlose Ansammlung von Motels, Campingplätzen und unzählige Restaurants, Kitsch- und Andenkenläden. Sehenswert ist jedoch der **Osceola Flea and Farmer's Market**, wo 900 Händler von Freitag bis Sonntag antike Kunst, Liebhaberstücke aller Art und Pflanzen feilbieten. Im **Warbird Air Museum** am städtischen Flughafen von Kissimmee wurden 32 rostige Flugzeuge aus dem Zweiten Weltkrieg restauriert.

Weiter südlich ist **Winter Haven** ein berühmtes Zitronenanbaugebiet. Der Ort liegt an einer Kette von 16 Seen unterschiedlicher Größe, die durch einen

Kanal miteinander verbunden sind und für Wassersportler ein wahres Paradies bilden. Zudem eröffnete hier das **Legoland Florida** mit mehr als 50 Attraktionen und Fahrgeschäften (http://florida.legoland.com).

Orlando ist eine Stadt, die jedes Jahr neun unerbittlich heiße Monate der Sonne ausgeliefert ist. Zur Erfrischung bietet sich ein Ausflug an den Atlantik an, beispielsweise nach „Surf City“, **Cocoa Beach**. Neben einer schönen Altstadt hat der Ort einen langen Pier und den ausgeflippten **Ron Jon's Surf Shop**, Floridas größtes Wassersportgeschäft, zu bieten.

DAYTONA BEACH

Daytona Beach wird heute oft als berühmtester Strand der Welt bezeichnet. Anfang des 20. Jh. fanden an den Stränden der Stadt Autorennen statt, was ihr den Beinamen *Birthplace of Speed*, Geburtsort der Geschwindigkeit, einbrachte. Autos sind noch heute auf den weißen Sand-Highways erlaubt, allerdings darf nur im Kriechtempo gefahren werden. Die Fans der Autorennen pilgern zum legendären **Daytona International Speedway**, wo Mitte Februar das berühmte Stockcar-Rennen *Daytona 500* stattfindet. Die Geschichte des Rennsports in der Stadt kann man im dazugehörigen Museum **Daytona USA** studieren.

Daytona Beach ist auch Treffpunkt der College-Studenten, die während des *Spring Break*, den amerikanischen Osterferien, eine Woche lang legendäre feucht-fröhliche Feste feiern. Auch während der *Bike Week*, einem Treffen von überwiegend Harley fahrenden Motorradenthusiasten Anfang März, kommen die Feiernden in den vielen Bars und Kneipen auf ihre Kosten. Doch auch sonst geht es an den Stränden recht turbulent zu. Für Entspannungssuchende bietet sich der Strandabschnitt beim **Ponce de Leon Inlet Lighthouse** am Südende von Daytona Beach an.

ST. AUGUSTINE

Auf dem Highway A1A, einer sehr reizvollen Route direkt am Meer, geht es weiter in Richtung Norden. Über die Badeorte **Ormond** und **Flagler Beach**, vorbei an einsamen Stränden, die zum Badestopp einladen, gelangt man zur ältesten ununterbrochen bewohnten Stadt Amerikas, **St. Augustine**. Bereits 1565 von den Spaniern gegründet, hat es heute noch einen sehenswerten alten Kern.

Wer von Süden kommt, überquert die wunderschöne **Bridge of Lions**. Von ihrem höchsten Punkt aus überblickt man ein Landschaftspanorama: Der **San Marcos Boulevard** erstreckt sich scheinbar zum Horizont, das **Castillo de San Marcos** bewacht die Stadt. Diese Festung, 1685 erbaut, ist für Besucher offen und bildet eine stille Wacht

Oben: Abenteuer wagen – Flug mit dem Skycoaster in Daytona Beach. Rechts: St. Augustine.

an der **Mantanzas Bay**. Am San Marcos Boulevard hat die **Fountain of Youth**, der Brunnen der ewigen Jugend, seinen Platz. Er steht, wenn man der Geschichtsschreibung glaubt, exakt an der Stelle, an der der spanische Eroberer Ponce de Léon 1513 den Boden Floridas betrat und das Gebiet im Namen des Königs von Spanien in Besitz nahm.

St. Augustine lernt man am besten kennen, indem man einfach mit einem Trolley-Bus mitfährt. Diese Busse passieren alle wichtigen historischen Sehenswürdigkeiten und machen selbst vor den engen Gassen nicht Halt, deren Häuser spanische, französische, englische und nicht zuletzt amerikanische Einflüsse widerspiegeln. Auch ein Spaziergang durch den **Stadtpark** und den früheren **Sklavenmarkt**, am Fuß der Brücke gelegen, sollte bei einer Besichtigung nicht fehlen.

Im Umkreis der malerischen **St. George Street**, einer Fußgängerzone, liegen die meisten Sehenswürdigkeiten von St. Augustine. Etwa das **Spanish Quarter Museum** mit restaurierten Häusern aus dem 18. Jh. oder das **Wooden School House**, dessen Planken schon 200 Jahre alt sind. Im Süden der St. George Street liegt das frühere **Ponce de Léon Hotel**, in dem heute das **Flagler College** untergebracht ist. Diesen Prachtbau hatte der Eisenbahnmagnat Henry Flagler errichten lassen, damit die Passagiere seiner Züge, die bald an der gesamten Ostküste Floridas verkehrten, hier abstiegen.

Ein weiteres ehemaliges Hotel steht gegenüber und beheimatet das **Lightner Museum**, in dem Kunst des 19. Jh. und historische Fotos gezeigt werden. Die Geschichte verleiht St. Augustine eine besondere Romantik, die vor allem bei einem Abendspaziergang an der Hafenpromenade spürbar ist.

JACKSONVILLE

Nach **Jacksonville** nimmt man am besten den Hwy. A1A, eine Küstenroute, die sich zwischen den Strandorten und dem Atlantik entlang zieht. Die Stadt ist mit einer Fläche von 2175 km^2 eine der größten Amerikas und bietet

ungebremstes Großstadtleben, obgleich es für den Touristen nicht ganz einfach ist, das alles zwischen den anonymen Wolkenkratzern, den rauchenden Schloten der Papierfabriken und in den endlos scheinenden Straßenzügen zu entdecken.

Die meisten der 700 000 Einwohner von Jacksonville zeichnen sich durch einen starken (wenn auch schwer erklärbaren) Lokalpatriotismus aus – vielleicht liegt dies an den vielen Festen, die hier gefeiert werden. Das Jahr beginnt mit dem **Ringling Brothers Circus** im Januar und schließt im Dezember mit dem **Gator Bowl Football Classic**. Das wichtigste und meistbesuchte Fest ist allerdings das **Jacksonville Jazz Festival** im Mai, das angeblich weltweit größte Free-Jazz-Festival. Viele Musikmagazine halten diesen Treff der Jazzgrößen für eines der besten Festivals im Land, für manche Kritiker rangiert es sogar vor dem New Orleans Jazz Festival.

Jacksonville bietet nicht sehr viele für Touristen interessante Attraktionen, doch immerhin braut hier die **Anheuser-Busch-Brauerei** *Budweiser*, das beliebteste amerikanische Bier. Besucher, die über 21 Jahre alt sind, können das Gebräu nach der Brauereiführung frisch vom Zapfhahn probieren.

Beim Bummel am Riverwalk kommt man an **Jacksonville Landing** direkt am St. Johns River vorbei. 100 Geschäfte, sieben Restaurants und eine Plaza erwarten die Konsumenten. An Wochenenden werden Vorstellungen von Musikgruppen u. a. geboten.

Ein Stück den Fluss hinauf liegt das **Cummer Museum of Art**, das ethnologische Funde und Kunsthandwerk aus verschiedensten Epochen zeigt. Sehenswert sind auch die zugehörigen italienischen Gärten.

Der Southbank Riverwalk führt zum **Museum of Science and History** und bis zur **Friendship Fountain** am Südufer des Flusses. Dieses Wahrzeichen der Stadt stößt eine fast 25 m hohe Wasserfontäne in den Himmel. Am Ufer legen die Wassertaxis ab, die den St. John überqueren und die müden Touristen zum Nordufer und Jacksonville Landing zurückbringen.

Info S. 198-199

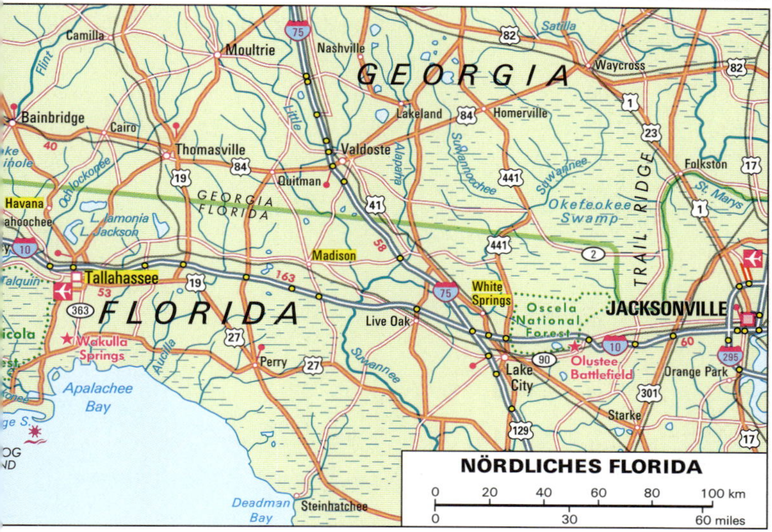

Amelia Island

Nur eine halbe Stunde von Jacksonville entfernt erreicht man über die I-95 und den Hwy. A1A einen der bezauberndsten Erholungsorte Floridas: **Amelia Island** (s. Karte S. 187). Nirgendwo sonst in den USA wehten im Lauf der Geschichte acht verschiedene Flaggen nacheinander – u. a. von Briten, Spaniern, Franzosen, Mexikanern und Südstaatlern.

Auf die historische Vergangenheit trifft man hier überall. Der Altstadtkern von **Fernandina Beach**, dem Hauptort der Insel, ist geprägt von viktorianischen Häusern. An der Hauptstraße, **Centre Street**, gab es einst zahlreiche Kneipen und Bordelle; heute haben sich hier kleine Antiquitätenläden, Kunstgalerien, Buchhandlungen und Andenkengeschäfte eingerichtet. Dazu findet man Süßwarenstände und *Diners*, die typisch amerikanischen Esslokale. Fast um die Ecke serviert das vielgelobte Restaurant **Beech Street Grill** eine Vielzahl von Gerichten für Gourmets.

Die wechselvolle Geschichte von Amelia Island lässt sich im restaurierten **Fort Clinch** (1847) nachvollziehen. Ein Besuch im **Amelia Island Museum of History** liefert alles nötige Hintergrundwissen. Dargestellt ist die historische Entwicklung von den prähistorischen Indianerstämmen über die spanischen Missionen des 17. Jh. bis zu den goldenen Tagen der Garnelenfischerei. Im Museum kann man auch Führungen durch die Altstadt buchen.

Das größte Fest der Insel wird an jedem ersten Maiwochenende abgehalten, wenn mehr als 200 000 Inselbewohner und Urlauber das **Amelia Island Shrimps Festival** feiern – sozusagen ein Festival der Krustentiere, das seinen Höhepunkt in Tänzen, Feuerwerken, Paraden und einem Besuch von „Blackbeard“, dem legendenumwobenen Piraten aus dem 18. Jh., findet.

In der übrigen Zeit bekommt man natürlich auch Shrimps auf Amelia Island, z. B. im **Palace Saloon**, der wohl ältesten Bar in ganz Florida. Seit 1878 haben die Barkeeper hier Matrosen, Insulanern, Garnelenfischern und Touristen das Bier in eisgekühlten Bechern aus-

geschenkt. Nach einem Brand vor einigen Jahren ist das Traditionslokal wieder hergerichtet worden.

Entlang der Küste nach Westen

Nach all den überfüllten Städten wird es Zeit, die ruhigen Küstenstreifen des östlichen Florida zu erkunden: den **Florida Panhandle**. Die hektische Weltläufigkeit des südlichen Florida verschonte diesen Teil des Bundesstaates – hier gibt es noch echte *Rednecks* und *Hillbillies* und nicht zuletzt die gute alte Gastfreundschaft des Südens.

Obwohl zwischen Amelia Island und New Orleans über die I-10 noch rund 543 Meilen liegen, sollte man besser den ruhigen Hwy. 90 wählen. Denn nur entlang dieser Strecke liegen Sehenswürdigkeiten wie das **Olustee Battlefield**, Schauplatz des einzigen Bürgerkriegsgefechts in Florida.

Weiter westlich, am Hwy. 41, findet in **White Springs** in jedem Mai das **Florida Folk Festival** statt. Dieses Städtchen schmiegt sich an die Ufer des **Suwannee River**, der in der Staatshymne Floridas besungen wird.

In Richtung Westen geht es auf dem Highway 90 weiter bis nach **Madison**, einer einfachen und ruhigen Kleinstadt mit alter Architektur.

TALLAHASSEE

Im Jahr 1845 wurde in einem Kompromiss entschieden, dass die Hauptstadt Floridas zwischen die beiden Wirtschaftszentren der Staaten gelegt werden sollte – damals waren dies St. Augustine und Pensacola. Die Hauptstadt, **Tallahassee**, liegt zwischen den Hügeln des nördlichen Florida und wirkt auf den ersten Blick eher provinziell. Doch die zwei Universitäten, Museen und Regierungsbehörden machen es zu einer quicklebendigen Stadt. Obwohl Tallahassee mit viel Geschichte aufwartet, hat es auch eine junge Seite: die **Florida State University** mit 28 000 Studenten. An Bars, Diskos, Restaurants, Kinos und Musikclubs besteht kein Mangel. Die Uni grenzt an

Oben: Krabbenfischer vor Amelia Island.

Karte S. 194-195, Info S. 198-199

die **Alfred B. Maclay State Gardens**, einen sehenswerten Park, der v. a. von Januar bis April den Besuch lohnt.

Einen Panoramablick auf die Umgebung genießt man von der Aussichtsplattform des 22 Stockwerke hohen **Florida State Capitol**, in dem sich auch eine Touristen-Info befindet. Dieser Neubau ersetzte das **Old Capitol**, das 1845 als Parlamentssitz erbaut wurde und besichtigt werden kann. Gleich daneben erhebt sich der **State Supreme Court**, und auf der anderen Straßenseite das **Museum of Florida History**, in dem archäologische und geschichtliche Zusammenhänge erläutert werden.

Havana und Wakulla Springs

Eine halbe Stunde nördlich von Talahassee hat sich **Havana**, eine ehemals landwirtschaftlich geprägte Stadt, zu einer Künstlerkolonie mit zahlreichen Antiquitätenläden entwickelt. Von Tallahassee aus in Richtung Süden führt der Weg nach **Wakulla Springs**, zur angeblich tiefsten Quelle Floridas. Aus 56 m sprudelt unaufhörlich handwarmes Wasser, und in Glasbodenbooten kann man diesem Phänomen auf den Grund gehen. An der Oberfläche sind neben moosbewachsenen Bäumen Hirsche, Alligatoren, Waschbären und manchmal sogar Schildkröten zu sehen.

DIE GOLFKÜSTE DES FLORIDA PANHANDLE

Der US Hwy. 98, eine der schönsten Strecken Floridas, folgt in etwa dem Verlauf der Golfküste. Insbesondere der Abschnitt zwischen Pensacola und Panama City war von den Auswirkungen der Ölkatastrophe im Golf von Mexiko 2010 betroffen. Ölklumpen wurden angespült, mittlerweile gelten jedoch alle Strände wieder als sauber und sicher.

Die Route ermöglicht Zwischenstopps in idyllischen kleinen Städten wie **Apalachicola**, das in Florida wegen seiner schon legendären Austernproduktion bekannt ist. Apalachicola mag zwar für amerikanische Verhältnisse etwas unaufgeräumt wirken, doch das abwechslungsreiche Städtchen mit den vielen Galerien und kleinen Geschäften strahlt einen ganz eigenen, fast europäischen Charme aus.

Nachdem man andere, ähnliche Gemeinden durchfahren hat (und in eine andere Zeitzone übergewechselt ist), erreicht man **Panama City** und **Panama City Beach**. Beide Städte haben es aufgegeben, wieder zu den geruhsamen Gemeinden im Schatten der Golfküste zu werden, die sie einmal waren. Heute sind sie auf den Zustrom von College-Studenten angewiesen, die während der Wochenenden und dem *Spring Break* zu Tausenden in die Hotelburgen und Amüsierparks einfallen. In den vielen Bars und Diskotheken werden die Partygänger abends mit Bikini-Wettbewerben, billigem Bier, Rock'n' Roll und fetzigen DJs in Partylaune gebracht.

Wer die Ruhe bevorzugt, kann in den Dünen des **St. Andrews State Park** wandern oder einen Bootsausflug zum unbewohnten **Shell Island** unternehmen. Ein Tip: Bei *Captain Andersons Marina* gibt es sehr gute Fischgerichte.

Bei der Weiterfahrt in Richtung Westen lohnt ein kurzer Stopp in **Seaside** (Abfahrt vom Hwy. 98 auf die Rte. 30A). Die Kommune wurde auf dem Reißbrett exakt geplant und taucht deshalb in jedem Architekturmagazin und Reiseführer auf. Ein Halt ist auch **Destin** wert. Am Charterhafen liegt mit dem **Harbor Walk Village** ein Einkaufs- und Restaurantkomplex, vor dem Fischer ihren frischen Fang von den Kuttern entladen.

Zurück auf dem Hwy. 98, führt die Route nach **Pensacola**, dem letzten Reiseziel auf dieser Tour, das noch einmal einen Einblick in die Geschichte Floridas bietet. Das **Historic Pensacola Village** mit restaurierten Häusern aus dem 19. Jh. erstreckt sich über zwei Häuserblocks. Besonders sehenswert sind das Charles Lavalle House (205 E

Church St.) und die Julee Cottage (210 E Zaragoza St.). Das Gebiet wurde von den Spaniern im Friedensvertrag von Paris 1763 nach dem Kolonialkrieg an die Briten abgetreten. In vielen Häusern kann man Kunstgegenstände aus dieser Zeit betrachten.

Wenige Blöcke entfernt im **Seville Historic District** liegt das **Seville Quarter**, ein Amüsierviertel, das von demselben Mann gegründet wurde, der auch die einst so erfolgreiche Church Street Station in Orlando erdachte.

Pensacola ist auch als Stützpunkt der Marineflieger bekannt. Eine Vielzahl historischer und moderner Flugzeuge ist im **National Museum of Naval Aviation** zu sehen.

Biloxi, Mississippi

Zwischen dem friedlichen Pensacola und dem aufregenden New Orleans liegt nur noch **Biloxi**. Einst war die Stadt im Bundesstaat Mississippi bekannt wegen ihrer schönen Strände und **Beauvoir**, der Plantage von Jefferson Davis, der im Bürgerkrieg Präsident der Südstaaten war (zu besichtigen). Strände gibt es hier natürlich immer noch, und zum Baden kann man sich auch nach **West Ship Island** übersetzen lassen. Die Gegend wurde allerdings nicht nur von Hurrikan Katrina (2005), sondern auch von der auf die Explosion der Ölplattform Deepwater Horizon folgenden Ölpest schwer getroffen.

Doch seit das Glücksspiel 1992 legalisiert wurde, ist die Stadt vor allem berühmt wegen ihrer vielen schwimmenden Kasinos. Die sind groß, laut, 24 Stunden geöffnet und für viele aufregender als die Hundewettrennen in der Region. Die Kleinstadt **Gulfport** wurde Ende August 2005 durch den fürchterlichen Hurrikan Katrina fast vollkommen zerstört. Der Wiederaufbau hat seit damals u.a. zur Errichtung von zwei großen, sturmsicheren Glückspielbetrieben geführt, dem **Island View Casino** und dem **Grand Casino**.

ORLANDO UND UMGEBUNG (☎ 407)

Orlando/Orange County C & V Bureau, 8723 International Dr., Tel. 363-5872, Fax 370-5002, www.visitorlando.com. **Mount Dora Chamber of Commerce**, Alexander St./3rd Ave., Mt. Dora, Tel. 352/383-2165, www.mountdora.com. **Kissimmee/St. Cloud V & C Bureau**, Tel. 742-8200, www.visitkissimmee.com.

Flying Fish Café, Disneys Board Walk, Lake Buena Vista, Tel. 939-3463. Feine, innovative Küche. Viele gute Restaurants aller Preisklassen in Disney World, z. B. **Bistro de Paris**, **Les Chefs de France**, **Tangierine Café** (Epcot), **Artist Point** (Wilderness Lodge), **Rainforest Cafe**, **Wolfgang Puck Cafe** (Downtown Disney Marketplace).

Gatorland, 14501 S Orange Blossom Trail, Tel 855-5496, www.gatorland.com, tgl. 9-17 Uhr. **Sea World**, 7007 Sea World Dr., Tel. 351-3600 o. 1-888-800-5447, www.seaworldparks.com, tgl. 9-17, Sa/So und im Sommer bis 20 Uhr. **Discovery Cove**, www.discoverycove.com, tgl. 9-17.30 Uhr. **Aquatica**, tgl. 9-17 Uhr, Sommer bis 21 Uhr, http://aquaticabyseaworld.com. **Wet 'n' Wild**, 6200 International Drive, Tel. 351-1800, www.wetnwildorlando.com, tgl. mind. 10-18 Uhr, im Sommer länger. **Universal Orlando Resort mit Universal Studios und Islands of Adventure**, 1000 Universal Studio Plaza, Tel. 363-8000, www.universalorlando.com, tgl. 9-19 Uhr, im Sommer länger. **Walt Disney World Resort (Disney's Hollywood Studios, Epcot, Magic Kingdom, Animal Kingdom)**, Tel. 714/781-4565, http://disneyworld.disney.go.com. Online-Ticket-Kauf möglich, erspart das Schlange stehen! Geöffnet mind. 9-19 Uhr, viele Parks auch bis 23 Uhr, Sa/So und im Sommer länger.

Cape Canaveral, KSC Visitor Complex, NASA Pkwy., Tel. 321/867-5000 o. 321/449-4444, www.kennedyspacecenter.com. Touren (einfache KSC-Tour oder sehr informative NASA Close Up-Tour) und Raketenstarts.

Cornell Fine Arts Museum, 1000 Holt Ave., Winter Park, www.rollins.edu/cfam, Di-Fr 10-

Karte S. 194-195

16, Sa-So 12-17 Uhr. **Charles Hosmer Morse Museum of American Art**, 445 North Park Avenue, Tel. 645-5311, www.morsemuseum.org, Di-Sa 9.30-16, So 13-16 Uhr. **Albin Polasek Museum**, 633 Osceola Avenue, Winter Park, Tel. 647-6294, www.polasek.org, Di-Sa 10-16, So 13-16 Uhr, Juli/Aug. nur Gärten tgl. 10-16 Uhr. **Osceola's Flea and Farmer Market**, 2801 E. Irlo Bronson Memorial Hwy., Kissimmee, Tel. 846-2811, www.osceolafleaandfarmersmarket.com. **Warbird Air Museum**, 231 N Hoagland Road, Kissimmee, www.vacwarbirds.org, tgl. 9-17 Uhr.

DAYTONA BEACH (☎ 386)

Daytona Beach Convention & Visitors Bureau, 126 E Orange Ave., Tel. 255-0415, www.daytonabeach.com.

Daytona International Speedway, 1801 W. Intern. Speedway Blvd., Tel. 254-2700, www.daytonaintlspeedway.com, www.daytonausa.com, Besichtigungstouren.

ST. AUGUSTINE (☎ 904)

St. Johns County V & C Bureau, 500 San Sebastian Vw, Tel. 904/829-1711, www. oldcity.com, www.staugustine.com.

Castillo de San Marcos National Monument, 1 Castillo Dr. East, Tel. 829-6506. **Fountain of Youth**, 155 Magnolia Ave., Tel. 829-3168. **Spanish Quarter Museum**, 29 St. George St., Tel. 825-6830, www.historicstaugustine.com, tgl. 9-17.30 Uhr. **Lightner Museum**, 75 King St., Tel. 824-2874, www.lightnermuseum.org, tgl. 9-17 Uhr.

JACKSONVILLE UND UMGEBUNG (☎ 904)

Jacksonville and the Beaches C & V Bureau, 3 Independent Dr., Tel. 798-9111, www.jaxcvb.com.

Clark's Fish Camp, 12903 Hood Landing Rd, Jacksonville, Tel. 268-3474. Preiswerter Fisch. **Beach Hut Cafe**, Jacksonville Beach. Üppiges Frühstück.

Anheuser-Busch Brewery, 111 Busch Drive, Tel. 696-8373, www.budweisertours.com. **Cummer Mus. of Art**, 829 Riverside Ave., Tel. 356-6857, www.cummer.org, Di 10-21, Mi-Sa 10-17, So 12-17 Uhr.

AMELIA ISLAND (☎ 904)

Amelia Island Chamber of Comm., 102 Centre St., Fernandina Beach, Tel. 277-0717, www.ameliaisland. org.

Palace Saloon, 117 Centre St., Amelia Island, Tel. 491-3332. Traditionelle Bar, gute Meeresfrüchte.

Amelia Island Museum of History, 233 S 3rd St., www.ameliamuseum.org, Mo-Sa 10-16, So 13-16 Uhr. **Fort Clinch State Park**, Tel. 277-7274, www.floridastateparks.org/fortclinch.

TALLAHASSEE UND UMGEBUNG

Tallahassee Area V & C Bureau, 106 E. Jefferson St., Tel. 850/606-2305, Fax 850/606-2301, www.seetallahassee.com.

Museum of Florida History, R.A. Gray Bldg, 500 S Bronough St., Tel. 850/245-6400, www.museumoffloridahistory.com, Mo-Fr 9-16.30, Sa 10-16.30, So 12-16.30 Uhr. **Olustee Battlefield**, Tel. 386/758-0400, www.floridastateparks.org. **Wakulla Springs State Park**, Tel. 850/561-7276, www.floridastateparks.org/wakulla springs

PANHANDLE / GOLFKÜSTE

Panama City Beach C & V Bureau, Tel. 850/233-5070, www.800pcbeach.com. **Pensacola C & V Bureau,** Tel. 850/434-1234, www.visitpensacola.com.

National Museum of Naval Aviation, Pensacola, Tel. 850/452-3604, www.navalaviationmuseum.org, tgl. 9-17 Uhr.

BILOXI (☎ 228)

Biloxi Chamber of Commerce, 1048 Beach Blvd, Tel. 604-0014, www.biloxi.org, www.gulfcoast.org

Beauvoir, Jefferson Davis Shrine, 2244 Beach Blvd, Tel. 388-4400, www.beauvoir.org

VON NEW ORLEANS NACH ST. LOUIS

NEW ORLEANS
HERRENHÄUSER DES SÜDENS
MISSISSIPPI
MEMPHIS
ST. LOUIS

Der tiefe Süden, das sind die Staaten südlich der Mason-Dixon-Linie, der Grenze zwischen Pennsylvania und Maryland. Dieser Süden ist mehr als nur eine geografische Region, er steht für eine Gesellschaft, die allzu oft in Stereotypen geschildert wird – demnach wäre der Süden konservativ, rückständig und provinziell.

Auf der 780 Meilen (1250 km) langen Reise durch den Süden kann man noch manche Vorurteile bestätigt sehen; beispielsweise, wenn Cowboys und *Rednecks* in Pickup-Wagen überholen und dabei grölend die alte Konföderierten-Flagge schwenken. Doch das ist eine Minderheit, die sich nur lautstark in Szene setzt: Schwarz und Weiß leben ungeachtet gegenseitiger Vorbehalte überwiegend friedlich miteinander.

Die Reise führt auch ins Mississippi-Delta, dieses einzigartige Naturwunder, das in einigen Gebieten von der Ölkatastrophe im Golf von Mexiko im Jahr 2010 betroffen war: Im Bundesstaat Louisiana erreichte der Ölteppich das Delta, bedrohte die Pflanzen- und Tierwelt sowie die Existenz der Krabbenfischer. Infos zur aktuellen Situation erhält man am zuverlässigsten vor Ort.

Vorherige Seiten: Das Flair vergangener Zeiten verströmt die Oak Alley Plantation, Louisiana. Links: Beim Mardi Gras Festival in New Orleans.

NEW ORLEANS
The Big Easy

Im Bilderbuchviertel **French Quarter**, über das die meisten Touristen in New Orleans während ihres Besuchs kaum hinauskommen, sieht man nichts mehr von den Verwüstungen durch Hurrikan „Katrina“. Im August 2005 hatte diese fürchterliche Naturkatastrophe ca. 80 % der Stadt zum Teil meterhoch unter Wasser gesetzt, Hunderte Menschen das Leben gekostet und über Nacht die Tourismusindustrie vernichtet, die Jahr für Jahr 10 Mio. Besucher nach Louisiana gebracht und 80 000 Menschen allein in New Orleans ein Auskommen gesichert hatte. Der todbringende Wirbelsturm, der in drei US-Bundesstaaten Schäden in Höhe von ca. 25 Milliarden Dollar verursachte, paralysierte das Leben an der Mississippimündung wochenlang und ließ am Ende Zweifel aufkommen, ob die Stadt nach dieser Katastrophe jemals wieder auferstehen würde.

Und heute? Man traut seinen Augen kaum, denn das French Quarter hat nichts, aber auch gar nichts von seiner früheren Attraktivität, von der quirligen Atmosphäre und dem sympathischen Laissez-faire verloren. Nach wie vor ist The Big Easy („Die große Leichtigkeit“), wie die Louisiana-Metropole auch genannt wird, die wahrscheinlich

unamerikanischste Stadt der USA. Das gilt nicht nur für das Lebensgefühl und die Lebenseinstellung, sondern drückt sich auch in der Architektur, in Kunst und Kultur und natürlich in der Musik aus, außerdem im Akzent der Einheimischen und ihren Lieblingsgerichten im Cajun- oder kreolischen Stil.

Dieser eigene Charakter der Stadt hat mit ihrer Geschichte zu tun: New Orleans wurde 1722 zur Hauptstadt der französischen Kolonie Louisiana ernannt. Nach dem Friedensvertrag von 1763 sollten die Franzosen New Orleans an die Briten abtreten; doch Louis XV hatte die Stadt in einem Geheimabkommen bereits den Spaniern versprochen. Als die neuen Herren in die Stadt einzogen, entfesselten die Kreolen, Nachkommen der ersten französischen Siedler, einen Aufstand, weil sie ihre kulturelle Eigenständigkeit bewahren wollten. Später übten sie so starken politischen Druck auf Napoleon aus, dass dieser New Orleans zurückeroberte.

Oben: Können Sie hören, was er auf seinem Saxophon spielt?

Doch schon 1803 verkaufte der Kaiser das gesamte damalige Territorium Louisiana (das Gebiet zwischen Mississippi und den Rocky Mountains) für 15 Mio. Dollar an die jungen USA.

Dieser gigantische Landkauf verdoppelte die Fläche der Union und verhalf New Orleans zu einer neuen Ära des Wohlstands: Dampfschiffe verkehrten nun auf dem Mississippi, ein Hafen- und Werftenviertel entstand, neue Geschäfte, Wohnhäuser und Hotels wurden gebaut.

Bis heute ist es ein Schmelztiegel der Kulturen geblieben: Stärker noch als Little Havana in Miami oder Chinatown in San Francisco hat man bei der Ankunft in New Orleans das Gefühl, in ein fremdes Land zu reisen. Die historischen Spuren von französischen Siedlern, spanischen *Conquistadores*, britischen Soldaten, karibischen Einwanderern und schwarzen Sklaven lassen sich überall in den engen Gassen entdecken.

Die gemeinsame Grundlage dieser multikulturellen Gemeinschaft ist der Jazz, und zwar in einer eigenständigen Stilrichtung, die in dieser Gegend durch Künstler wie Louis Armstrong populär wurde. In Seitenstraßen, auf kleinen und großen Bühnen, in vollen Geschäften und selbst bei Begräbnissen ist Jazz-Musik zu hören. Stärker als jeder andere Musikstil drückt der Jazz das Besondere dieser Stadt aus: In New Orleans ist er scharf und würzig – genauso wie die hiesige Küche.

Gekocht wird hier hauptsächlich *Creole* (kreolisch) – eine fantasievolle Küche, die vor allem Fisch schmackhaft zubereitet. Bekannte Gerichte sind *jambalaya*, eine eintopfartige Mischung aus Tomaten, Reis, Schinken, Garnelen, Hühnchen, Sellerie, Zwiebeln und vielen Gewürzen. Dann gibt es *poboys*, knusprige Sandwiches mit frittierten Austern, Rindfleisch, Krabben und anderem mehr; oder *gumbo*, eine deftige Suppe aus Hühnchen, Garnelen und Gemüse (oft Okraschoten). Auch die Cajuns haben ihre eigene Küche

 Info S. 215

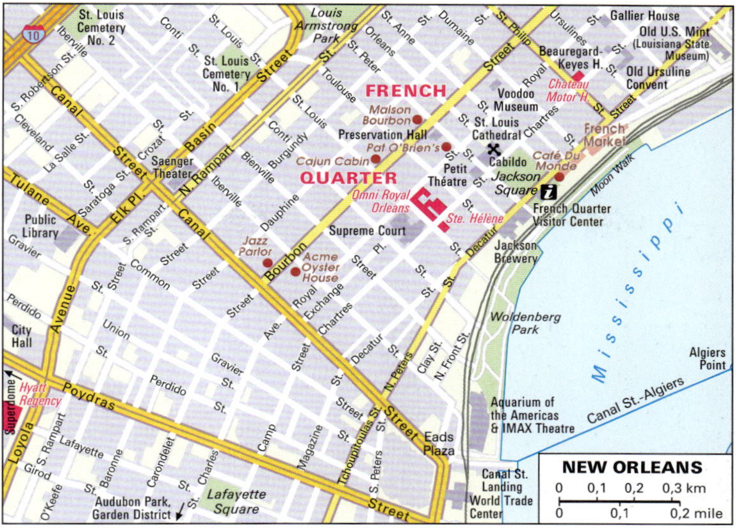

und ihre spezifische Mentalität: Dieses lebenslustige Völkchen, deren Vorfahren von den Briten 1765 aus Nova Scotia im heutigen Kanada vertrieben wurden, weil sie der britischen Krone den Treueeid verweigert hatten, siedelten sich in den Sümpfen von Louisiana an. Ihre Nachkommen haben die Landstriche rund um New Orleans verlassen und sind der guten Jobs wegen in die Stadt gezogen.

Das French Quarter

Es ist schwierig, dem französischen Viertel der Stadt, **French Quarter** oder *Vieux Carré* genannt, gerecht zu werden. Das heute restaurierte Viertel sieht so echt aus, dass es schon wieder falsch wirkt: Im Grunde dokumentieren diese etwa 90 Häuserblocks den dritten Versuch, das französische Nouvelle Orléans zu errichten, nachdem 1788 und 1794 zwei Feuer die meisten ursprünglichen Gebäude zerstört hatten.

Im Gegensatz zu vielen anderen historischen Vierteln in den USA leben und arbeiten hier noch rund 7000 Bürger, die viel zur Vitalität des French Quarter beitragen. Die Authentizität des Viertels wurde auch von der „Vieux Carré-Kommission“ bewahrt, die die Restaurierung und den Erhalt des Stadtbezirks überwacht, so dass hier bemerkenswert wenig moderne Architektur zu finden ist. Statt dessen trifft man in fast jeder Straße auf architektonische Individualität.

Oft führen versteckte Eingänge zu stillen Innenhöfen, umgeben von patinaüberzogenen roten Ziegelmauern, mit Bougainvillea und Bananenstauden. Antikläden, Wohnungen, Pensionen, Souvenirshops, Kneipen und Restaurants sind hier in Hülle und Fülle zu finden. Zu dem Flair des Viertels gehören neben den Straßenkünstlern allerdings auch Prostituierte und Taschendiebe.

Den Rundgang durch das French Quarter beginn man am besten am **Jackson Square**, wo sich auch ein *Visitor Information Center* befindet. Auf dem Platz kann man Straßenmalern über die Schulter blicken, Künstlern bei ihren Auftritten zusehen oder zur Erin-

Info S. 215

nerung ein Urlaubsfoto vor einer der Pferdekutschen schießen. In der Mitte steht die oft fotografierte Statue von Andrew Jackson, dem Helden der Schlacht bei New Orleans im Jahr 1815. Der Jackson Square ist heute Teil einer Fußgängerzone und grenzt direkt an einen ruhigen Park an, der von Häusern aus dem 18. und 19. Jahrhundert gesäumt wird.

An der Stirnseite des Jackson Square erhebt sich die **St. Louis Cathedral** (1794), älteste noch benutzte katholische Kirche in den USA und zugleich Schmuckstück des Platzes. Im **Cabildo**, dem ehemaligen Sitz der spanischen Regierung nebenan, wurde Louisiana an Frankreich zurückgegeben. Kurze Zeit später verkaufte es Napoleon im gleichen Gebäude an die USA.

Auf dem Weg zur Uferpromenade des Mississippi, die wohl in Anspielung an romantische Spaziergänge **Moon Walk** heißt, kommt man zum **Café Du Monde**, einem alten Straßencafé aus dem Jahr 1862. Dort kann man sich erst einmal einen *café au lait* und ein heißes *beignet* (Schmalzgebäck) genehmigen, bevor es in den angrenzenden **French Market** geht, dessen Tore sich vor mehr als 200 Jahren zum ersten Mal öffneten. Heute wird hier am Wochenende vor allem frischer Fisch angeboten, aber auch exotische Dinge wie Alligatorenhäute, Schildkrötenschädel, getrocknete Schlangen, Bonsai-Bäumchen und Tarotkarten.

Oben: Kunstvolle schmiedeeiserne Balkone zieren das French Quarter. Rechts: Jazz, die Seele von New Orleans.

In der Nachbarschaft liegt der **Farmer's Market**, in dem Bauern der Umgebung ihre Erzeugnisse feilbieten. Am Wochenende wird zusätzlich ein Flohmarkt abgehalten. Das Gebäude der **Old U.S. Mint** steht an der Kreuzung zur eichenbestandenen Esplanade Avenue. In dem ehemaligen Münzamt ist heute das **Louisiana State Museum** untergebracht, so dass neben historischen Apparaten zur Münzprägung auch Exponate zur Geschichte des Jazz zu sehen sind.

Links zweigt die **Bourbon Street** ab, eine einstmals exklusive Einkaufsmeile, in der sich heute Souvenir- und T-Shirt-Boutiquen ebenso wie viele Bars und Restaurants niedergelassen haben. Vor den Striplokalen sollte man sich jedoch in acht nehmen: Sie werben mit aufreizenden Bildern, doch zeigen sie im Inneren eher unattraktive, schlechte Tänzerinnen; dazu kommen unverschämt hohe Preise für verwässertes Bier.

Von der Boubon Street bietet sich an der Ursulines Street ein Abstecher zu den nächsten beiden Querstraßen an, wo einige sehenswerte Gebäude stehen. An der Ecke Royal Street kann man das **Gallier House** bewundern, dessen Innenräume als Museum zu besichtigen sind. Im **Old Ursulines Convent** unterrichteten Nonnen ab 1752 auch schwarze und Indianerkinder. Gegenüber, im **Beauregard-Keyes House** (Chartres St. 1826), lebte in den 1940er Jahren die Autorin Frances Parkinson Keyes.

Stadtplan S. 205, Info S. 215

Zurück Richtung Bourbon geht es über die Dumaine Street, wo das schaurige **Voodoo-Museum** zu einem Besuch einlädt. In finsteren Räumen werden hier typische Gegenstände des Voodoo-Kults präsentiert, wie z. B. Schlangen, Knochen und diverse magische Symbole.

Jazz, Jazz und nochmals Jazz

Die amerikanischen Jazz-Größen werden jedes Jahr beim **New Orleans Jazz & Heritage Festival** gefeiert, wenn Jazz, Rhythm & Blues (R&B), Zydeco, Cajun und Gospel-Musik in jene Stadt zurückkehren, in der sie geboren wurden. Mehr als 3000 Musiker, Künstler und Gaststars unterhalten dann rund 300 000 Zuschauer, die bei diesem zehntägigen Spektakel dabei sind. Auch Lokalgrößen wie Fats Domino, Irma Thomas, Wynton Marsalis und der berühmte Harry Connick Jr. treten hier auf. Da sie jedoch alle in New Orleans zuhause sind, kann man sie auch in den Jazzclubs der Stadt hören. Das **Tipitina's**, das vor allem durch die Auftritte der Neville Brothers bekannt wurde, bietet täglich R&B, Jazz, Cajun, Reggae und Rock'n'Roll. Zentral im French Quarter ist das **Maison Bourbon** (641 Bourbon St.) gelegen, bei dem es sich um keine Touristenfalle, sondern um einen authentischen Jazzclub handelt.

Doch der berühmteste Jazzclub ist und bleibt die **Preservation Hall** mitten im French Quarter. Zu später Nachtstunde werden hier Jazz Sessions in einem überfüllten, schlecht beleuchteten Saal regelrecht zelebriert. Wenn man sich rechtzeitig, d. h. vor der Öffnung um 20 Uhr, in die Kartenschlange einreiht, kann man hier live hervorragenden Jazz erleben.

Außerhalb des French Quarter

Nur 30 Minuten vom Stadtzentrum entfernt liegt das sorgsam gepflegte **Longue Vue**, eine klassische, pseudoantike Stadtvilla mit neun kunstvoll gestalteten Gärten, die Musterbeispiele für europäische Landschaftsarchitektur darstellen.

Stadtplan S. 205, Info S. 215

In kaum einer anderen Stadt der USA wird soviel Kaffee konsumiert wie in New Orleans. Beliebte Cafés liegen vor allem in **Uptown** und **Garden District**, darunter das *Café Rue de la Course* und *PJ's*. Andere gemütliche Cafés finden sich an der fast zehn Kilometer langen **Magazine Street**, einem Einkaufsparadies, wo sich Eleganz und Kitsch zu einer lässigen, bohèmehaften Mischung vereinen.

Da New Orleans fast zwei Meter unter dem Meeresspiegel liegt, müssen die Friedhöfe der Stadt auf höherem Grund angelegt werden. Unter den 42 vor allem für Fotografen interessanten Grabstätten gibt es drei historische – **Greenwood**, **Lafayette Cemetery** und **Cypress Grove**, die in Frieden direkt nebeneinander ruhen.

Ein Stück weiter hinauf an der Magazine Street lädt der etwas belebtere **City Park** zum Verweilen ein. Der Park ist mit 607 Hektar doppelt so groß wie der Central Park in New York. Sehr leicht kann man sich hier verlaufen, aber eine falsche Wende führt vielleicht zum Football-Stadium, dem *Soda Shop* von 1912, zu einer Miniatureisenbahn, dem Karussell oder ins **Storyland**, einem hauptsächlich für Kinder geeigneten Vergnügungspark.

Malerische Wege führen auch zum **Museum of Art**, dem städtischen Kunstmuseum, das bei der Verdoppelung seiner Ausstellungsfläche dennoch die alte, klassische Gebäudefassade bewahrte. Bekannt ist das Museum für seine Degas-Ölgemälde und Fabergé-Eier; doch es zeigt auch ethnografische Arbeiten, Fotografien, Gemälde und Skulpturen sowie antike und moderne Glaskunstwerke.

In einer Stadt, in der vieles exzessiv ausgelebt wird, darf natürlich der sportliche Wettkampf nicht fehlen: Die *New Orleans Saints* veranstalten ihre Heimspiele im **Mercedes-Benz Superdome**, dem weltweit größten geschlossenen Sportstadion. Bis zu 76 000 Sportfans finden unter dem 85 m hohen Dach Platz, das sich immerhin auf einer Fläche von fast vier Hektar ausbreitet und Ballsäle, Restaurants, Kneipen und Bars überdacht – wer da noch Zeit findet, kann sich vielleicht auch einmal ein Spiel ansehen.

Rechts: Der Reichtum der Pflanzeraristokratie des Südens beruhte auf der Arbeit der Sklaven in den Baumwollfeldern.

Die prachtvollen Stadtvillen im **Garden District**, lassen sich am besten bei einer preiswerten und bequemen Fahrt mit der Straßenbahn sehen. Sie verkehrt zwischen **Canal Street** und **Carollton**; die schönste Strecke führt unter den gebogenen Eichen auf der **St. Charles Avenue** entlang.

Durch den **Audubon Park** gelangt man zum gleichnamigen Zoo, mit 1800 wilden Tieren und Vögeln einer der fünf besten in den USA. In dem Park mit altem Baum- und Pflanzenbestand gibt es außerdem einen Tennisplatz und ein Freibad.

Bei der Einstiegsstation der Straßenbahn an der Canal Street kann man das **Aquarium of the Americas** besuchen, wo 10 000 Fische, Vögel und Reptilien in großzügigen Anlagen und einem fast zwei Mio. Liter fassenden Salzwassertank gehalten werden. Zu diesem interessanten Aquarium gehört ein IMAX-Theater, in dem spannende Naturfilme – etwa über in der Tiefsee lebendende Meeresmonster, zerstörerische Hurrikans über den Bayou-Landschaften von Louisiana, Delfine und Wale und anderes Meeresleben – auf eine riesige Leinwand projiziert werden.

Auf der gegenüberliegenden Straßenseite legt eine (kostenlose) Fähre ab, die den Mississippi, den so oft besungenen *Ol' Man River*, jeden Tag bis 21.30 Uhr im Pendelverkehr überquert. Die Fähren landen in **Algiers Point**, wo Blaine Kerns **Mardi Gras World** liegt, eine Ansammlung von Lagerhäusern, die mit bunten Riesenköpfen, Flößen und Figuren vollgestopft sind – ein Fest für jeden Fotografen.

Stadtplan S. 205, Info S. 215

Die größte Party der Welt

Das **Mardi Gras Festival** ist ein riesiger Karneval, eine Art Mischung von Oktoberfest, Silvester und dem 4. Juli (Nationalfeiertag der USA). Beim Mardi Gras geht es in ganz New Orleans so richtig rund – Jubel und Trubel, Romantik, Musik, Paraden und Parties, Kostümierung und großartige Bällen lassen die ganze Stadt – und die vielen Besucher – in ekstatischen Taumel verfallen.

Dieses Fest, in dem sich New Orleans seit 1857 selbst feiert, ist zu einer der größten und ausgefallensten Touristenattraktionen Amerikas geworden. Mehr als 500 Millionen Dollar werden jedes Jahr beim Mardi Gras umgesetzt. Das Spektakel beginnt am 6. Januar und findet seinen Höhepunkt am Wochenende vor dem so genannten *Fat Tuesday* (Faschingsdienstag), wenn 75 Festwagen, 60 Spielmannszüge und Tausende von Paradeteilnehmern durch die Straßen ziehen und Schaulustige mit spanischen „Goldmünzen" und fast 29 Millionen Perlenkettchen überschütten.

HERRENHÄUSER DES SÜDENS

Die weiße Pseudo-Aristokratie des alten Südens lebte einst in einem wahren Paradies, in dem *King Cotton*, die alles bestimmende Baumwolle, tatsächlich König war. Denn sie war es, die bis zum Ende des Bürgerkrieges diese Scheinwelt am Leben erhielt. Land war im Überfluss verfügbar, die Sklavenarbeit garantierte satte Gewinne und ließ die Baumwollplantagen florieren.

Ob es nun Stolz oder der naive Glaube an ihre eigene Unbesiegbarkeit war – die Südstaaten waren nie bereit, den Forderungen des Nordens nach Abschaffung der Sklaverei nachzugeben: Im Jahr 1861 trat der Süden aus der Union aus und bekämpfte den Norden im amerikanischen Bürgerkrieg mit einem Fanatismus, der im Grunde aus Verzweiflung geboren war. Dem Süden gelang es, die Sklaverei und ein perfides Gesellschaftssystem bis 1865 aufrechtzuerhalten, als dann schließlich die meisten der Plantagen, Farmen und Städte des Südens in Schutt und Asche lagen.

Stadtplan S. 205, Info S. 215

Seit Ende des Bürgerkriegs sind viele der einst großen Herrenhäuser auf den Plantagen wegen der zu hohen Kosten und der teuren Restauration einfach verfallen. Nur wenige private Plantagen sind heute noch landwirtschaftlich von Bedeutung; viele Besitzer vermieten die Häuser als Bed & Breakfast-Unterkünfte oder nutzen sie anderweitig kommerziell.

Die meisten Plantagen rund um New Orleans lassen sich innerhalb einer Stunde über die Interstate 10 erreichen. Bei genauer Planung kann man an nur einem Tag gleich mehrere Plantagen ansehen und abends in eine von ihnen zurückkehren. Und was könnte romantischer sein, als in einem eleganten Herrenhaus zu übernachten?

Destrehan ist die älteste Plantage im unteren Mississippi-Delta und wurde – aus handgeschlagenem Holz – bereits 1787 gebaut. Die wunderschönen Eichenhaine laden zum Picknick ein; historisch gekleidete Führer bieten 30minütige Rundgänge an.

Oben: Auburn Mansion, Natchez, ein Beispiel für die altgriechisch inspirierte Herrenhaus-Architektur der Vor-Bürgerkriegszeit.

Eine der sehenswertesten Plantagen ist die 1856 angelegte **San Francisco**, deren Hauptgebäude durch seine an Dampfschiffe erinnernde Architektur und kunstvoll verzierte Holzdecken auffällt.

Nur dreißig Minuten entfernt davon zeigt sich die ganze Pracht von **Oak Alley** (s. Bild S. 200/201) in der berühmten, langen Eichenallee mit ihren 28 Bäumen. Heute wie vor über hundert Jahren gibt es hier nichts schöneres als einen morgendlichen Spaziergang über das Anwesen, wenn der Duft frischer Landluft das Lustwandeln unter den Eichen versüßt. Das stilvolle Haupthaus ist für Besucher zugänglich, ebenso können die originalgetreu eingerichteten Sklavenhütten besichtigt werden.

Nicht weit entfernt liegt hinter mächtigen Eichen versteckt **Laura Plantation**, ein reizvolles Plantagenhaus unter einem roten Dach, das inmitten von Zuckerrohrfeldern von fast einem Dutzend kleinerer Nebengebäude umgeben ist.

Im Souvenirladen kann man hübsche Reisemitbringsel kaufen.

Einige Kilometer entfernt, in **Napoleonville**, bietet die Plantage **Madewood** interessante Besichtigungstouren, Übernachtungen, Frühstück und Abendessen in einem neoklassizistischen 21-Zimmer-Herrenhaus mit vorgelagerten weißen Säulen.

Andere Plantagen entlang der River Road bieten zwar keine Übernachtungsmöglichkeiten an, sind aber einen Besuch wert. Dazu gehört beispielsweise **Houmas House**, ein 1830 entstandenes, neoklassizistisches Anwesen, das 1940 vollständig restauriert und mit Originalmöbeln aus dem 19. Jahrhundert eingerichtet wurde.

In der Nähe liegt **Nottoway Plantation**, mit 4770 m^2 und einem 64-Zimmer-Herrenhaus die größte Plantage des Südens. Bei der Führung durch die eleganten Räume kann man sich auch gleich ein Zimmer für die Nacht aussuchen. Über Nottoway wird eine amüsante Anekdote aus dem Bürgerkrieg erzählt: Danach soll das stolze Herrenhaus während eines nahen Gefechts fast zerstört worden sein, bis plötzlich ein junger Offizier der Union darum bat, das Bombardement einzustellen. Es stellte sich heraus, dass er vor dem Krieg einmal Gast der Familie auf dieser Plantage gewesen war.

Nördlich von **Baton Rouge**, am Hwy. 61, liegt **St. Francisville**, das im 18. Jh. von britischen Loyalisten gegründet wurde, die vor den amerikanischen Rebellen hierher geflohen waren. Die Stadt ist wegen ihrer hübschen Landhäuser berühmt, in denen sich heute Bed & Breakfast-Pensionen eingerichtet haben.

Zwei weitere besuchenswerte Plantagen sind die 200 Jahre alte **Oakley Plantation**, die in einem 40 ha großen Staatspark versteckt liegt, und die wunderschöne **Plantage Rosedown**, die durch einen Garten aus dem 18. Jahrhundert besticht, in dem Kamelien und Azaleen blühen.

DER MISSISSIPPI

Er bleibt, was er immer war: eine Art riesiges Band, gleich, mit welchen Knoten und Verschlingungen, das die Vereinigten Staaten zusammenbindet. Der Fluss ist der Nil der westlichen Hemisphäre.

So beschrieb John Gunther einmal den Mississippi. Amerika wird vom mächtigen Mississippi geteilt, der 3760 km nördlich von New Orleans als kleines Rinnsal beginnt. Schon in der Mitte des 19. Jahrhunderts war der Fluss ein Mythos; schließlich machten ihn die Werke von Mark Twain vollends zur Legende: Der Schriftsteller und Dampfschiff-Kapitän schilderte seine Erlebnisse auf dem unruhigen und gefährlichen Fluss in vielen Klassikern der Weltliteratur.

Der Mississippi hat die amerikanische Geschichte und Mentalität beeinflusst, der Strom verbindet Nord und Süd, West und Ost, auf dem Mississippi vermischen sich Lebensstil, Kunst und Musik aus allen Landesteilen zu einer gemeinsamen amerikanischen Kultur. Angesichts der schieren Größe des Flusses verwundert es kaum, dass Mark Twain beeindruckt war: Mehr als 300 Flüsse strömen in den Mississippi, über 3 250 000 km^2 Land gehören zum Einzugsgebiet dieses Stroms, und jeden Tag entleert der Fluss genug Sand, Schlamm und Kies in den Golf von Mexiko, um damit einen 240 km langen Güterzug zu füllen!

Hinter Baton Rouge, der Hauptstadt Louisianas, führt der US Hwy. 61 in nördlicher Richtung nach **Natchez** im Bundestaat Mississippi. Vor dem Bürgerkrieg lebten in der Stadt einige Baumwollmillionäre, wie prachtvolle Pflanzervillen noch heute erahnen lassen. Am eindrucksvollsten sind **Stanton Hall** (401 High St.) und **Longwood** (Lower Woodville Rd.).

An der Stadtgrenze von Natchez beginnt der **Natchez Trace Parkway**, der

quer durch den Staat Mississippi bis nach Tennessee verläuft. Ursprünglich war die Straße ein Pfad, den Tiere und Eingeborene gleichermaßen benutzten. Gegen Ende des 18. Jh. entwickelte sich der schmale Weg zum bevorzugten Rückweg für Kaufleute, die ihre Waren auf dem Mississippi nach Natchez und New Orleans gebracht hatten. Weil es damals nur wenige Dampfschiffe gab, mussten sie auf dem Landweg, eben dem Natchez Parkway, zurückkehren. Die heutige Straße entstand als eine der Arbeitsbeschaffungsmaßnahmen unter Präsident Franklin D. Roosevelt während der Großen Depression in den 1930er Jahren.

Einen Abstecher auf dem Weg nach Norden lohnt **Jackson**, die Hauptstadt von Mississippi. Hier erlebte die Bürgerrechtsbewegung ihre größten Triumphe und Niederlagen. Im **Smith Robertson Museum** kann man die Geschichte der Schwarzen rekapitulieren (528 Bloom St.). Das **Mississppi Agriculture and Forestry Museum** zeigt ein historisches Dorf mit vielen Tieren und einem Streichelzoo für Kinder (1150 Lakeland Dr.).

Oben: Schwimmendes Spielcasino auf dem Mississippi bei Natchez.

Die Fahrt geht weiter auf dem Parkway und führt schließlich nach **Tupelo**, den Geburtsort von Elvis Presley. Nur wenig erinnert heute noch daran, dass hier der *King* des Rock'n'Roll aufwuchs. Doch das ärmliche Geburtshaus ist ebenso erhalten wie der kleine Laden in der Innenstadt, wo er seine erste Gitarre kaufte.

MEMPHIS
Die Stadt von Elvis Presley

Der Name der Stadt am Mississippi steht für Blues und Baumwolle, und er wird für immer mit dem Namen von Elvis Presley verbunden sein. Im August pilgern Fans aus aller Welt zur *Elvis Week* nach Memphis, einem Treffen von Trauergästen, die es aufregend finden, wenn übergewichtige ältere Trucker auf der Bühne eine Legende wiederzubeleben versuchen. In Memphis leben noch immer Leute, die Elvis Pres-

Info S. 215

ley tatsächlich gekannt haben. Oder es zumindest behaupten.

Die beste Möglichkeit, mit dem *King* in Kontakt zu treten, ist eine Reise zu all jenen Stätten, die den Weg des schüchternen Jungen aus Tupelo zum größten Musikidol des Jahrhunderts dokumentieren.

Memphis hat in den vergangenen Jahren und Jahrzehnten viele Örtlichkeiten populär gemacht, die mit Elvis auf die eine oder andere Art zusammenhängen. Auf viele dieser Stellen können selbst hartgesottene Presley-Fans verzichten. Ein echtes Highlight ist jedoch das Studio von **Sun Records**, wo nicht nur Elvis, sondern auch Größen wie Johnny Cash, Jerry Lee Lewis, Carl Perkins und Roy Orbison ihre ersten Hits aufnahmen. Bei Führungen werden plötzlich auf magische Weise die Studiolegenden lebendig, selbst wenn in den Räumlichkeiten selbst nicht viel zu sehen ist.

Nach seinen ersten großen Erfolgen kaufte Elvis 1957 die Villa **Graceland**, in der er bis zu seinem Tod 1977 lebte. Ein Rundgang durch die mit einem sehr eigenen Geschmack eingerichteten Gemächer des *King* ist nicht nur für eingefleischte Fans interessant. Auch die zahlreichen Lieblingsautos und die Privatflugzeuge des Stars können besichtigt werden.

Orte der Geschichte

Memphis hat aber auch noch andere Sehenswürdigkeiten zu bieten, die z. T. ebenfalls mit Musik zu tun haben. Die **Beale Street** wird die „Geburtsstätte des Blues“ genannt: Sie war einst Treffpunkt für Wandermusiker, die in den vielen billigen Jazzkneipen an dieser Straße auftraten. W. C. Handy, dessen Statue heute die Straße überblickt, gilt als Begründer des Blues; seine Musik lebt fort in Clubs wie dem **BB King's Blues Café**. Alles über das letzte Musikjahrhundert der Stadt präsentiert einen halben Block von hier das **Mem-**

phis **Rock'n'Soul Museum** in der George Lee Avenue.

Eine andere Legende an der Beale Street ist **Schwab's**, ein ungewöhnlicher Kramladen, in dem Artikel verkauft werden, die von den meisten Kaufleuten längst aus dem Sortiment genommen wurden.

Ganz in der Nähe wurde im ehemaligen Lorraine Motel, vor dem 1968 Martin Luther King erschossen wurde, das beeindruckende **National Civil Rights Museum** eingerichtet. Das Motelzimmer, in dem King wohnte kann besichtigt werden. Zusätzliche Informationen zur Schwarzen Bürgerrechtsbewegung erhält man in dem Film, der dort gezeigt wird.

Eine Miniaturnachbildung des Mississippi-Verlaufs zeigt der Mississippi River Walk auf **Mud Island** (gegenüber von Downtown). Interessant ist dort auch das Mississippi River Museum, das die Flussgeschichte anschaulicht vermittelt.

Oben: Statue von Elvis Presley in Memphis, Tennessee.

ST. LOUIS

Der Mississippi gibt eine natürliche Route nach Norden vor, an der sich die Interstate 55 nach **St. Louis** entlang zieht. Reizvoller ist die etwas längere Fahrt über den Highway 51, eine stille, aber landschaftlich reizvolle Landstraße, die durch kleine Städte in Tennessee bis über die Grenze nach Kentucky und wieder zurück nach Illinois führt.

Angesichts der atemberaubenden Skyline ist es kaum vorstellbar, wie diese pulsierende Metropole einmal als kleiner Handelsposten ausgesehen hat, den die Franzosen für durchziehende Pelzhändler an dieser Stelle errichtet hatten. Später diente die Stadt als einer der Ausgangspunkte zur Eroberung des Westens.

In den vergangenen Jahren hat St. Louis versucht, die wirtschaftlichen Probleme der achtziger Jahre zu überwinden. Es erhielt nicht nur ein neues Kongresszentrum, sondern erlaubte auch das Glücksspiel auf Dampfschiffen. Viele dieser schwimmenden Kasinos liegen auf der anderen Flussseite in Illinois, obwohl nach neuesten Plänen weitere Schiffe in der Nähe des berühmten **Gateway Arch** angetäut werden sollen. Das riesige „Tor zum Westen", als Denkmal für die Pioniere der Hauptanziehungspunkt der Stadt, ist 196 m hoch und bringt Besucher per Fahrstuhl zur Spitze. Ein Blick von hier oben öffnet dem Betrachter das gesamte Mississippi-Tal mit seinen weiten Ebenen und Prärien.

Einen Besuch lohnt die **Anheuser-Busch-Brauerei**, die Besichtigungstouren mit anschließender Bierprobe anbietet. Die restaurierten Lagerhallen von **Laclede's Landing** warten heute mit allerlei Läden und Geschäften auf, und das **National Museum of Transport** ehrt die Lokomotive, jene Maschine, mit der Amerika den Westen eroberte. In der **Union Station**, dem ehemaligen Bahnhof von St. Louis ist ebenfalls ein Einkaufsparadies entstanden.

Karte S. 213

NEW ORLEANS (☎ 504)

New Orleans Metropolitan C & V Bureau, 2020 Saint Charles Ave., Tel. 566-5011, www.neworleanscvb.com. **French Quarter Guide**, www.frenchquarter.com.

Acme Oyster House, 724 Iberville St., Tel. 522-5973. Historisches Restaurant. **Café DuMonde**, 800 Decatur St. Beliebtes Café. **Café Rue de la Course**, 3121 Magazine St. **Casamentos**, 4330 Magazine St., Tel. 895-9761. Gute Austern, hervorragendes Gumbo, reelle Preise. **Pat O'Brien's**, 718 St. Peter St., Tel. 525-4823. Lebhaftes Restaurant, ein „Must" ist der Drink *Hurricane*.

Jazz Parlor, 125 Bourbon St., Tel. 410-1000, gute Musiklokalität. **Cajun Cabin**, 503 Bourbon St., Tel. 529-4256.

Audubon Zoo, 6500 Magazine St., u. **Aquarium of the Americas**, Canal St., Tel. 581-4629, www.auduboninstitute.org, Di-So 10-17 Uhr. **Blaine Kern's Mardi Grass World**, 1380 Port of New Orleans Pl., Tel. 361-7821, www.mardigrasworld.com, tgl. 9.30-16.30 Uhr. **Longue Vue House**, 7 Bamboo Rd., Tel. 488-5488, www.longuevue.com, Mo-Sa 10-17, So 13-17 Uhr. **Maison Bourbon**, 641 Bourbon St., Tel. 522-8818. Traditions-Jazzclub im French Quarter. **Mercedes-Benz** Superdome, Sugar Bowl Dr., Tel. 587-3663, www.superdome.com. **New Orleans Museum of Art**, City Park, Tel. 658-4100, www. noma.org, Di-So 10-17, Fr bis 21 Uhr, **Preservation Hall**, 726 St. Peter St., Tel. 522-2841 (Tag), 523-8939 (abends), www. preservationhall.com. Traditioneller Jazz.

Honey Island Swamp Tours, Tel. 985/641 1769, www.honeyislandswamp.com. **Creole Queen** (Schaufelraddampfer), 2 Canal St., Tel. 529-4567, www.creolequeen.com. Dinner-, Jazz-, Ausflugsfahrten auf dem Mississippi. **New Orleans Steamboat**, 2 Canal St., www.steamboatnatchez.com

PLANTAGEN UM NEW ORLEANS

W. Feliciana Hist. Soc., Tel. 225/635-6330, www.audubonpilgrimage.info

Destrehan, 9999 River Rd., Destrehan, Tel. 985/764-9315, www.destrehanplantation.org, tgl. 9-16 Uhr. **Houmas House**, 40136 Hwy. 942, Darrow, Tel. 225/473-9380, www.houmashouse.com, Mo, Di 9-17, Mi-So 9-20 Uhr. **Laura Plantation**, Vacherie, 2247 Hwy. 18, Tel. 225/265-7690, www.lauraplantation.com, Führungen tgl. 10-16 Uhr auf englisch u. französisch. **Madewood**, 4250 Hwy. 308, Napoleonville, Tel. 985-369-7151, www. madewood.com. **Nottoway Plantation**, 160 West River Rd., White Castle, Tel. 225/545-2730, www.nottoway.com, Touren tgl. 9-16 Uhr. **Oak Alley Plantation**, 3645 Hwy. 18, Vacherie, Tel. 225-265-2151, www.oakalleyplantation.com, tgl. 9-17 Uhr. **Rosedown**, St. Francisville, Tel. 225/635-3332, www.nps.gov/nr/travel/louisiana/ros.htm, tgl. 10-17 Uhr. **San Francisco**, Garyville, 2646 Hwy. 44, Tel. 985/535-2341, www.sanfranciscoplantation.org, Touren tgl. 9.30-16.40, Nov.-März 9-16 Uhr.

MEMPHIS (☎ 901)

C & V Bureau, 47 Union Ave., Tel. 543-5300, www.memphistravel.com

BB King's Blues Café, 143 Beale St., Tel. 524-5464. **Graceland**, 3764 Elvis Presley Blvd., Tel. 332-3322, www.elvis.com, Juni-Okt. tgl. 9-17, März-Mai Mo-Sa 9-17, So 10-16, Nov. tgl. 10-16, Dez.-Feb. tgl. außer Di 10-16 Uhr. **Memphis Rock'N'Soul Museum**, 191 Beale St., Tel. 205-2533, www.memphisrocknsoul.org, tgl. 10-19 Uhr. **Sun Studio**, 706 Union Ave., Tel. 521-0664, www.sunstudio.com. **Nat. Civil Rights Museum**, 406 Mulberry St, Tel. 521-9699, www.civilrightsmuseum.org, Juni-Aug. tgl. 9-18, So 13-18, sonst bis 17 Uhr, Di geschl..

ST. LOUIS (☎ 314)

C & V Bureau, 701 Convention Plaza, Tel. 314/421-1023, www.explorestlouis.com.

Anheuser-Busch Brewery, 1 Busch Pl., www.budweisertours.com, Mo-Sa 9-16, So 11.30-16 Uhr. **Nat. Mus. of Transport**, 3015 Barrett Station Rd., www.museumoftransport.org, Mo-Sa 9-17, So 11-17 Uhr.

KNOWLE
IS PO

DAS POLITISCHE SYSTEM

Wer mit dem Auto quer durch die USA unterwegs ist, wird vielleicht in irgendeinem kleinen Ort einen echten amerikanischen Wahlkampf miterleben. Denn irgendwo findet in den USA immer eine Wahl statt, Symbolik und Wahlverfahren sind immer ähnlich – ob der Präsident oder der örtliche Sheriff zur Wahl stehen. Eine echte *Grassroots Democracy* nennt man die USA gerne; wahr daran ist, dass demokratische Prinzipien im politischen und alltäglichen Leben der US-Gesellschaft eine ungleich größere Rolle spielen als in Europa. Überall wird in den USA demonstriert, wie man eine über 200 Jahre alte Verfassung immer wieder neu mit Leben erfüllen kann.

Für Europäer erscheint das amerikanische Politsystem auf den ersten Blick unüberschaubar. Dabei ging es den Gründervätern in jenem heißen Sommer 1787 in Philadelphia um demokratische Klarheit, wo sie zuvor Willkürherrschaft und Unterdrückung erlebt hatten. So ist die Verfassung zwar den humanistischen Idealen der Aufklärung verschrieben, kalkuliert aber die Machtinteressen politischer Gruppen ein. Die Verfassung ist ein großer Kompromiss zwischen Nord und Süd, zwischen kleinen und großen Staaten und zwischen den Interessen der Einzelstaaten sowie den Rechten des Bürgers. *Checks and Balances* markieren das Verhältnis zwischen Kongress, Oberstem Bundesgericht *(Supreme Court)* und Präsident. Die 435 Abgeordneten des Repräsentantenhauses werden alle zwei Jahre gewählt (die Anzahl der Repräsentanten eines Staates richtet sich nach seiner Einwohnerzahl), die jeweils zwei Senatoren jedes Bundesstaates alle sechs Jahre. Gesetze müssen von beiden Kammern beschlossen werden. Präsident und Kabinett sind nicht Mitglieder des Kongresses, der Präsident wird vom Volk (über ein Wahlmännergremium) gewählt.

Die beiden großen amerikanischen Parteien, die Demokraten und die Republikaner, kennen weder Mitgliedschaft noch Fraktionsdisziplin, sie sind eher Präsidentenwahlvereine als Volksparteien. Doch die Wähler im Mutterland der Demokratie sind heute politikverdrossen. Selbst zu Präsidentschaftswahlen finden nur noch knapp fünfzig Prozent der Wahlberechtigten den Weg zur Urne, bei Kongresswahlen sind es nur 30 bis 40%. Was „die dort in Washington" entscheiden, interessiert immer weniger US-Bürger. Dies liegt nicht nur am komplizierten Wahlverfahren, das eine vorherige Registrierung im Wählerverzeichnis verlangt, sondern auch an der Enttäuschung vieler Bürger über die politische Erstarrung am Potomac.

Spätestens seit dem *Watergate*-Skandal um Präsident Nixon 1972-74 hat die politische Klasse Amerikas bei den Bürgern verspielt. Ronald Reagans

Vorherige Seiten: Werbung für Bildung. Bei den Mormonen. Oben: Parade am Independence Day. Rechts: Wahlkampfrede.

Irangate, der Iran-Contra-Skandal um illegale Waffenschiebereien, bescherte den Politikern einen weiteren Vertrauensverlust, und in jüngerer Zeit trugen Bill Clinton durch seine Affäre mit Monica Lewinsky und die Unregelmäßigkeiten bei der Wahl von George W. Bush zum US-Präsidenten dazu bei. Schließlich kritisieren viele Wähler die Untätigkeit ihrer Politiker, die, gefangen zwischen Lobbies und Einzelinteressen, wichtige Reformwerke zu Fall bringen oder bis zur Unkenntlichkeit verändern. Beispiele dafür sind die seit zwanzig Jahren diskutierte Gesundheitsreform, die Präsident Obama gegen heftige Widerstände 2010 endlich durchsetzte, die Gesetze gegen Waffenbesitz und Kriminalität sowie der Kampf gegen Armut und Drogen.

Dabei sind es nicht die Politiker allein, die für die unbestreitbare Krise des amerikanischen Systems verantwortlich sind: Immer wieder debattieren Historiker und Rechtsgelehrte, ob eine so alte Verfassung den Ansprüchen einer modernen Weltmacht gerecht werden kann. Die US-Gesellschaft ist heute in so viele Einzelgruppen zersplittert, dass es für ihre Abgeordneten fast unmöglich ist, einen demokratischen Konsens zu finden. Die Blockade zwischen Kongress und Präsident, die Amerikaner gern als *Gridlock* bezeichnen, scheint sich auf ein ganzes Land zu übertragen – und das in einer Zeit, da große Reformen dringend notwendig werden. Nicht zu vergessen ist auch die Tatsache, dass die USA als Einwanderungsland im neuen Jahrtausend ein Stück ihrer WASP-Ideologie, also die Vorherrschaft der weißen, protestantischen und europäisch ausgerichteten Mittelschicht, verlieren werden. Ein Symbol dafür ist Barack Obama als erster schwarzer Präsident der USA.

Auf der anderen Seite hat die US-Verfassung selbst in großen Krisenzeiten, etwa Ende des 19. Jh., während der *Great Depression*, immer standgehalten. Andere Staaten flüchteten sich stattdessen in die Diktatur. So wird es am Ende die relative Flexibilität des amerikanischen Systems sein, die den USA auch weiterhin politische Stabilität garantiert.

KRIMINALITÄT UND DROGEN

Die USA sind ein gewaltträchtiges Land, dessen Kriminalitätszahlen weltweit an der Spitze stehen: Jährlich fallen etwa 22 000 Menschen einem Mord zum Opfer; die Raten für Mord, Vergewaltigung und gewalttätigen Raub liegen (auf 100 000 Einwohner bezogen) durchschnittlich viermal so hoch wie in Europa oder Japan.

Die gellenden Sirenen von Polizei und Ambulanz sind in Großstädten und vielen Suburbs zur makabren Begleitmusik eines USA-Urlaubs geworden. Spektakuläre Morde entsetzen nicht nur Ausländer, sondern auch die Amerikaner selbst: Denn für sie gehören *drive-by-shootings* und *car-hijacking* zum (Medien)alltag. Statistisch gesehen muss etwa ein Viertel der amerikanischen Bevölkerung damit rechnen, im Lauf ihres Lebens zum Opfer eines gewalttätigen Raubes zu werden. Frauen sind dabei gefährdeter als Männer; Schwarze sind häufiger betroffen als Weiße. Menschen in Großstädten, an der Westküste oder im mittleren Westen trifft es eher als Menschen auf dem Land, im Nordosten oder Süden. Obwohl die absoluten Zahlen bei vielen Verbrechen zurückgegangen sind, bleibt die Kriminalität dennoch eine der größten Sorgen des Landes.

Schuld daran ist nicht nur die soziale Verelendung in den Großstädten, sondern auch der freie Waffenverkauf: Heute gibt es in den USA mindestens 60 Millionen Schusswaffen, die nach 1977 hergestellt wurden – genug, um einen zweiten Bürgerkrieg zu führen. Bis Ende der achtziger Jahre wurden jährlich an die fünf Millionen neue Schusswaffen allein in den USA produziert, davon fast zwei Millionen Gewehre.

Rechts: Verleih von automatischen Waffen in den USA – nach Massakern an Schulen ist eine heftige Kontroverse um das Recht auf Waffenbesitz entbrannt.

Die Kontroversen über Waffenbesitz und Verkauf betreffen den 2. Verfassungszusatz, der es den Bürgern gestattet, eine Waffe zu besitzen. Zwar streiten sich Rechtsgelehrte über die genaue Aussage dieses Artikels, doch bislang hat sich die Auffassung der *National Rifle Association* (NRA) durchgesetzt, der zufolge jeder Bürger eine Waffe halten darf, und zwar unabhängig davon, ob eine Gefahr besteht oder nicht. Trotz zunehmender Proteste gegen die Lobbyarbeit der NRA dürften die USA auch künftig ein Land der freien Schießwütigen bleiben. Selbst die als großer Erfolg gefeierte *Crime Bill*, die der Kongress 1993 nach langem Tauziehen verabschiedet hatte, dürfte da wenig ausrichten. Das Gesetz verbietet eine Reihe von halbautomatischen Angriffswaffen und schreibt eine fünftägige Warteperiode beim Waffenkauf vor, so dass die Vergangenheit des Käufers überprüft werden kann. Mehr Polizisten und Gefängnisbauten sollen die Nation überdies sicherer machen. Friedliche Familienväter, die in Krisensituationen zu Amokläufern werden, hält auch dieses Gesetz nicht auf.

Schließlich gehört der Waffenbesitz für viele US-Bürger zum amerikanischen Selbstverständnis: Die amerikanische Geschichte, die Besiedlung des Westens, ist voller Gewalt gewesen. Wo staatliche Strukturen fehlten, schafften sich Einzelne ein eigenes, auf Waffengewalt gegründetes Recht. Die Ideologie der individuellen Rechtsauslegung wird überdies von Hollywood und Medien in den USA bis heute verbreitet. Dass die Wahrscheinlichkeit, ermordet zu werden, mit dem Besitz einer Waffe drastisch steigt, interessiert die Waffenlobbyisten nicht.

Der verlorene Kampf gegen die Drogen

Kriminalität und Armut gehen Hand in Hand mit dem Drogenkonsum in den USA. Mindestens sechs Millionen

Amerikaner nehmen heute illegale Drogen. Es ist vor allem die irreversible Hirnschäden verursachende Geißel Crack, die ganze Innenstädte verkommen läßt. Das Kokaingemisch ist die Billigdroge für Arme, unberechenbar in der Wirkung und in den Slums von Los Angeles oder New York heiß begehrt. Selbst dem Touristen, der dort durch die Straßen bummelt, wird bei Einbruch der Dunkelheit allerorten Crack angeboten.

Präsident George Bush stellte zwar mehr Haushaltsmittel zur Bekämpfung der Drogenmafia in Aussicht, doch heute glauben viele Amerikaner, dass ihr Land den Krieg gegen die südamerikanischen Kartelle verloren hat. Dies liegt nicht nur an der brutalen Professionalität der Mafia, sondern auch an den sozialen Missständen in den USA. Solange junge Schwarze in ghettoähnlichen Vierteln ohne jede Hoffnung aufwachsen und ihre Crack verkaufenden Freunde schnell reich werden sehen, dürfen die Drogenbarone weiterhin mit Tausenden von Abhängigen und Dealern rechnen.

Am Ende werden die USA das Problem Kriminalität vielleicht wegen der steigenden Kosten in Angriff nehmen: *crime* kostet jährlich über 200 Milliarden Dollar, darin sind die Polizei- und Gefängnisbehörden ebenso enthalten wie die Versicherungs- und Krankenhausrechnungen für die Opfer. Konservative Politiker fordern härtere Bestrafungen und die absolute Anwendung der Todesstrafe. Darin werden sie von einer starken Mehrheit der US-Bevölkerung unterstützt: In Umfragen erklärten sich zwei Drittel der Befragten für die Todesstrafe; neun von zehn befürworteten eine Gefängnisstrafe für Ersttäter.

Doch Experten wissen, dass der Kriminalität so kaum beizukommen ist, weil allein die Hälfte aller Verbrechen von Freunden und Verwandten des Opfers begangen wird. Das Problem scheint eher sozial-psychologischer Art zu sein, das sich mit härteren Strafen nicht lösen lässt. Und am Ende sind auch die Gefängnisse voll: Heute sitzen bereits circa 2,2 Millionen US-Bürger hinter Gittern – darunter sechsmal mehr Schwarze als Weiße.

DIE BILDUNGSKRISE

Das amerikanische Bildungssystem erscheint so voller Gegensätze wie die ganze Nation: Wer als Tourist durch die USA fährt, kann durchaus auf Analphabeten treffen, die keine Straßenkarte lesen können. Auf der anderen Seite ist es möglich, mit dem jungen Mann an der Hotelrezeption über Plasmaphysik zu diskutieren. Bildung wird in den USA ganz anders erworben und angewendet als in Europa oder gar Japan. Vorgezeichnete Wege sind dem amerikanischen System auf diesem Sektor grundsätzlich fremd. Die Freiheit des Einzelnen und Chancengleichheit, wenn sie real auch nur eingeschränkt vorhanden sind, bestimmen auch das Schul- und Universitätssystem der USA.

Ähnlich wie in den meisten europäischen Staaten durchlaufen amerikanische Kinder und Jugendliche Kindergarten, Vorschule, Grundschule (die sogenannte elementary school), bevor sie in die allgemeinbildende Sekundarstufe, die High School, eintreten. Schulpflicht besteht in den meisten Staaten bis zum 16. Lebensjahr. War das stolz erworbene *High School Diploma* noch in den sechziger Jahren des 20. Jh. ein Garant für einen guten Arbeitsplatz, sind die öffentlichen High Schools heute zum größten Zankapfel im amerikanischen Bildungsstreit geworden. Denn im Vergleich zu den zwei anderen führenden Wirtschaftsnationen der Welt, Deutschland und Japan, schaffen es die High Schools schon seit Jahren nicht mehr, konkurrenzfähige Berufsanfänger(innen) auszubilden. So verbringen US-Schüler jährlich im Durchschnitt nur 1460 Stunden im Klassenraum – dreimal weniger als ihre Schulkameraden in Japan und Deutschland. Und obgleich die USA mit jährlich 6,4% ihres BSP soviel Geld für ihre Bildung ausgeben wie kein anderes Land, ist die Zahl der Schulabbrecher, die *drop outs*, mit 14 bis 40 Prozent (je nach ethnischer Herkunft) höher als in allen anderen Industriestaaten.

Oben: Auf die gelben Schulbusse trifft man überall im Land. Rechts: Freude über das bestandene Examen am Graduation Day.

Dies liegt nicht nur an den sich verschärfenden sozialen Problemen, sondern auch am Schulsystem selbst: Ausstattung und Unterhalt öffentlicher Schulen – vom Computerlabor bis hin zum Lehrergehalt – obliegt den örtlichen Schulbezirken. So liegen in einer steuerarmen Gemeinde entsprechend schlecht finanzierte Schulen. Der Bund hält sich politisch zurück und kommt auch nur für knapp sieben Prozent der Schulkosten auf. Überdies ist der schlecht bezahlte Lehrerberuf mit einem miserablen Image behaftet und daher kaum attraktiv für junge Studenten. Erschwerend kommt die Heterogenität der Schüler hinzu, die aus aller Welt in amerikanische Klassenräume strömen und oft mit Sprach- und Anpassungsschwierigkeiten kämpfen müssen.

Der Gleichheitsanspruch des Bildungssystems wird am ehesten im amerikanischen Universitätswesen verletzt. Zwar erwerben oder besitzen heute fast 50 Prozent der amerikanischen Bevölkerung einen College-Abschluss, doch nach wie vor ist die Qualität dieser Ausbildung vom Geldbeutel der Eltern abhängig. Von den rund 2000 Colleges in den USA, an denen man in vier Jahren ein relativ verschultes Fachstudium absolviert, sind lediglich 40 Prozent öffentlich. Selbst diese staatlichen Hochschulen, die zum Bachelor of Arts (B.A.) ausbilden, sind mit jährlich 2000 bis 6000 US-Dollar Studiengebühren noch recht teuer. Die Kosten für angesehenere Privat-Colleges, die auch weltweit für ihre ausgezeichneten Forschungs-Kapazitäten bekannt sind, liegen mindestens doppelt so hoch.

Fast alle College-Absolventen gehen zunächst in das Berufsleben; mit ihrer praxisorientierten Ausbildung gliedern sie sich mühelos in das Arbeitsleben ein. Nur eine Minderheit besucht direkt nach dem College oder auch später die Universität, um an einer Graduate School, der Law oder Medical School einen Magisterabschluss oder Doktortitel zu erwerben. Der Grund hierfür liegt

in den hohen Gebühren und Nebenkosten, die bei den privaten Elite-Universitäten wie Harvard, Yale oder Georgetown bis zu 40 000 Dollar (im Jahr!) betragen können. Zwar erhalten begabte Studenten Voll- oder Teilstipendien, doch der finanzielle Druck stellt sich dem Studenten und seiner Familie jedes Jahr aufs neue.

Für viel Geld erhalten die Studenten allerdings an allen Universitäten eine hervorragende Ausbildung; Studenten und Professoren bilden hier, auf dem in sich abgeschlossenen Campus, eine echte akademische Welt, in der gemeinsam gelebt und geforscht wird. Begabte Studenten, berühmte Professoren und selbst herausragende Sportler werden von den guten Universitäten heiß umworben.

Am *Graduation Day* versammeln sich dann die Eltern und die Zöglinge, um mit großem Aufwand und viel Pathos den bestandenen Uni-Abschluss zu feiern: Die Feiern und stolz getragenen Roben sind der sichtbare Beweis dafür, dass sich die teure Investition am Ende gelohnt hat.

DAS SCHWARZE AMERIKA

Seit der berühmten *I have a dream*-Rede von Martin Luther King Jr. im August 1963, in der er die Gleichberechtigung des schwarzen Amerikas forderte, ist vieles von seinen Träumen wahr geworden. In den vergangenen 35 Jahren hat das schwarze Amerika, jene zwölf Prozent afroamerikanische Bevölkerung, es geschafft, die Rassentrennung endgültig zu überwinden, die Gleichberechtigung gesetzlich abzusichern und im alltäglichen Leben durchzusetzen. Seitdem ist eine breite schwarze Mittelklasse entstanden, deren Vertreter heute auch in hohen politischen Ämtern sitzen. Eine Symbolfigur ist Barack Obama, der erste schwarze Präsident der Vereinigten Staaten. Dem stehen die zumeist schwarzen Elendsviertel der Großstädte gegenüber, die von der Billigdroge Crack geradezu zerfressen werden.

Oben: Martin Luther King wurde 1968 ermordet. Rechts: Ku-Klux-Klan – der Albtraum der Südstaaten.

Der amerikanische Bürgerkrieg (1861-65) wurde nur in zweiter Linie wegen der Sklaverei geführt: Für Abraham Lincoln und den Norden war die Einheit der Union wichtiger. Doch der Krieg brachte auch die Entscheidung in der Frage der Sklaverei. Zwar bescherten die Gesetze nach dem Bürgerkrieg den Schwarzen die juristische Freiheit, doch die schwarzen Abgeordneten in den Parlamenten des Südens verschwanden in den 1870er Jahren wieder, nachdem die Truppen des Nordens abgezogen waren.

Die afro-amerikanische Bevölkerung selbst war zerstritten: Sollte man mit den Weißen kooperieren, um Gleichheit zu erringen oder sich von der weißen Mehrheit abgrenzen und gegen sie etwas Eigenes schaffen?

Zwei große intellektuelle Führer, die stellvertretend für diese Meinungen im 19. Jh. einander bekämpften, waren Frederick Douglass und W.E.B. Du-Bois. Doch mit der Doktrin *Separate but equal* (getrennt, aber gleich) wurde die Rassentrennung im Süden bis 1954 aufrechterhalten. Afro-Amerikaner wurden auch am Wählen gehindert; wer sich der weißen Mehrheit nicht beugte, musste mit Lynchmord rechnen.

Der Ku-Klux-Klan, in vielen Gemeinden des Südens nach der Niederlage im Bürgerkrieg gegründet, versetzte den schwarzen Süden bis in die sechziger Jahre hinein in Angst und Schrecken. Erst seit Mitte der 1950er Jahre, als sich die legendäre Rosa Parks weigerte, für einen weißen Busfahrgast ihren Sitz freizumachen und deshalb verhaftet wurde, brach der Kampf um wahre Gleichberechtigung offen aus. Unter Führung von Reverend Dr. Martin Luther King Jr., einem charismatischen Geistlichen aus Atlanta, wurden Bus-Boykotte und Protestmärsche organisiert, die schließlich 1964 Erfolg hatten. In diesem Jahr erhielt die afro-amerikanische Bevölkerung mit dem Civil Rights Act die endgültige rechtlich garantierte Gleichstellung.

Free at Last! Dass dieser triumphierende Ausruf Martin Luther Kings im dritten Jahrtausend endlich wahr werden wird, darf bezweifelt werden: Noch immer ist die afro-amerikanische Bevölkerung überproportional stark von Armut und Kriminalität betroffen. Die Lebenserwartung liegt hier im Durchschnitt niedriger als bei Weißen; Ausbildungsstand und Einkommen bleiben statistisch gesehen ebenfalls unter dem weißen Durchschnitt.

Auch der alte Streit innerhalb der afro-amerikanischen Community über den richtigen Weg ist heute so aktuell wie vor hundert Jahren. Das schwarze Establishment, vertreten durch erfolgreiche Männer wie den früheren Außenminister, Colin Powell, oder Reverend Jesse Jackson, sucht den Ausgleich zur weißen Mehrheit.

Radikaler denn je gibt sich die *Nation of Islam*, die mit ihrem charismatischen, aber demagogischen Führer Farrakhan großen Zulauf vor allem in den schwarzen Stadtvierteln des Ostens findet. Für die Bewohner der Ghettos, die mit Armut, Drogenkrieg und Hoffnungslosigkeit leben müssen, ist der paramilitärisch organisierte Bund des 1965 ermordeten Malcolm X zum seligmachenden Retter in größter Not geworden. Denn die *brothers* der moslemischen Organisation bringen Ordnung und Sauberkeit in die Viertel, kümmern sich um Arbeitsplätze und Bildung. So bietet die *Nation of Islam* konkrete Perspektiven, die aber an politisch-religiösen Fundamentalismus geknüpft sind.

Auf der anderen Seite kann die alte Garde der Bürgerrechtsbewegung kaum etwas bieten. Die ehrwürdige NAACP, die *National Association for the Advancement of Colored People*, ist zerstritten, Finanz- und Sexskandale haben den Vorstand in Verruf gebracht. Für die junge Generation wirken die NAACP und ihre Führer wie Fossilien aus einer Zeit, die in das schwarzweiße Buch der Geschichte gehört.

Viele schwarze Amerikaner besinnen sich stolz ihres kulturellen Erbes und bestehen heutzutage auf der Bezeichnung *African-American* anstelle der früher üblichen Begriffe *black* oder *Afro-American*.

RELIGION IN DEN USA

So unwahrscheinlich es klingen mag – die USA verfügen über ein enorm vielfältiges Angebot an Kirchen; eine kaum überschaubare Zahl von Sekten, die nur eines gemeinsam haben – die Gewissheit, dass sie, und nur sie, den richtigen Weg gehen. Und wenn dann amerikanische Spitzenpolitiker in alttestamentarischer „Gut-Böse"-Rhetorik laut über Krieg und Frieden im ölreichen Orient nachdenken, friert es vernunftgesteuerte Außenpolitiker in Old Europe.

Die zweite Hälfte des 19. Jh. war für die Religion in den USA eine fruchtbare Zeit. Einige der Sekten, die damals entstanden, haben sich seitdem auf der ganzen Welt ausgebreitet. Dazu gehören beispielsweise die *Zeugen Jehovas*; in den USA sind sie schon länger bekannt als in Europa. Sie klopfen abends und an Wochenenden an fremde Türen, um „Ungläubige" zu bekehren. In vielen Ländern der Welt sieht man sie an öffentlichen Plätzen stehen und ihre Publikationen hochhalten.

Oben: Kirchgang als wichtiges gesellschaftliches Ereignis (Alabama). Rechts: Predigt in einer protestantischen Kirche in Boston.

Die Sekte der *Missionaries of the Church of Jesus Christ of Latter-Day Saints*, besser bekannt als Mormonen, nahm in New York ihren Anfang, als Joseph Smith auf einem Hügel in Palmyra eine Engelserscheinung hatte. Smith zog mit seinen Anhängern nach Utah, wo Mormonen bis heute dominieren.

Die dritte treibende Religionskraft des 19. Jahrhunderts war die *Church of Christ, Scientist*. Sie hat es sich zur Aufgabe gemacht, das Urchristentum wieder einzuführen und betont in ihrer Lehre besonders stark das Element christlichen Heilens, das als elementarer Teil des Auftrags Jesu angesehen wird. Heilung geschieht dabei über das Gebet.

Diese diversen Kirchen und Glaubensrichtungen haben ihre Wurzeln im Protestantismus. Sie erkennen zwar alle Jesus Christus und die Autorität der Bibel an, drücken diesen Glauben aber höchst unterschiedlich aus. Die am weitesten verbreitete protestantische Kirche ist die Baptisten-Kirche, daneben gibt es noch weitere evangelische Kirchen, insbesondere im Süden, im *Bible Belt*, und im Südwesten.

Die *Southern Baptist Church*, also die Baptisten-Kirche in den Südstaaten, nimmt im Leben ihrer Mitglieder eine zentrale Stellung ein und bestimmt ihr soziales und religiöses Verhalten. Ein wichtiger Teil ihrer Gottesdienste besteht aus Erweckungs- und Erlösungserlebnissen, bei denen die Gläubigen vor versammelter Gemeinde ihre Verfehlungen bekennen und der Pastor alle Schuldigen zu Jesus bittet. Besonders in schwarzen Baptistengemeinden findet dieses religiöse Fieber einen wunderbaren musikalischen Ausdruck in den Gospel-Chören.

Ein Ableger dieser religiösen Inbrunst ist der *televangelism,* von etlichen Fernsehsendern übertragene religiöse Programme und Gottesdienste – in einem Land, das von den Massenmedien beherrscht wird, nichts Unerwartetes. Besonders in Landstrichen, wo der Fernseher ständig im Hintergrund läuft, finden diese Sendungen regen Zuspruch.

Der *televangelism* entwickelte sich zur wahren Seifenoper, als der höchst populäre Reverend Jim Bakker und seine Ehefrau Tammy Fay beschuldigt wurden, Kirchengelder veruntreut zu haben; der Reverend soll zudem außereheliche Affären gehabt haben. Das Paar gestand seine Schuld ein – öffentlich und unter Tränen. Und das Fernsehpublikum vergab ihnen...

Nicht alle Ableger der protestantischen Kirchen sind harmlos: Im Jahr 1993 setzten David Koresh und seine Anhänger im texanischen Waco ihre Gebäude und schließlich sich selbst in Brand, weil sie dem FBI eine Hausdurchsuchung verweigert hatten. Ähnlich verlief der Massenselbstmord von Reverend Jim Jones und seinen Anhängern in Guyana, die auf Anweisung ihres Führers vergiftetes Mineralwasser getrunken hatten.

Noch heute erinnert man sich an die *Shaker*, die innovative Handwerker waren. Zu ihrem Namen kam die Gemeinschaft, deren Grundsätze Pazifismus, Geschlechtertrennung, Gleichberechtigung und Arbeit lauteten, durch ihren rituellen Zittertanz. Einige restaurierte Shaker-Siedlungen sind in Neuengland zu besichtigen.

Manche protestantische Sekten umgibt bis heute ein offensichtlich altmodisches Flair, z. B. die Mennoniten und die *Amish* mit ihren weißen Hauben für die Frauen, den schwarzen Hüten für die Männer und ihren Pferdekutschen.

Natürlich ist der Protestantismus nicht die einzige Glaubensrichtung in den USA. Auch Katholizismus und Judaismus gehören zu den etablierten Religionen. Außerdem gibt es Moslems, Buddhisten, Sikhs, Hindus und viele andere. Auch auf Hare Krishna-Jünger, die in safranfarbenen Gewändern tanzen, trifft man in Amerika. Besonders in Missouri findet man Anhänger der Transzendentalen Meditation (TM). Als bedenklich gilt die Ausbreitung der machthungrigen Scientology-Sekte.

REISEVORBEREITUNG

Die USA in Zahlen

Fläche: 9,8 Mio. km² (28mal so groß wie Deutschland). *Einwohner:* 312 Mio. *Bevölkerungsdichte:* 32 je km². *Ethnische Gruppen:* 72,4 % Weiße, 12,6 % Schwarze, 4,8 % Asiaten, 0,9 % Indianer (Native American oder Pacific Islander), 2,9 % gemischtrassig, 6,4 % andere (Anmerkung: Die Latinos, die 16,3 % der Bevölkerung ausmachen, werden nicht als eigene Bevölkerungsgruppe gezählt). *Religion:* 51,3 % Protestanten, 23,9 % Römisch-katholische, 1,7 % Juden, 1,7 % Mormonen, 0,7 % Buddhisten, 0,6 % Muslime, 0,4 % Hindus, 5,5 % andere, 14,2 % ohne Glaubensbekenntnis.

Reiseplanung und Information

Einige US-Bundesstaaten unterhalten eigene Vertretungen in der Bundesrepublik; über alle kann man sich ausführlich im Internet informieren.

Adressen und Telefonnummern für weitere Touristeninformationen in den USA sind unter „Praktische Tips von A bis Z" aufgeführt (S. 247).

Visit Florida, www.visitflorida.com/deutsch

Florida Keys and Key West, c/o Get It Across Marketing, Neumarkt 33, 50667 Köln, Tel. 0221/2336 451, Fax 0221/2336450, fla-keys@getitacross.de, www.fla-keys.de.

Greater Fort Lauderdale, www. sunny.org

Greater Miami C&V Bureau: www.miamiandbeaches.com

Orlando Tourism Bureau, www.visitorlando.com

New York State Division of Tourism, Seeleitn 65, 82541 Münsing, Tel. 08177/ 9989506, Fax 1093, http://nylovesu.co.uk/de

Georgia Tourism, Tel. 0521/9860425, www.georgiaonmymind.de

Michigan, Minnesota und Wisconsin, c/o Travel Marketing Romberg, Schwarzbachstr. 32, 40822 Mettmann, Tel. 02104/797451, Fax 912673, greatlakes@travelmarketing.de, www.greatlakes.de.

Discover New England (Maine, Massachusetts, New Hampshire, Rhode Island, Connectucut, Vermont), Get It Across Marketing & PR, Neumarkt 33, 50667 Köln, Tel. 0221-2336409, email: discovernewengland@getitacross.de, www.discovernewengland.org/deutsch. Informationen über alle sechs Staaten.

Mississippi Tourism, www.visitmississippi.org.

South Carolina, c/o ESTM E. Sommer Tourismus Marketing, PF 1425, 61284 Bad Homburg, Tel. 06172/921604, Fax 921605, www.discoversouthcarolina.com/deutsch.

Tennessee Tourism, Tel. 0521/9860415, http://de.tnvacation.com

Virginia und Washington D.C., Capital Region USA, c/o Claasen Communication, Hindenburgstraße 2, 64665 Alsbach, Tel. 06257/68781, http://capitalregionusa.de

Illinois, http://discoverillinois.org.

Idaho, Montana, South Dakota, Wyoming – Rocky Mountain International, Wiechmann Tourism Service, Scheidswaldstr. 73, 60385 Frankfurt, Tel. 069/25538230, Fax 069/25538100, info@rmi-realamerica. de, www.rmi-realamerica.de

Für folgende Regionen/Staaten gilt ebenfalls die Adresse des Wiechmann Tourism Service:

New Orleans / Louisiana, Tel. 069/25538270, info@neworleans.de, www.neworleans.de.

North Carolina, Tel. 069/25538260, Fax 25538100, info@visitnc.de, http://de.visitnc.com

Pennsylvania / Philadelphia, Tel. 069/25538250, info@visitpa.de, www.pa-usa.de

Hinweise auf über 100 touristische Dienstleister wie z. B. Fremdenverkehrsämter, Fluggesellschaften, Hotels und Autovermietungen erhält man unter www.vusa-germany.de.

Gute Tipps findet man außerdem unter www.usa.de, www.german.germany.usembassy.gov, www.usatourism.com oder www.discoveramerica.com/de.

Reisezeit, Klima

Die Hochsaison (Mitte Juli bis Anfang September) ist als Reisezeit für europäische Touristen in vielerlei Hinsicht eher ungünstig: Gewöhnlich liegen alle Preise um bis zu 50 Prozent höher als im übrigen Jahr, auch sind viele Sehenswürdigkeiten und Nationalparks zwischen Ende Mai (*Memorial Day*) und Anfang September (*Labor Day*) mit amerikanischen Touristen überfüllt.

Für Europäer ungewohnt und nur schwer zu ertragen sind die hohen Temperaturen im Sommer und – in allen Staaten südlich von Washington, D.C. – die hohe Luftfeuchtigkeit: Dies gilt für den gesamten Ostküstenraum, von Boston bis hinunter nach Miami. Schließlich bewegt man sich zumeist in südlichen Klimazonen; New York liegt immerhin schon auf der geografischen Breite von Rom, Washington, D.C. auf der von Lissabon und die Südstaaten auf der Höhe nordafrikanischer Staaten. Die ideale Reisezeit für den Osten der USA ist deshalb Mitte April bis Mitte Juni und Mitte August bis Ende September.

Beachten sollte man bei einem USA-Urlaub, dass die Naturgewalten viel wuchtiger und gefährlicher sind als in europäischen Staaten. Warnungen vor schweren Gewittern, Tornados, Wirbelstürmen (*Hurricanes*) und Flutwellen sind unbedingt ernstzunehmen und entsprechende Vorsichtsmaßnahmen zu beachten!

Reisekosten

Das Preisniveau in den Staaten des Ostens, Südens und Mittleren Westens ist höchst unterschiedlich: Je weiter man in den Süden oder in den Westen reist, desto günstiger wird es. Am teuersten sind die Metropolen im Nordosten, New York, Washington, D.C., Chicago und Boston. Durchgängig teuer (v. a. in den Sommermonaten) sind Neuengland sowie der Großraum Washington, D.C. / Baltimore.

In den meisten ländlich geprägten Mittelatlantikstaaten sowie jenen der Großen Seen liegen die Preise schon niedriger als in den nur wenige Kilometer entfernten Großstädten.

Die gesamten Südstaaten zwischen Virginia und Florida sind kostengünstig für Touristen, in noch stärkerem Maße gilt dies für den gesamten mittleren Westen. Ausnahmen sind natürlich alle Touristenzentren wie etwa Charleston oder New Orleans, die unmittelbare Umgebung von Nationalparks sowie der gesamte Staat Florida (während der dortigen Hochsaison – November bis März).

Geld, Reiseschecks, Kreditkarten

Aus Sicherheitsgründen sollte man so wenig Bargeld wie möglich mitnehmen. Europäische Währungen können nur in Großstädten und in wenigen Banken, am ehesten noch in Wechselstuben gewechselt werden. Praktischer und sicherer sind **Travellerschecks** in US-Dollar. Sie werden von zahlreichen Geschäften, Hotels und Banken gebührenfrei wie Bargeld angenommen (vorzugsweise kleine Stückelungen wie 20 und 50 US$ mitnehmen!). Das Wechselgeld bekommt man bar heraus und hat so immer kleinere Dollarbeträge zur Hand.

Ebenso sicher und dazu noch bequem ist die Bezahlung mit **Kreditkarte**. Bei Autovermietungen und in manchen Hotels ist eine Kreditkarte sogar notwendig!

Mit **EC-Karte** (mit Maestro-Symbol, nicht mit Karten mit VPay-Symbol!) oder Kreditkarte kann man vielerorts Geld am Automaten abheben.

Krankenversicherung

Deutsche Privatversicherungen übernehmen zwischen 80 und 100 Prozent der bei Urlaubsreisen anfallenden Arzt- und Krankenhauskosten sowie die Rechnungen für Medikamente. Kassenpatienten sollten sich bei ihrer Versicherung über Angebote informieren oder eine Auslandskrankenversicherung abschließen. Arzt- und Krankenhausrechnungen müssen in USA sofort (bar, mit Kreditkarte oder mit Reisescheck) beglichen werden.

Visumbestimmungen

Neue Regelungen im Rahmen des sog. **„Secure Flight"**-Programms der US -Transportsicherheitsbehörde sollen die Sicherheit auf internationalen und inneramerikanischen Flügen zu erhöhen. Für die Ausstellung von Flugtickets bzw. Bordkarten benötigen Fluggesellschaften oder Reiseveranstalter vom Flugreisenden folgende Angaben: vollständiger Name (einschließlich aller im Reisepass aufgeführten Vornamen); Geburtsdatum und Geschlecht. Fehlen diese Daten, können die US-Behörden die Buchung abweisen und die Ausstellung von Bordkarten untersagen. Die Regelung ist unabhängig vom Zeitpunkt der Buchung und gilt für alle internationalen Flüge in die und aus den USA, alle Flüge US-amerikanischer Fluggesellschaften und alle inneramerikanischen Flüge. Weitere Informationen auf der Website der US-Transportsicherheitsbehörde (TSA) unter www.tsa.gov/secureflight

EU-Bürger und Schweizer benötigen für eine Reise in die USA kein Visum in ihrem Reisepass, vorausgesetzt, sie halten sich nicht länger als drei Monate besuchsweise in den USA auf, können ein Rückflugticket und ausreichende finanzielle Mittel (siehe auch „Einreise") vorweisen. Zur **visumfreien Einreise** berechtigt der reguläre (bordeauxrote) deutsche maschinenlesbare **Reisepass**. Von jedem Ein- und Ausreisenden werden Fingerabdrücke genommen und ein digitales Porträtfoto gemacht. (Informationen über das Einreiseprozedere: http://german.germany.usembassy.gov/visa/vwp.). USA-Reisende ohne Visum müssen sich spätestens 72 Stunden vor Abflug über das Online-System **ESTA** (Electronic System for Travel Authorization) unter https://esta.cbp.dhs.gov/esta registrieren. Auf der betreffenden ESTA-Internetseite hat man zunächst die grundsätzliche Auswahl zwischen zwei Antragsformularen: (1) Eine Reisegenehmigung für die Vereinigten Staaten erstmals zu beantragen oder (2) die Aktualisierung oder Überprüfung des Status eines bereits eingereichten Antrags auf eine Reisegenehmigung. Wichtig ist u.a., dass man die vollständige Adresse inklusive Zipcode des ersten Aufenthaltsortes in den USA angeben kann (Hotel- oder Privatadresse). Die (auch deutschsprachige) Registrierung ist zwei Jahre für mehrere Einreisen gültig. Die Registrierungsgebühr von 14 $ ist per Mastercard, Visacard, American Express oder Discover zu bezahlen.

Wer besuchsweise einreist, darf auf keinen Fall in den USA arbeiten (z. B. als Au pair), studieren oder beruflich tätig werden. Für diese Fälle gibt es verschiedene Visa, die von den US-Konsulaten ausgestellt werden.

Wer ohne Rückflugticket in die USA fliegt und/oder länger als drei Monate (die maximale Aufenthaltsdauer beträgt sechs Monate) in den USA bleiben möchte, muss mit einem Foto und den ausgefüllten Antragsformularen beim zuständigen Konsulat vorsprechen (nur mit Termin). Den Visumantrag sollte man sorgfältig und nach bestem Wissen ausfüllen, damit Missverständnisse ausgeschlossen werden können. Ein Touristenvisum wird nur in den allerwenigsten Fällen verweigert (bei Vorstrafen, Drogenvergehen u. ä.). Bei großem Andrang – z. B. vor der sommerlichen Hochsaison – kann die Wartezeit auf einen Termin bis zu sechs Wochen betragen. Den Reisepass samt Visum erhält man fünf bis sieben Tage nach dem Termin per Post zugestellt. Alle Informationen finden sich unter http://german.germany.usembassy.gov/visa.

Wer ganz sicher gehen will, dass es mit den kanadischen und amerikanischen Behörden keine Probleme gibt, sollte auf Verlangen ausreichende Finanzmittel sowie ein gültiges Rückreiseticket vorweisen können. Wer in den USA arbeiten will, wendet sich an die **Zentrale Auslands- und Fachvermittlung** (ZAV), Villemombler Str. 76, 53123 Bonn, Tel. 0228/7131313, Fax 713-270 1111.

Botschaften und Konsulate

in Deutschland: US-Botschaft, Pariser Platz 2, 10117 Berlin, Tel. 030/83050, http://german.germany.usembassy.gov
Konsularsektion, Clayallee 170, 14191 Berlin, Tel. 0900-185-0055, http://german.germany.usembassy.gov..

in Österreich: Amerikanische Botschaft, Boltzmanngasse 16, 1090 Wien, Tel. 01/313390, http://austria.usembassy.gov.

in der Schweiz: Amerikanische Botschaft, Sulgeneckstrasse 19, 3007 Bern, Tel. 031/3577011, http://bern.usembassy.gov.

AN- UND EINREISE

Fluggesellschaften, Flugpreise

Linienfluggesellschaften bieten eine Reihe von Spezial- und Sondertarifen an. Die Flugpreise liegen zwischen Mitte / Ende August und Mitte Mai oder Mitte Juni wesentlich unter den Preisen während der Hochsaison (Anfang Juni bis Anfang September).

Für Studenten gibt es oft zusätzliche Ermäßigungen auf Spezialtarife, die meist bis zum vollendeten 25. Lebensjahr in Anspruch genommen werden können.

Gegenwärtig bieten die kombinierten Flugverbindungen der deutschen Lufthansa und der amerikanischen United Airlines sowie der Canadian Airlines dem Nordamerika-Urlauber das beste und ausgedehnteste Streckennetz: Allein die Partnerschaft Lufthansa/United deckt täglich mit mehreren hundert Flügen viele Ziele in ganz Nordamerika ab.

Für die USA bietet die Lufthansa auch Pauschalreisen inklusive Hotelübernachtungen mit deutscher Reiseleitung an. Interessant für Vielflieger ist die Tatsache, dass die Fluggesellschaften gegenseitig die Vielfliegerprogramme (z. B. „Lufthansa Miles & More“, „United Mileage Plus“) anerkennen und die Flugkilometer gutschreiben. Die Mitglieder der Vielfliegerprogramme können zusätzlich auch bei verschiedenen Hotelketten und Mietwagenfirmen Punkte sammeln und Prämien einlösen.

Wer mehrere der hier beschriebenen Autorouten hintereinander fahren möchte, kommt günstig mit einem eigens für Nicht-Amerikaner aufgelegten Air Pass weg, der unabhängig vom Transatlantikflug verwendbar ist. Dabei handelt es sich um ein pauschales, je nach Fluglinie mit unterschiedlichen Bezeichnungen versehenes Flugtarif-System (Skypass, Visit North America Pass) zur individuellen Zusammenstellung von Rundreisen, das viele Möglichkeiten zur Kombination von Flügen und Reisezielen bietet. Man kauft im Voraus Coupons, je nach Streckenlänge sind für einen Flug unterschiedlich viele Coupons zu entrichten. Große Anbieter sind z. B. die Gesellschaften der Star Alliance (www.staralliance.com/de/fares/regional-fares/north-america-air pass) und der OneWorld (http://de.oneworld.com/flights/single-continent-fares/visit-north-america, nur für Einwohner von Ländern außerhalb Nordamerikas).

Für alle diese Angebote gilt, dass sie nur in Kontinentalamerika gültig sind und bereits im Heimatland erworben werden müssen.

Fluggesellschaften im Internet

Air Canada, www.aircanada.ca; **American Airlines**, www.aa.com; **British Airways,** www.britishairways.com;

Continental Airlines, www.continental.com; **Delta Airlines**, http://de.delta.com; **KLM**, www.klm.com; **Lufthansa**,www.lufthansa.de; **Southwest Airlines**, www.southwest.com; **US Airways**, www.usair.com; **United Airlines**, www.unitedairlines.de; **Virgin America**, www.virginamerica.com.

Einreise- und Zollbestimmungen

Wer ohne Visum in die USA einreisen will, muss sich bis spätestens 72 Stunden vor Abflug über das Online-System ESTA registrieren. Das Formular ist in vielen Sprachen verfügbar und leicht auszufüllen. Grundsätzlich muss die genaue Adresse des ersten Aufenthalts in den USA angegeben werden (Hotel, Privatadresse usw.). Eine Bestätigung erfolgt in der Regel sofort. Trotzdem erhält jeder Reisende im Flugzeug bisher noch ein Einreiseformular, das vor der Einreise ausgefüllt werden muss: Das sogenannte I94W (grün) fragt nach den üblichen persönlichen Angaben, nach Zweck des Besuchs, Adressen von etwaigen Verwandten/Freunden in den USA (unbedingt eine Hotel- oder Freundesadresse eintragen!), Zugehörigkeit zu verbotenen Parteien oder Organisationen usw. Der untere Abschnitt wird vom Einreisebeamten im Flughafen in den Reisepass geheftet und mit Einreisedatum und -ort versehen. Bei der Ausreise wird dieser Abschnitt (meist von Angestellten der Fluggesellschaft) wieder herausgetrennt.

Bei der Abfertigung werden die Fingerabdrücke genommen (digital) und ein Digitalfoto gemacht; meist geht diese Prozedur sehr schnell vor sich, aber gelegentlich kann es passieren, dass einem Reisenden Fragen nach Finanzmitteln oder Reiseplanung gestellt werden. Wer auf Verlangen genügend Barmittel in Form von Dollars und Reiseschecks vorweisen kann, dürfte kaum Probleme haben. Das Misstrauen der Beamten wird allerdings schnell geweckt, wenn sich im Reisepass auffallend viele Einreise-Stempel von kommunistischen (Kuba, Nordkorea) oder verschiedenen islamischen Staaten wie Libyen, Syrien, Iran usw. finden. Doch auch in solchen Fällen wird der Beamte lediglich einige Fragen stellen.

Nach den Einreiseformalitäten wird man von Zollbeamten kontrolliert; fliegt man aus einem mittel- oder westeuropäischen Staat in die USA, begnügen sich die Beamten häufig mit dem Abstempeln der Papiere. Die Einfuhr von Dollars (in Form von Bargeld oder Schecks) muss nur bei Beträgen über 10 000 US$ pro Person deklariert werden.

Die Einfuhr von frischen Lebensmitteln (Fleisch und Wurst, Brot, Gemüse und Obst usw.) ist nicht gestattet. Wer auf die regelmäßige Einnahme von Medikamenten angewiesen ist, sollte sich von seinem Arzt unbedingt eine auf Englisch verfasste Bescheinigung ausstellen lassen. Sonst werden bei der Grenzkontrolle eventuell Medikamente beschlagnahmt, weil sie gegen das amerikanische Betäubungsmittelgesetz verstoßen.

UNTERWEGS IN DEN USA

Mietwagen

Einen Mietwagen sollte man bereits in Deutschland buchen, weil dies billiger ist als in den USA. Die Preise der großen Mietwagenfirmen Avis, Budget und Hertz weichen teilweise voneinander ab, genaue Vergleiche, insbesondere bei Sonderangeboten, sind dennoch empfehlenswert.

Der Mieter muss mindestens 21 Jahre alt sein und über einen deutschen Führerschein verfügen. Bei der Buchung sollten Sie sich genauestens über die Nebenkosten informieren. Dazu gehören Versicherungs- und ggf. Kaskokosten, die Zahl der Freimeilen und Rückführungskosten. Informieren Sie sich in Ihrem Reisebüro auch über sogenannte Fly-and-drive-Angebote, bei denen Sie sehr günstig einen Flug und Mietwagen (meist eine Woche, Verlängerung möglich) im Paket bekommen.

Einmal in den USA, kann man Mietwagenfirmen über folgende gebührenfreie Telefonnummern bzw. über diese Web-Seiten erreichen:

Alamo Rent-A-Car, Tel. 1-877/222-9075, www.alamo.com. **Avis Rent-A-Car**, 1-800-230-4898, www.avis.com. **Budget Rent-A-Car**, 1-800-527-0700, www.budget.com. **Dollar Rent-A-Car**, 1-800-800-3665, www.dollar.com. **Hertz Rent-A-Car**, 01-805/333-535, www.hertz.com. **National Car Rental**, 1-877-222-9058, www.nationalcar.com **Thrifty Rent-A-Car**, 1-800-847-4389, www.thrifty.com.

Pannenhilfe

Bei Pannen mit einem Mietwagen wenden Sie sich zuerst an Ihre Mietwagenfirma. Darüber hinaus kann man Hilfe anfordern bei der *American Automobile Association (AAA, Triple A* genannt), Tel. 1-800-222-4357, www.aaa.com. Bei diesem größten Automobilclub der USA können ADAC-Mitglieder kostenlos ausführliches Reisematerial wie z. B. Camping-Führer oder Landkarten erhalten. Dazu besorgt man sich vor der Abreise die „Triple-A-Karte" in einer ADAC-Geschäftsstelle. Mit dieser Karte erhält man auch Ermäßigungen bei einzelnen Hotelketten und Vergnügungsparks.

Autokauf / Autoüberführung

Sie benötigen dazu einen internationalen Führerschein, besser noch eine amerikanische *driver's licence* – die Führerscheinprüfung in den USA ist unter Vorlage des internationalen Führerscheins in einem theoretischen und praktischen Test an einem Tag zu bewältigen.

Darüber hinaus brauchen Sie eine Adresse in dem jeweiligen Bundesstaat sowie den *title* (mit unserem Fahrzeugbrief vergleichbar) des Wagens. Allerdings muss in vielen Bundesstaaten beim Besitzerwechsel der Wagen bei einer staatlich lizenzierten Werkstatt zur Untersuchung vorgeführt werden. Darauf sollte man also in jedem Fall vor dem Unterschreiben des Kaufvertrags bestehen. Ob der Verkäufer zuviel Geld verlangt, kann man im sog. *Blue Book*, das jede Werkstatt besitzt, überprüfen.

Bei einem mehrwöchigen oder mehrmonatigen Aufenthalt in den USA bietet es sich an, ein Auto zu kaufen statt zu mieten, da der Kauf (und der spätere Verkauf) sich vermutlich preisgünstiger auswirkt als eine längere Anmietung. Empfehlenswert ist der Abschluss eines CDW (*Collision Damage Waiver*), das in etwa einer Vollkasko-Versicherung entspricht und die umfassendste Absicherung bei Unfällen bietet. Zwei Versicherungen bieten dies schon in Deutschland an: **Nowag Versicherungen**, Wiesbaden, Tel. 06122/15646, und **Tour Insure**, Hamburg, Tel. 040/25172150, www.tourinsure.de. Die Versicherungssumme richtet sich in den USA weniger nach dem Wagentyp als vielmehr nach Alter, Geschlecht, Wohnort und Familienstand. Mit US-Führerschein ist die Versicherung bis zu 300 Dollar billiger!

Eine preiswerte Alternative zur Autoanmietung bzw. -kauf stellt die **Autoüberführung** dar, bei der man in einer festgelegten Zeit einen Wagen z. B. von New York nach San Francisco führt. Bei der Überführungsfirma wird eine Gebühr und ein Versicherungsabschluss verlangt. Informationen erteilt die Zentrale des **Driveaway-Service**, Tel. 305-829-5732, www.driveaway.com, bzw. die einzelnen Filialen in den Großstädten (siehe in den „Gelben Seiten" unter *Driveaway-Service* oder *Auto-Driveaway*).

Motorradversicherung / Transport

Amerika erleben auf einer Harley Davidson – der Traum vieler Motorradfahrer. Eine Harley (oder andere Marken) kann man vor Ort mieten.

Falls man ein *bike* kaufen möchte, muss man die Versicherung direkt –

ohne eine Vermittleragentur – abschließen, z. B. bei: **Sentry Insurance**, 1800 North Point Dr., Stevens Point, WI 54481, Tel. 1-800/373-6879, Fax 715/ 346-6770, www.sentry.com. Sie benötigen dazu eine Kreditkarte (nur Visa oder Eurocard werden akzeptiert); nach Abbuchung wird die Versicherungspolice zugeschickt (Antrag dazu anfordern!).

Auch wer mit eigenem Motorrad anreist, braucht diese Versicherung. Übrigens: Die **LTU** fliegt Fahrer und Motorrad in die Staaten. Informationen bei: **Fly & Bike Reise GmbH**, Brunhildenstr. 33 a, 5579 Neubiberg, Tel. 089/ 66002160, Fax 66002164, www.flybike.de.

Campmobile / Wohnmobile

Viele Autovermieter bieten auch Camp- und Wohnmobile an. Diese „RV“ (*Recreational Vehicle*) sind zusammen mit Hin- und Rückflug oft günstiger bei europäischen Reiseveranstaltern zu buchen. Große Anbieter sind Cruise America (www.cruiseamerica.com), El Monte (www.elmonterv.com), Moturis (www.moturis.com) und Road Bear (/www.roadbearrv.com).

Verkehrsregeln

Autofahren in den USA ist einfacher und entspannender als in Europa: Die Straßen sind breiter, in ländlichen Gebieten oft leer, und schließlich fahren US-Amerikaner nach dem Prinzip *safety first*: Es wird ungleich defensiver und vorsichtiger als etwa in Italien oder Deutschland gefahren. Viele der im europäischen Alltag gängigen Verhaltensweisen (etwa das beliebte Aufblenden oder dichte Auffahren auf deutschen Autobahnen, deutlich überhöhte Geschwindigkeiten etc.) gelten in den USA als Rowdytum. Sie können sicher sein, dass Ihnen die nächste *Highway Patrol* bei derlei Fehlverhalten sofort hinterher rast.

Amerikaner erwarten auch von Touristen eine zivilisierte Fahrweise, insbesondere in den Städten. So ist es beispielsweise selbstverständlich (und in vielen Staaten sogar gesetzlich vorgeschrieben), an Zebrastreifen (auch ohne Ampel) anzuhalten oder bei einem Stopschild tatsächlich zu stoppen! Dass Amerikaner vorsichtiger fahren, ist übrigens nicht nur eine Frage der Mentalität, sondern auch des Geldes. Viele US-Autofahrer verfügen nur über die gesetzliche Mindestversicherungen (rund 20 000 Dollar Schaden pro Person) – und das in einem Land mit horrenden Krankenhausrechnungen!

In den USA wird rechts gefahren; die Geschwindigkeitsbegrenzung in geschlossenen Ortschaften liegt zwischen 25 und 30 mph (40-48 km/h), auf Highways i. d. R. bei 55 mph (88 km/h) und auf Interstates i. d. R. bei 65 mph (105 km/h). Diese Begrenzungen werden von den meisten Amerikanern eingehalten, da überhöhte Geschwindigkeit mit saftigen Geldbußen geahndet wird. Grundsätzlich wird wie in Europa links überholt, allerdings ist es nicht verboten, auch rechts zu überholen; auf mehrspurigen Highways ist beides die Regel: Hier muss man Spur halten und mit überholenden Wagen auf beiden Seiten rechnen.

Eine Regel „rechts vor links“ gibt es in den USA nur, wenn zwei Autos gleichzeitig die Kreuzung erreichen: dann hat der von rechts kommende Fahrer das Vorfahrtsrecht. Sonst wird der Verkehr mit Stoppzeichen geregelt: Wer als erster kommt, darf als erster weiterfahren. Auch hier gilt: Eher fahren lassen als vorpreschen! Ampeln schalten von Grün auf eine lange Orangephase zu Rot und von Rot direkt auf Grün. Soweit nicht anders gekennzeichnet, kann man auch bei Rot an einer Ampel rechts abbiegen.

Wenn Sie in eine Verkehrskontrolle der *Highway Patrol* geraten, lassen Sie beide Hände am Steuer, bis Sie nach Papieren gefragt werden. Greifen Sie erst dann nach Ihrer Brieftasche, und zwar betont langsam, um nicht den Eindruck zu erwecken, dass Sie eine Waffe ziehen möchten.

Achtung beim Parken in der Nähe von Hydranten: Halten Sie unbedingt die vorgeschriebenen 4 m Abstand ein – die Auslösesumme für den abgeschleppten Wagen kann teuer werden!

Vorsicht ist bei Schulbussen geboten: Hält der Bus und sind die roten Blinklichter eingeschaltet, um Kinder aussteigen zu lassen, darf er auf keinen Fall überholt werden. Dies gilt auch für Autofahrer in der Gegenrichtung! Straßenschilder, die in Europa unbekannt sind, sind z. B. der Hinweis auf den sogenannte *U-turn*, der das Wenden auf einer Straße erlaubt, sowie das Zeichen für *Crossover*, das Wenden auf einem Highway. *Xing* steht für *crossing*, *Gator Xing* kündigt also z. B. an, dass Alligatoren die Straße überqueren könnten!

Mehrspurige Straßen in Metropolen haben häufig eine mit dem Begriff *Car Pool* gekennzeichnete Spur. Sie darf in den Hauptverkehrszeiten nur von Autos, die mit mindestens zwei bzw. drei Personen besetzt sind, befahren werden.

Straßennetz

Das US-Straßensystem ist logisch und einfach konzipiert. Routes und Highways sind zwei- bis vierspurige Überlandstraßen, wobei „Highway" eigentlich jede größere Straße genannt wird. Die großen, überregionalen Autobahnen heißen Interstates. Manche von ihnen sind gebührenpflichtig.

Die Nummern der Interstates sind nach einem einfachen Prinzip gestaltet: Gerade Nummern weisen eine Interstate aus, die in Ost-West-Richtung verläuft. Ungerade Interstates verlaufen von Nord nach Süd. Interstates mit dreistelliger Nummer (etwa die I-405 im Raum Los Angeles) sind Zubringer- oder Umgehungsautobahnen in Stadtgebieten. Bei ungerader Anfangsziffer handelt es sich um eine Zubringer-, bei gerader Anfangsziffer um eine Umgehungsautobahn. Die beiden letzten Ziffern verraten, wohin die Interstate führt. Für manche größeren Straßen sowie einige Dammstraßen, Brücken, Tunnels und Unterführungen muss eine Gebühr *(toll)* entrichtet werden.

Auch innerhalb der amerikanischen Städte kann man sich leicht orientieren: Die rechtwinklig angeordneten Straßengitter beginnen meist am Stadtrand mit den Endbuchstaben des Alphabets (bei Querstraßen) bzw. hohen Zahlen (bei Längsstraßen), also z. B. W-Street oder 99th Street, um dann in Richtung Stadtzentrum abzunehmen.

Gut ausgebaut ist in den USA das Tankstellennetz. Jedoch muss bei vielen Tankstellen erst bezahlt werden, bevor man der Zapfsäule das *gasoline* entnehmen kann.

Greyhound-Busse

Wer vor langen Fahrzeiten nicht zurückschreckt, kann mit Greyhound (www.greyhound.com), dem größten Busunternehmen, in den USA, quer durch das Land reisen. Ausländer können bereits in ihrem Heimatland den günstigen *Ameripass* erwerben (www.buspass.de).

Eisenbahn

Das AMTRAK-Eisenbahnnetz der USA ist – verglichen mit Europa – weniger gut ausgebaut. Das Streckennetz kann man unter www.amtrak.com einsehen. Der AMTRAK National Rail Pass wird außerhalb der USA billiger angeboten und gilt nur noch für die gesamten Vereinigten Staaten, nicht für Einzelregionen (www.buspass.de).

Flugzeug

Aufgrund der großen Entfernungen ist das Flugzeug ein unersetzliches Verkehrsmittel; jede Großstadt und viele Kleinstädte verfügen über einen Flughafen. Die Vielfalt der Fluggesellschaften ist groß, einige operieren nur regional, andere im ganzen Land. Ein Preisvergleich lohnt, z. B. unter www.cheaptickets.com.

PRAKTISCHE TIPPS VON A - Z

Ärzte und Apotheken

Wer eine gute Krankenversicherung hat, kann wie ein Privatpatient zu jedem Arzt gehen und sich behandeln lassen. Die Bezahlung wird sofort verlangt, meist in bar oder per Kreditkarte. Ob und wieviel die heimische Versicherung von diesen Kosten übernimmt, sollte man natürlich vor Reiseantritt geklärt haben. Wer bei einem niedergelassenen Arzt abgewiesen wird, kann sich an ein *Medical Center* wenden.

Die Notrufnummer für Polizei, Feuerwehr und Ambulanz ist landesweit in den USA 911.

Alkohol und Zigaretten

Für die meisten Amerikaner ist Alkohol etwas Verwerfliches: Dies hängt nicht nur mit puritanischer Vergangenheit, Prohibition und dem Drogenproblem der USA zusammen, sondern auch mit dem dort gepflegten Gesundheitskult. Seit Mitte der 1980er Jahre wird Alkohol (und auch Tabak) von der Gesellschaft immer weniger akzeptiert. Parallel dazu genehmigen sich viele Amerikaner zum Frühstück ein Dutzend Vitaminpillen.

Wer während seines USA-Urlaubs nicht auf Alkohol verzichten möchte, muss mindestens 21 Jahre alt sein, um ihn kaufen zu können oder um in eine Bar/Diskothek mit Alkoholausschank eingelassen zu werden. In vielen Staaten kann Alkohol nur in speziellen Geschäften erworben werden (*Liquor Store*). In jedem Fall sind die Verkäufer angehalten, grundsätzlich nach dem Ausweis (ID) zu fragen, auch wenn man die 21 lange überschritten hat.

Das Trinken alkoholischer Getränke in der Öffentlichkeit ist strafbar, weshalb die Whiskyflasche oder Bierdose in eine braunen Papiertüte (*brown bag*) eingepackt wird, aus der man ungeniert trinken kann. Einzige Ausnahme im US-Osten ist das French Quarter von New Orleans, in dem auf der Straße getrunken werden darf – was reichlich genutzt wird. Das Trinken von alkoholischen Getränken im Wagen ist offiziell verboten – man sollte daher eine Flasche nie offen im Wagen liegen lassen, sondern im Kofferraum deponieren. Untersagt ist im übrigen auch das Mitführen von Alkoholika in Indianerreservaten.

Drunk Driving ist in den USA beileibe kein Kavaliersdelikt – die Bundesstaaten haben unterschiedliche Promillegrenzen, und vorsichtshalber sollten Fahrer ganz auf Alkohol verzichten. Bei einem Unfall (und den vielen Kontrollen) wird zuerst eine Alkoholprobe gemacht. Auch Touristen können schnell im örtlichen Gefängnis landen.

In sämtlichen öffentlichen Gebäuden ist das Rauchen strikt untersagt, ebenso auf Flügen, in Bussen und Zügen. Kinos oder Theater mit Raucherlaubnis (im Foyer) sind so gut wie unbekannt, kleine Cafés haben ein generelles Rauchverbot. Auch in Restaurants gibt es in der Regel nur kleine *Smoker sections*.

Banken

Die meisten Banken sind von Montag bis Freitag von 9 bis 16 Uhr geöffnet. Wer Reiseschecks eintauschen oder mit der Kreditkarte Bargeld abheben möchte, muss seinen Reisepass, in manchen Gegenden auch einen zweiten Ausweis (Führerschein, Personalausweis etc.) als *back-up ID* (*identity*) vorlegen. Das Einlösen von Reiseschecks ist auch unkompliziert und gebührenfrei in vielen Geschäften, Cafés und Restaurants möglich (kleine Stückelungen mitnehmen!).

Benehmen

Viele europäische Touristen, zumal deutsche und britische, werden in den USA oft als sehr unhöflich und aggressiv angesehen. Dies liegt nicht zuletzt an einem Missverständnis zwischen beiden Kulturen: Denn die scheinbar so zwanglos-lockere US-Gesellschaft lädt dazu ein, sich (zu) leger zu verhalten. Dabei wird das gesellschaftliche Miteinander in den USA durch oft sehr subtile Regeln bestimmt:

Amerikaner achten auf Körperabstand, das heißt, sobald Sie näher als einen halben Meter an einen Fremden herankommen oder an ihm vorbeigehen, sollten Sie sich mit einem *Excuse me* entschuldigen.

Amerikaner warten geduldig *in line* – vordrängeln in einer Warteschlange gilt als ausgesprochen unhöflich.

Bei einer Begrüßung geben sich Amerikaner nicht die Hand, oft wird dagegen ein Verkäufer nach erfolgreichem Geschäftsabschluss Ihre Hand schütteln wollen. Ansonsten ist die Begrüßung eher formlos, wobei auf die Frage *Hi, how are you* immer mit der Gegenfrage geantwortet wird: *Thanks, I'm fine. How are you*? In Kaufhäusern usw. wird man diese Frage permanent an Sie stellen – ein längerer Exkurs über Ihre tatsächliche Befindlichkeit ist allerdings nicht erwünscht.

Amerikaner sprechen oft sehr laut (dies weiß man spätestens nach dem ersten Restaurantbesuch), heben aber die Stimme nicht an oder schlagen einen schneidenden Ton an. Daher sollten Sie – im Falle von Beschwerden – auch darauf verzichten und statt dessen mit ruhiger, sachlicher Stimme Ihr Anliegen vorbringen. Alles andere würde ihr Gegenüber als aggressiv ansehen – dementsprechend negativ dürfte auch seine Reaktion ausfallen. In Unterhaltungen fällt man in den USA dem Gesprächspartner selbst in der hitzigsten Debatte nicht ins Wort.

Die korrekte Anrede für Fremde lautet *Sir* (zumindest bei älteren Herren), *M'am* (bei Damen) oder *Miss* (bei jüngeren Damen). Will man zur Toilette, fragt man nie nach der *toilet* oder gar nach dem *loo*, sondern immer nach dem *restroom, bathroom* oder (noch besser) dem *ladies'* bzw. *men's room.*

Oft wird man bei Begegnungen mit Amerikanern nach seinen Reiseeindrücken gefragt – viele Reiseführer empfehlen hier mit fast panischer Angst, die USA nie zu kritisieren. Das ist Unsinn, da viele Amerikaner selbst, bei allem Patriotismus, kritisch sind. Natürlich freut sich jeder, wenn sein Land gelobt wird, aber auch als Besucher kann man höflich und maßvoll Kritik üben.

Botschaften / Konsulate in den USA

Deutsche Botschaft, 2300 M Street NW, Washington, D.C., Tel. 202/298-4000, www.germany.info (Internetadresse gilt auch für alle Generalkonsulate)

Generalkonsulate der Bundesrepublik Deutschland:

Atlanta: Marquis Two Tower, Suite 901, 285 Peachtree Center Ave., Tel. 404/659-4760.

Boston: Three Copley Place, Suite 500, Tel. 617/369-4934.

Chicago: 676 North Michigan Ave., Suite 3200, Tel. 312/202-0480.

Miami: 100 N. Biscayne Blvd., Suite 2200, Tel. 305/358-0290.

New York, 871 United Nations Plaza, Tel. 212/610-9700.

Österreichische Botschaft, 3524 International Court, NW, Washington, D.C., Tel. 202/895-6700, www.austria.org.

Konsulate der Republik Österreich:

Atlanta (Honorarkonsulat): 333 Riverwood Parkway, SE Suite 200, Tel. 404/264-9858.

Boston (Honorarkonsulat): 15 School Street, 5th Floor, Tel. 617/227-3131, www.austria-bos.org.

Chicago (Generalkonsulat): Wrigley Building, Suite 707, 400 North Michigan Ave., Tel. 312/222-1515, www.bmeia.gv.at.

Miami (Honorarkonsulat): 2445 Hollywood Blvd, Hollywood, Tel. 954/925-1100, www.konsulatmiami.com.

New Orleans (Honorarkonsulat): 755 Magazine St., Tel. 504/593-0682.

New York (Generalkonsulat): 31 East 69th St., Tel. 212/737-6400, www.bmeia.gv.at/botschaft/gk-new-york.html.

Schweizer Botschaft, 2900 Cathedral Ave., NW, Washington, D.C. Tel. 202/745-7900, www.eda.admin.ch/washington.

Generalkonsulate der Schweiz:

Atlanta: 1349 W Peachtree St. NW, Suite 1000, Tel. 404/870-2000.

Chicago: Olympia Center, Suite 2301, 737 North Michigan Ave., Tel. 312/915-0061.

New York: 633 Third Avenue, 30th floor, Tel. 212/599-5700.

Camping und Jugendherbergen

Für Camper ist Amerika ein Traum: Inmitten schönster Wildnis haben National- und Staatsparks Campingplätze mit allem Komfort eingerichtet. Stellplätze werden nach dem Prinzip *first come, first served* vergeben, die Kosten für einen Platz sind oft Pauschalbeträge und unabhängig von der Personenzahl (oft kostenlos, ansonsten zwischen 5 und 25 US$ pro Nacht). Grillplätze, Dusch- und WC-Anlagen sowie Waschautomaten sind auf den meisten Plätzen selbstverständlich. Campingplätze in Nationalparks sind in den Sommermonaten oft voll. Eine Reservierung empfiehlt sich daher, sie ist online unter www.recreation.gov oder telefonisch unter Tel. 1-877-444-6777 (aus dem Ausland: Tel. 518-885-3639) möglich.

Eine Alternative zu den staatlichen Plätzen sind private Anlagen, die meist teurer sind (in Extremfällen bis zu 40 US$), dafür aber motelähnlichen Luxus bieten (u. a. Waschmaschinen).

Jugendherbergen sind in den USA zwar weniger verbreitet als in Europa, doch sind sie durchweg preiswert (man zahlt bis zu 25 US$ für eine Übernachtung) und sauber. Informationen gibt es bei

Hostelling International – USA, 8401 Colesville Rd., Suite 600, Silver Spring, MD 20910, Tel. 301/495-1240, Fax 495-6697, www.hiusa.org, oder beim **DJH Service GmbH,** Bismarckstr. 8, 32756 Detmold, Tel. 05231/74010, Fax 740149, www.djh-service.de.

Einkaufen

Die USA sind ein Paradies für Shoppingfreunde. Viele Artikel wie etwa Jeans und Schuhe sind billiger als in Europa. Dabei macht Einkaufen in den USA oft mehr Spaß als in Deutschland – unfreundliche Verkäufer erlebt man fast nie, ein Ladenschlussgesetz würde keinem Amerikaner einleuchten und Kaufhäuser (*Department Stores*) sowie Einkaufszentren (*Shopping Malls*) sind kleine Städte für sich.

Neben den im Reiseteil empfohlenen regionalen Souvenirs und Kunstgegenständen lohnt sich – sofern der Euro-Dollar-Wechselkurs günstig steht – vor allem der Kauf von Elektrogeräten, Computerzubehör, Fotokameras und -zubehör sowie Kleidung. Viele Elektrogeräte werden billiger angeboten als in Europa. Beim Kauf muss man allerdings darauf achten, dass die Geräte von 110 V auf 220 V umstellbar sind und auch bei unterschiedlichen Hertz-Zahlen funktionieren.

Fernsehgeräte und DVD-Recorder sind meist untauglich, da das amerikanische Fernsehsystem nicht dem europäischen Pal-Secam entspricht. Bei DVD-Recordern ist zu prüfen, ob sich der Regionalcode umschalten lässt, sonst kann man in Deutschland gekaufte DVDs nicht abspielen. Einfacher dagegen ist der Kauf (hochwertiger) Fotoausrüstungen: Manche Markenkameras sowie Zubehör sind in den USA durchweg billiger (dies gilt wiederum vor allem für New York). MP3-Player und andere Mobilgeräte lassen sich normalerweise problemlos mit der europäischen 220-Volt-Netzspannung betreiben.

Der Einkauf von Kleidungsstücken lohnt, wenn es sich um amerikanische Produkte handelt: Billig sind alle Jeansprodukte (allen voran *Levis*), Schuhe sowie Sportartikel. Auch amerikanische Designerware ist in den USA preiswerter als in Europa.

In den USA erfunden wurden die sogenannten *Outlet* oder *Factory Stores*, in denen Waren direkt ab Fabrik oder Mode der letzten Saison zum Teil zu Schleuderpreisen verkauft werden. Outlet-Zentren gibt es in Freeport/Maine (www.freeportusa.com) und Reading/Pennsylvania (www.readingberkspa.com/outlets-reading.html).

Elektrizität

In den USA und Kanada beträgt die Netzspannung 110 V. Es empfiehlt sich, einen Adapter (mit Umschalter) bereits im Heimatland zu kaufen. Viele moderne Geräte lassen sich heute auf 110 V umschalten; zu beachten ist jedoch, ob auch ein kleiner der US-Norm entsprechender Stecker am Gerät vorhanden ist.

Essen, Trinken und Trinkgelder

Die USA haben im Ausland noch immer den Ruf der kulinarisch zurückgebliebenen Einöde: Hamburger, Steak und Chili sind demnach scheinbar alles, was der Reisende in den USA erwarten darf. Tatsächlich hat sich das Küchenangebot vor allem in den Städten in den vergangenen Jahren durch viele gute Restaurants mit zum Teil preisgekrönten Küchenchefs stark verändert. Geblieben ist ein riesiges Angebot an Fast Food durch preisgünstige Kettenrestaurants. Amerikas kulinarische Stärke liegt hauptsächlich in der ethnischen und regionalen Vielfalt, mit der Europa kaum aufwarten kann: Das Land der Einwanderer bietet eine unüberschaubare Zahl von Restaurants, die *Ethnic Food* aus aller Welt servieren.

Überdies wartet jede Region mit ihrer spezifischen „Landesküche" auf, die etwa Chili oder *clam chowder* auf spezielle Art anrichtet. Jede mittlere Stadt bietet neben Fastfood-Imbissen mindestens Pizza, *Mexican* oder *Indian Food*, oft ist ein *Jewish Deli* mit koscheren Speisen nicht weit. Die Amerikaner bevorzugen ein kräftiges Frühstück, ein leichtes (oft kaltes) Mittagessen (*Lunch*) und ein warmes Abendessen (*Dinner*) am frühen Abend.

Das Frühstück wird nur selten in Hotels serviert; man nimmt es üblicherweise im *Coffee Shop* ein. Die meisten Amerikaner essen ihr *cereal* (Cornflakes, Müsli), Eier, Speck, Würstchen oder Pancakes und trinken frischgepressten (oder wenigstens danach schmeckenden) Orangensaft sowie Kaffee der qualitativ besser geworden ist.

Der Restaurantbetrieb verläuft etwas anders als in Europa: Selbst in Restaurants gehobener Qualität wird kein Wert auf Krawatte, Anzug oder Abendkleid gelegt; der Umgang mit Gästen ist oft sehr leger, die meisten Gäste legen ihrerseits ebenfalls wenig Wert auf Etikette. (So schminken sich beispielsweise fast alle amerikanischen Frauen direkt am Tisch.)

Der Gast wird von einem *host*, einer *hostess* oder dem *maître d'* (sprich: „mätre-di") am Eingang begrüßt und an einen Tisch geführt. Fast immer wird gefragt, ob man in der *Smoker* oder *Non smoker-Section* sitzen möchte. Ist das Restaurant voll, werden die Namen der Gäste in einer Warteliste notiert und der Reihe nach aufgerufen, während man sich an der Bar oder der *Cocktail Lounge* mit einem Aperitif schon einmal stärken kann. Wichtige Begriffe und Speisebezeichnungen auf der Speisekarte (*Menue*, sprich: „Mänju"), die der Kellner oder die Kellnerin (*waiter/waitress*) fast sogleich bringen, sind weiter unten aufgelistet. Grundsätzlich gilt, dass alle Portionen ungleich größer ausfallen als in Europa, so dass man auf Vorspeisen (*Appetizer*) verzichten, und gleich das Hauptgericht (*Entree*) bestellen kann. Dazu gibt es meist kostenlos Eiswasser (aus der Leitung). Kaffee und viele Getränke werden nur einmal berechnet, danach gratis oder gegen einen geringen Aufpreis nachgeschenkt. Wer seine Getränke (auch Mineralwasser und Bier!) ohne Eiswürfel möchte, muss dies ausdrücklich verlangen.

Wer preiswert essen möchte, sollte auf Angebote des Tages achten (*today's special*). Viele Restaurants bieten eine Salatbar an, an der man sich so oft man will bedienen kann – allerdings muss man dazu oft ein Hauptgericht bestellen.

Für den großen Hunger ist das *All you can eat*-Angebot vieler Restaurants am günstigsten: Für einen Pauschalpreis kann sich der Gast an einem Buffet so oft bedienen, wie er möchte. Für Kinder gibt es häufig ein spezielles *kid's meal*, günstig und meist gesundheitsbewusst zusammengestellt.

Amerikanisches Bier schmeckt vielen Europäern nicht, da zum Teil andere Zutaten verwendet werden. Als USA-Besucher kann man aber auf importierte Biere oder auf die Produkte von unabhängigen Kleinbrauereien ausweichen. Importierte Weine findet man eher selten, Trauben aus Kalifornien oder gar Oregon und Washington State dominieren hier. Vor allem kalifornische Weine sind von hervorragender Qualität.

An Sonn- und Feiertagen wird mancherorts überhaupt kein Alkohol ausgeschenkt; manche Gemeinden sind gar „alkoholfrei", so dass man sich hier mit alkoholfreiem Bier oder Wein (!) begnügen muss.

Auch wer schon einige Jahre älter als 21 ist (das gesetzliche Mindestalter für Alkoholkonsum) und / oder jünger aussieht, sollte beim Kauf oder der Bestellung von Alkohol einen Ausweis (ID) mitführen.

Nach dem Essen wird man fast automatisch gefragt, ob Nachtisch (*dessert*, sprich: „disört") gewünscht wird. Wenn Reste auf dem Teller liegen geblieben sind, kann man diese in einem *doggie bag* einpacken lassen und mit nach Hause nehmen, in den USA ein völlig selbstverständliches Verfahren.

Mit dem Dessert kommt fast automatisch die Rechnung (*the check, please*), die entweder am Tisch oder – häufiger – am Ausgang beglichen werden muss. Das Trinkgeld (*tip*) lässt man im letzteren Fall in bar auf dem Tisch zurück. Wenn mit Kreditkarte bezahlt wird, trägt man den Betrag in dem dafür vorgesehenen Feld ein oder überreicht es in bar. Amerikanische Kellner(innen) erwarten üppigere Trinkgelder als ihre europäischen Kollegen, da die US-Mindestlöhne sehr niedrig liegen und der Service in der Rechnung nicht eingeschlossen ist. Ein Trinkgeld zwischen 15 und 20 Prozent gilt als angemessen – man sollte bedenken, dass das Personal auf diese Gelder angewiesen ist.

Ist die Rechnung bezahlt, wird von den Gästen erwartet, dass sie das Restaurant bald verlassen. Wer in gemütlicher Runde weiter zusammensitzen möchte, wird in den meisten Restaurants auf Unverständnis stoßen. Dies hat weniger mit Unfreundlichkeit, sondern vielmehr mit ausgeprägtem Geschäftssinn zu tun. Doch oft genug ist ja die nächste Bar nicht weit.

Selbstverpfleger, die auf Restaurantbesuche verzichten wollen, können von der enormen Angebotsvielfalt in amerikanischen Supermärkte profitieren. Selbst wer dort bestimmte Spezialitäten oder Delikatessen sucht, wird mittlerweile fündig; seit einigen Jahren gehören in größeren Supermärkten sogar europäische Wurst und Käse zum Standardangebot, in großen Städten finden sich Biomärkte.

Ansonsten gilt, dass fast alle Nahrungsmittel (außer etwa Milch) billiger sind als in Europa, v. a. Obst, Gemüse, Rindfleisch und alle Meeresfrüchte. Die meisten Europäer klagen über amerikanisches Brot, Kaffee und Mineralwasser. Es ist fast unmöglich, außerhalb großer Städte Grau- oder Schwarzbrot zu kaufen. Amerikaner essen fast ausschließlich sehr weiches Weißbrot.

Kaffee wird in Supermärkten in fertig abgepackter Form (Pulverkaffee) angeboten, frisch gemahlenen Kaffee gibt es im *Deli*. Mineralwasser (Club Soda) wird in den USA kaum getrunken, das (fluorversetzte) Leitungswasser mit viel Eis tut es auch.

Frühstück (Breakfast)

scrambled eggs . . . . Rührei
eggs sunny-side up / fried eggs . . . . Spiegeleier
sausage . . . . Frühstückswürstchen, oft sehr würzig
pancakes . . . . . kleine Pfannkuchen
cream / sugar . . Kaffeesahne / Zucker
juice . . . . . Saft, meist Orangensaft
cereals . . . . Müsli / Cornflakes
rolls . . . . Brötchen
french toast . . . . Brotscheiben, in Ei getaucht und in der Pfanne gewendet
bacon . . . . kross gebratene Speckscheiben
donut . . . . . süßes Schmalzgebäck, meist mit Loch in der Mitte,
hash browns / potatoes . . beim Frühstück immer eine Art Rösti
muffin . . . . . Gebäck in Form eines kleinen Kuchens, oft mit Rosinen, Früchten, Nüssen
corn bread . . . . Maisbrot
oatmeal . . . . Haferbrei

Mittagessen (Lunch)

hoagie, sub . . . . . langes Sandwich
BLT-sandwich (bacon, lettuce, tomatoe) Sandwich (Speck, Salat, Tomate)
french fries . . . . Pommes frites
onion rings . gebackene Zwiebelringe
bread: wheat . . . . Weizenbrot
rye . . . . Roggenbrot
sourdough . . . . gesäuertes Weißbrot

Abendessen (Dinner)

soup . . . . Suppe
cole slaw . . . . Krautsalat
potato skins (fully loaded) . Kartoffelschalen, gefüllt mit Käse, Schinken, Speck
french fries . . . . Pommes frites
hash browns . . . . . . Bratkartoffeln
side orders . . . . Beilagen
Sirloin . . . . Filetsteak
T-Bone Steak . . . . Rückensteak mit Knochen. Es wird *rare, medium, medium-well* und *well* zubereitet.
pork / veal chops . . . Schweine- oder Kalbskoteletts
turkey . . . . Pute
poultry . . . . Geflügel
meat . . . . Fleisch
meat balls . . . . Fleischbällchen
thighs . . . . . . (Hähnchen)Schenkel
legs . . . . (Hähnchen)Beine
buffalo wings . . . . . scharf gewürzte Hühnchenflügel
cabbage . . . . Kohl
asparagus . . . . Spargel
mashed potatoes . . . . Kartoffelpüree
mushrooms . . . . Pilze
spinach . . . . Spinat
pumpkin . . . . Kürbis
peas . . . . grüne Erbsen
lettuce . . . . Salat
horseradish . . . . Meerrettich
vegetarian food. vegetarische Gerichte
beans . . . . Bohnen
baked beans . . . . gebackene Bohnen
clams . . . . Muscheln
cod . . . . Kabeljau
flounder . . . . Scholle
salmon . . . . Lachs
scallops . . . . . . Miesmuschelarten
shrimp . . . . Großgarnelen
trout . . . . Forelle
lobster . . . . Hummer
clam chowder . . . . . Muscheleintopf
oysters . . . . Austern

Feiertage

Neben den auch in Europa bekannten Feiertagen wie Weihnachten (nur 25.12!) und Neujahr gibt es spezifisch amerikanische Feiertage, die teilweise eine ungleich größere Bedeutung haben als etwa Weihnachten oder Ostern: Dies gilt insbesondere in den großen Städten, da Christen und europäischstämmige US-Bürger nur eine unter zahlreichen Bevölkerungsgruppen mit ganz verschiedenen Festtagen darstellen.

An den hier aufgeführten offiziellen Feiertagen sind Behörden, Postämter und Banken, andere öffentliche Einrichtungen sowie auch manche Geschäfte geschlossen:

1. Januar: *New Years Day* – Neujahr
3. Montag im Januar: *Martin Luther King Day* – Geburtstag von Dr. Martin Luther King.
3. Montag im Februar: *President's Day* – Feiertag zum Gedenken an George Washington und Abraham Lincoln, die beide im Februar Geburtstag hatten.
Letzter Montag im Mai: *Memorial Day* – Gedenktag für die in Auslandskriegen gefallenen Amerikaner. Nach diesem Wochenende beginnt die Hauptferienzeit.
4. Juli: *Independence Day* – dieser wichtigste Feiertag der USA erinnert an die Unabhängigkeitserklärung.
1. Montag im September: *Labor Day* – etwa vergleichbar mit dem 1. Mai in Europa. Ende der Hauptsaison, Preise in Touristenzentren fallen um bis zu 50 Prozent.
2. Montag im Oktober: *Columbus Day* – Feiertag in Gedenken an die Entdeckung Amerikas.
11. November: *Veteran's Day* – Gedenktag für die Veteranen der US-Streitkräfte.
4. Donnerstag im November: *Thanksgiving* – Erntedankfest, der zweitwichtigste Feiertag.
25. Dezember: *Christmas Day* – Weihnachtsfeiertag.
In Wahljahren ist der erste Dienstag im November Election Day.

Geld

Der amerikanische Dollar, der *Greenback*, ist nach wie vor die wichtigste Währung der Welt. Es gibt Scheine zu 1, 5, 10, 20, 50 und 100 Dollar (Achtung: alle in derselben Größe!), wobei im Geschäftsverkehr lediglich Banknoten bis zu 50 Dollar im Umlauf sind.

In ländlichen Gebieten und vielen Geschäften sowie Restaurants wird schon ein 50-Dollarschein nicht mehr akzeptiert; daher empfiehlt es sich, bereits beim Geldumtausch auf kleinen Banknoten zu bestehen.

Ein Dollar ist in 100 Cents unterteilt, das Münzgeld (*change*) gibt es in folgender Stückelung: 1 (*penny*), 5 (*nickel*), 10 (*dime*), 25 (*quarter*) und 1 $. Am wichtigsten im Alltag sind *quarters*, da sie zum Telefonieren, für Parkuhren, für Waschmaschinen auf Campingplätzen und für sonstige Automaten benötigt werden.

Kriminalität / Notruf

Wer als Tourist in den USA unterwegs ist, sollte sich ebenso vorsichtig verhalten wie in jedem anderen Urlaubsland. Allerdings sind in den USA wegen der relativ hohen Kriminalitätsrate und der weiten Verbreitung von Waffen einige besondere Regeln zu beachten.

Wenn Ihr Flug nachts an einem Großstadtflughafen in den USA ankommt, sollten Sie die erste Nacht direkt im Flughafenhotel verbringen und erst am nächsten Morgen weiterfahren oder sich gleich per Taxi bzw. Shuttlebus in ein *Downtown*-Hotel transferieren lassen. Es ist sicherer, sich am nächsten Morgen von der Leihwagenfirma im Hotel abholen und zum Fuhrpark fahren zu lassen. Bekannte Autovermietungsfirmen unterhalten auch Filialen in großen Hotels, so dass der Wagen direkt ab Hotel übernommen werden kann.

Falls Ihnen jemand während der Fahrt wiederholt von hinten auffährt oder Ihnen mit auf- und abblendenden Scheinwerfern Signale gibt, lassen Sie sich nicht beirren! Steuern Sie den nächsten hell beleuchteten Park- oder Rastplatz an und rufen Sie die Polizei unter der Telefonnummer 911 an. (Über 911 ist auch die Ambulanz und die Feuerwehr erreichbar.) An manchen Highways finden sich auch Notrufsäulen. Bei einer Autopanne sollten Sie die Motorhaube öffnen und im Auto warten, bis die Polizei oder ein Abschleppwagen hält.

In Städten sollte man Gebiete, die von

den Anwohnern als gefährlich eingestuft werden, unbedingt meiden – halten Sie sich an die Ratschläge von Hotel- und Restaurantpersonal und fragen Sie gegebenenfalls nach, wenn Sie nicht sicher sind. Im Gegensatz zu Europa sind in den USA viele Innenstädte nach 21 Uhr völlig ausgestorben und unsicher – informieren Sie sich vorher, wo sich das Nachtleben abspielt, und fahren Sie gezielt dorthin.

Sie sollten auch keine Aufmerksamkeit von Fremden auf sich ziehen, indem Sie echten Schmuck oder große Geldsummen zur Schau stellen. In Ihrem Hotel-/Motelzimmer sollten Sie nie die Tür öffnen, ohne zu wissen, wer da ist. Falls die Person behauptet, ein Angestellter des Hotels zu sein, rufen Sie sicherheitshalber am Empfang an und fragen Sie, ob jemand vom Hotel zu Ihnen geschickt wurde.

Denken Sie auch daran, sich Telefonnummer und Adresse zu notieren, mit der Sie bei Verlust oder Diebstahl Ihre Travellerschecks, Euroschecks bzw. Kreditkarte sperren lassen können. Wichtig ist auch, die Telefonnummer und Adresse Ihres Konsulats sowie eine Fotokopie Ihres Reisepasses dabei zu haben. Und falls Sie wirklich einmal überfallen werden, sollten Sie auf keinen Fall den Helden spielen, sondern unverzüglich das Verlangte aushändigen.

Maße, Gewichte, Temperatur

In den USA werden nach wie vor alte Längen- und Raummaße verwendet; das metrische System setzt sich erst allmählich durch.

Längenmaße:
1 inch (in, ") . . . . 2,54 cm
1 foot (ft, ') . . 12 inches = 30,48 cm
1 yard (yd) . . . 36 inches = 91,44 cm
1 mile (mi) . . . . 1609,3 m

Raummaße:
1 ounce. . . . . 2,957 cl
1 pint = 16 oz . . . . 0,4732 l
1 quart = 2 pints . . . . 0,946 l
1 gallon (gl) = 4 quarts . . . 3,7853 l
(in Kanada) . . . . 4,546 l

Gewichte:
1 ounce (oz) . . . . 28,35 g
1 pound (lb) = 16 oz . . . . . 453,6 g

Temperatur:
In den USA werden Temperaturen in Fahrenheit angegeben, die Werte können mit der Formel (F - 32) : 9 x 5 = C in Celsius umgerechnet werden.

-4° F . . . . -20 ° C
0° F . . . . -18 ° C
15° F. . . . . -10 ° C
32° F. . . . . 0 ° C
50° F . . . . 10 ° C
68° F . . . . 20 ° C
75° F . . . . 23 ° C
80° F . . . . 27 ° C
90° F . . . . 32 ° C
100° F . . . . 38 ° C

Medien und Fernsehen

Wer durch die USA reist, wird schnell bemerken, dass für den Durchschnittsamerikaner Europa weit weg ist. Dies liegt nicht zuletzt an den amerikanischen Medien, die entweder regional oder – bei den großen Fernsehgesellschaften und Zeitungen – vornehmlich national ausgerichtet sind.

Über internationale Geschehnisse informieren die *New York Times*, *Los Angeles Times* und das *Wall Street Journal*. Alle anderen, selbst große amerikanischen Blätter, berichten nur über nationale Themen. Selbst die guten Nachrichtenmagazine wie *Time Magazine*, *US News & World Report* oder *Newsweek* werden in den USA fast ausschließlich in amerikanischen Ausgaben verkauft. Gelegentlich findet man auch eine 1-2 Tage alte deutsche Zeitung oder ein Wochenmagazin.

Ähnlich wird es Touristen mit dem amerikanischen Fernsehen ergehen: Da es völlig privatwirtschaftlich organisiert und das System der europäischen öffentlich-rechtlichen Sender völlig fremd ist, muss man sich an andere Sendungen, Inhalte und Themen gewöhnen. Auch hier spielt Weltpolitik eine untergeordnete Rolle, die Hauptnachrichtensendungen der drei Großen CBS, ABC und NBC konzentrieren sich allabendlich auf Amerika. Eine Ausnahme macht das durch Spendengelder finanzierte Sendernetz PBS mit seiner *PBS News Hour*, die nach britischem Vorbild an jedem Werktag eine Stunde lang seriös und fundiert über nationale wie internationale Geschehnisse berichtet.

Populär sind in den USA einige Nachrichtensendungen, wie sie zum Beispiel von CBS Evening News ausgestrahlt werden. Dabei profitieren diese Sendeplätze hauptsächlich von berühmten Anchor-Men, wie die Nachrichtenmoderatoren genannt werden. Einen festen Platz im allgemeinen TV-Konsum behauptet auch das Frühstücks-Fernsehen „Good Morning America" des Senders ABC, eine lockere Magazinsendung, und die „Today Show", die jeden Montag bis Freitag zwischen 7 und 9 Uhr live von der Rockefeller Plaza in New York übertragen wird. Viele Zuschauer versammeln sich dort mit möglichst originellen Schildern, um während der Sendung gezeigt zu werden.

Die großen, altehrwürdigen Networks zeigen nur wenige Spielfilme und das meist am Sonntagabend. Das Programm wird mit Serien, *Soap Operas*, Showsendungen und viel Werbung aufgefüllt. Spielfilme findet man vor allem bei HBO.

Nicht versäumen sollte man die *Late Shows* mit David Letterman (CBS) oder die *Tonight Show* mit Jay Leno (NBC); Sport sendet ESPN.

Medikamente

Wer auf die regelmäßige Einnahme bestimmter Medikamente angewiesen ist, sollte sich (bei stärkeren Mitteln) von seinem Hausarzt unbedingt eine auf Englisch verfasste Bestätigung mit auf die Reise geben lassen, die ggf. bei der Einreise vorgelegt werden kann. Ansonsten können Medikamente in den USA auf Rezept (*Prescription*) oder frei in Pharmacies und Drugstores gekauft werden. Erstere sind dabei recht selten, letztere haben – wie viele Supermärkte oder Großkaufmärkte – einen eigenen *Prescription Counter*, wo man verschreibungspflichtige Medikamente bekommt.

Öffnungszeiten

Amerika ist das Land der unbegrenzten Öffnungszeiten, ein Ladenschlussgesetz gibt es nicht: Die meisten Geschäfte, Kaufhäuser und Shopping Malls sind montags bis samstags zwischen 9 und 21 oder 22 Uhr geöffnet. Auch an Sonntagen und selbst an Feiertagen haben viele Geschäfte von 12 Uhr bis 21 Uhr geöffnet. Viele Supermärkte und kleine *Delis* verkaufen sogar rund um die Uhr.

Banken und Postämter jedoch (Montag-Samstag von 8-17 bzw. 9-16 Uhr) haben an Sonn- und Feiertagen geschlossen.

Post

Die amerikanische Post (US Postal Service) ist das einzige Staatsunternehmen in den USA. Dennoch funktioniert sie relativ problemlos und ist preiswerter als die europäischen Postdienste. Die meisten Postämter, die allerdings relativ dünn gestreut sind, haben von 8-17 Uhr, am Sonnabend von 8-12 Uhr geöffnet. Briefmarken gibt es in den meisten Supermärkten, kleinen Drugstores oder an der Motel-/Hotelrezeption. Eine Postkarte kostet $ 1,05, ein Luftpostbrief mit Normalgewicht $ 1,05. Innerhalb der USA kostet ein Brief 45 Cents, eine Postkarte 32 Cents.

Sprache

Amerikanisches Englisch (AE) unterscheidet sich nicht nur in der Aussprache vom britischen (Schul-)Englisch (BE), sondern auch in der Wahl bestimmter Worte. So heißt Benzin im AE *gas* oder *gasoline* (BE: petrol), das Erdgeschoss *first floor* (BE: ground floor) und der erste Stock *second floor* (BE: first floor), der Fahrstuhl *elevator* (BE: lift), Hosen *pants* (BE: trousers), der Schrank *closet* (BE: cupboard, wardrobe), die Rückfahrkarte *round trip ticket* (BE: return ticket), eine Milliarde *one billion* (BE: milliard) und das Stadtzentrum *downtown* (BE: city centre).

Telefonieren

Kein anderes Land der Welt ist so stark mit Telefon- und Kommunikationsleitungen vernetzt wie die USA. In keinem anderen Land gibt es so viele Telefone (die auch funktionieren) und einen derart hervorragenden Service zu relativ günstigen Preisen. Bevor man zum Hörer greift, sollte man bedenken, dass auch die Telefonbranche privat organisiert ist; regionale Gesellschaften und überregionale *long distance companies* übernehmen die Ortsgespräche bzw. überregionale und internationale Gespräche.

Wer innerhalb des Geltungsbereiches einer Vorwahlnummer (beispielsweise 212 für New York City) telefoniert, wählt an einem öffentlichen Fernsprecher die meist siebenstellige Nummer, nachdem er einen *quarter* eingeworfen hat. Von außerhalb wählt man ansonsten einfach eine „1" und die Vorwahlnummer dazu. Die telefonische Auskunft ist landesweit unter 555-1212 zu erreichen.

Bei allen Fragen hilft der *Operator* weiter, eine Art „Fräulein vom Amt" (obgleich die *Operators* natürlich auch Männer sein können), den man von jedem Telefon aus durch die Wahl der „0" erreichen kann. Der *Operator* vermittelt auch Gespräche (allerdings teurer) und hilft beim Gespräch nach Übersee: Denn von vielen öffentlichen Telefonen aus kann man nicht einfach direkt nach Europa telefonieren. Der *Operator* verbindet mit einer *long-distance*-Gesellschaft, die eine Verbindung zur gewünschten Rufnummer in Europa herstellt. Bezahlt wird entweder per *Calling Card* (beispielsweise von AT&T, die man bereits in Deutschland kaufen kann) oder per Kreditkarte. AT&T akzeptiert manchmal keine Kreditkarten – für Sie als Kunde ist dies aber kein Problem, denn man verlangt vom *Operator* dann, eine andere Gesellschaft zu wählen. Nach der Durchsage der Kreditkartennummer und deren Überprüfung steht dem Gespräch nichts mehr im Wege.

Bei den Prepaid-Telefonkarten, die es von etlichen Anbietern gibt, sollte man unbedingt die Geltungsbedingungen auf der Rückseite beachten. Einige erheben hohe Gebühren für die Aktivierung der Karte, viele geben nur die Einheiten für Inlandsgespräche an. Ein Anbieter ist z. B. IDT, mit dessen GlobalCall-Karte eine Minute Gesprächszeit nach Deutschland 12 ct kostet.

Eine Besonderheit sind die *collect calls*, sogenannte R-Gespräche: Hier übernimmt der Angerufene die Telefonkosten. Einfach und schnell ist dabei der „Deutschland Direkt"- Service der Telekom: Man wählt aus den USA die Nummer 1-800-292-0049. Es meldet sich ein deutschsprachiger Vermittler in Frankfurt/M., der den gewünschten Teilnehmer anruft und fragt, ob er die Kosten übernimmt (nur Festnetzanschlüsse).

Telefonieren im Hotel ist recht teuer; selbst örtliche Gespräche kosten bis zu 75 Cents pro Einheit. Dafür kann man von vielen Hotelzimmern oft direkt nach Europa durchwählen. Man wählt zunächst die Verbindungsnummer nach außen (oft die „9"), dann „011", die Landesvorwahl und schließlich die gewünschte Rufnummer. Ländervorwahlen: Deutschland 01149, Österreich 01143, Schweiz 01141.

Billiger ist die Benutzung einer internationalen Verbindungslinie einer privaten Gesellschaft (etwa At&T oder MCI), die man zur Weitervermittlung bei internationalen Gesprächen anrufen kann, um so die Hotelgebühren zu umgehen.

Landesweit gebührenfrei sind Telefonnummern, die mit 1-800, 1-866, 1-877 oder 1-888 beginnen. Oft findet man 800er-Nummern wie etwa „1-800-354-ALEX“. Diese Buchstabenfolge wirbt für das Unternehmen und steht für bestimmte Ziffern, die auf jedem Apparat landesweit denselben drei Buchstaben zugeordnet ist, was auch auf den Tasten jedes Apparates abgedruckt ist (in diesem Fall müsste man z. B. 1-800-354-2539 wählen).

Vorsicht ist bei den 900er-Nummern geboten, da sie immer gebührenpflichtig und immens teuer sind!

Die landesweite Notrufnummer für alle Dienste ist 911.

Handy (*cell phone*): In den USA funktionieren ausschließlich Tri- oder Quadband-Handys; ältere Dualband-Modelle aus Europa sind nicht einsatzfähig. Über die Roamingkosten informieren Sie sich am besten vor Reiseantritt bei Ihrem Telefonanbieter. Die Anschaffung einer amerikanischen Prepaid-Karte lohnt in der Regel nur bei einem längeren Aufenthalt.

Touristeninformation

Jeder Bundesstaat unterhält *Visitor Centers* an wichtigen Sehenswürdigkeiten und hat eigene informative Homepages. Die folgenden Stellen liefern Informationsmaterial und beantworten Fragen:

Neuengland- und Atlantikstaaten

Connecticut: Tel. 1-888-CTVISIT, 860/256-2800, Fax 270-8077, www.ctvisit.com,

Delaware: Tel. 1-866-284-7483, www.visitdelaware.com

Maine: Tel. 1-888-624-6345, www.visitmaine.com

Massachusetts: Tel.1-800-227-MASS, Tel. 617/973-8500, Fax 973-8525, www.massvacation.com

New Hampshire: Tel. 603/271-2665, Fax 271-6870, www.visitnh.gov

New York: Tel. 1-800-CALLNYS, 518/474-4116, www.iloveny.com

Pennsylvania: 1-800-VISIT-PA, 717/847-4872, www.visitpa.com

Rhode Island: Tel. 1-800-250-7384, Fax 401/273-8270, www.visitrhodeisland.com

Vermont: Tel. 1-800-VERMONT, 802/828-3237, www.vermontvacation.com

Die Großen Seen

Illinois: Tel. 1-800-406-6418, www.enjoyillinois.com

Indiana: Tel. 1-800-677-9800, Fax 317/233-6887, www.in.gov/visitindiana

Michigan: Tel. 1-888-784-7328, www.michigan.org

Minnesota: Tel. 1-888-TOURISM, 651/296-5029, www.exploreminnesota.com.

Ohio: Tel. 1-800-BUCKEYE, http://consumer.discoverohio.com

Wisconsin: Tel. 1-800-432-8747, 608/266-2161, www.travelwisconsin.com

Mittlerer Westen / Präriestaaten

Arkansas: Tel. 501/682-7777, www.arkansas.com.

Kansas: Tel. 785/ 296-2009, www.travelks.com.

Missouri: Tel. 1-800-519-2100, 573/751-4133, www.visitmo.com

North Dakota: Tel. 1-800-435-5663, 701/328-2525, Fax 328-4878 www.ndtourism.com

Oklahoma: Tel. 1-800-652-6552, www.travelok.com.

South Dakota: Tel. 1-800-SDAKOTA, www.travelsd.com.

Südstaaten

Alabama: Tel. 1-800-ALABAMA, 334/242-4169, www.alabama.travel.

Florida: Tel. 1-866-972-5280, 850/488-5607, www. visitflorida.com

Georgia: Tel. 404/962-4000, Fax 962-4093, www.georgia.org

Kentucky: Tel. 502/564-4930, www.kentuckytourism.com

Louisiana: Tel. 1-800-99-GUMBO, www.lousianatravel.com

Maryland: Tel. 1-866-639-3526, http://visitmaryland.org
Mississippi: Tel. 1-866-SEEMISS, 601/359-3297, Fax 359-5757, www.visitmississippi.org
North Carolina: Tel. 1-800-VISITNC, 919/733-8372, Fax 715-3097, www.visitnc.com
South Carolina: Tel. 1-866-224-9339, 803/734-1700, www.discoversouthcarolina.com
Tennessee: Tel. 615/741-2159, www.tnvacation.com
Virginia: Tel. 1-800-VISITVA, www.virginia.org
Washington, D.C.: Tel. 1-800-422-8644, 202/789-7000, Fax 789-7037, www.washington.org
West Virginia: Tel. 304/558-2200, 1-800-CALL-WVA, www.wvtourism.com

Zeitzonen

Die USA sind in vier Zeitzonen unterteilt: Die Ostküstenzeit heißt *Eastern Time* (ET) und liegt sechs Stunden hinter der mitteleuropäischen Zeit (MEZ). Die nächste Zeitzone ist *Central Time* (CT, schließlich die *Mountain Time* (MT) und die *Pacific Time* (PT). Wenn es also in New York (ET) acht Uhr morgens ist, ist es sieben Uhr in Chicago (CT), sechs Uhr in Colorado Springs (MT) und fünf Uhr in San Francisco (PT).

Auch in den USA gibt es mittlerweile eine Sommerzeit; sie gilt vom zweiten Sonntag im März bis zum ersten Sonntag im November (*Daylight saving time*).

Achtung: Bei Flug- und sonstigen Plänen werden immer die jeweiligen Ortszeiten angegeben!

AUTOREN

Jürgen Scheunemann arbeitet als freier Journalist und Übersetzer in Berlin. Er studierte amerikanische Geschichte in Berlin und unterrichtete an der Universität von Maryland (USA). Von ihm stammen die Kapitel „Im Land der unbegrenzten Möglichkeiten", „Von Chicago in die Prärie von South Dakota", „Washington, D.C. und die Chesapeake Bay", „Von Washington, D.C. nach Charleston", „Von Washington, D.C. nach Atlanta", „Das politische System", „Kriminalität und Drogen", „Das schwarze Amerika" und „Die Bildungskrise".

Gary McKechnie ist Reisejournalist und schrieb die Kapitel „Durch Floridas Süden", „Durch Floridas Norden" und „Von New Orleans nach St. Louis".

Anne Midgette lebt in New York und schreibt über Musik und Kunst für die Washington Post, ARTnews, Opera News und andere Magazine. Zusammen mit Herbert Breslin verfasste sie zudem eine Biografie über Luciano Pavarotti. Sie wuchs in New York City und New Mexico auf und unternahm zahlreiche Reisen durch die USA und Europa. Sie war Projektredakteurin und Co-Autorin des *Nelles Guide New York*. Von ihr stammen die Kapitel „New York City", „Von New York nach Montreal", „Von den Catskills nach Buffalo", „Von den Niagarafällen nach Toronto", „Von Toronto nach Chicago" und „Religion in den USA."

Marton Radkai wurde in New York geboren und wuchs in Europa auf. Später lebte er acht Jahre lang in Neuengland, wo er als Rundfunksprecher beim Sender WFCR tätig war. Er verfasste die Kapitel „Von New York nach Rhode Island" und „Von Massachusetts nach Maine".

ÜBERSETZUNG

Jürgen Scheunemann, **Martin Schrader**

FOTOGRAFEN

Nelles Verlag

USA

Der Osten, Mittlerer Westen, Südstaaten

Hotelverzeichnis

HOTELVERZEICHNIS

Selbst in der Hauptferienzeit ist es kein Problem, ein Motel oder Hotel zu finden, zumindest, wenn Sie bis 18 Uhr einchecken. Nur an Wochenenden und/oder in der Nähe von beliebten Nationalparks oder Reisezielen können alle Zimmer ausgebucht sein. Es empfiehlt sich daher, im voraus zu buchen bzw. seine Ankunft telefonisch anzukündigen.

Selbst preiswerte Motelzimmer verfügen in den USA über ein Bett in double, queen oder king size, Farbfernseher und Kabelanschluss. Häufig gibt es im Hotel einen Pool. Wer selbst kochen möchte, kann nach einem Zimmer mit *kitchenette* (Küchenzeile) fragen. Reisende über 55 Jahre sollten nach einer Senior Rate fragen, die bis zu 20 Prozent Ermäßigung bedeutet. Familien können Kinder bis zwölf Jahre oft kostenlos ins Zimmer mitnehmen bzw. kostenlos im Hotelrestaurant essen lassen. Wer als Reisegruppe mit drei, vier oder fünf Personen unterwegs ist, kann getrost ein Doppelzimmer mit zwei King- oder Queen-Size-Betten verlangen, zumal der Gesamtpreis des Zimmers dann wesentlich niedriger ist.

In **Deutschland** kann man bei den folgenden, teilweise kostenlosen Telefonnummern weitere Informationen einholen und reservieren:

Obere Preiskategorie (über 150 US$): **Hilton International**, Tel. 0800/88844888. **Ritz-Carlton**, Tel. 0800/1812334. **Intercontinental**, 0800/1853955. **Marriott,** Tel. 0800/19271927. **Sheraton**, Tel. 0800/32535353. **Westin**, Tel. 0800/32595959.

Gehobene Preiskategorie (bis 150 US$): **Radisson Hotels**, Tel. 0800/916060. **Doubletree**, Tel. 0800/88844888. **Embassy Suites**, Tel. 0800/1818146.

Mittlere Preiskategorie (bis ca. 100 US$): **Best Western Hotels**, Tel. 0800/2125888. **Holiday Inn**, Tel. 0800/1813656. **Hampton Inn**, Tel. 0800/88844888. **Ramada Hotels**, Tel. 0800/87333737. **Howard Johnson**, www.hojo.com.

Untere Preiskategorie (unter 70 US$): **Travelodge**, www.travelodge.com. **Days Inn**, www.daysinn.com. **Motel 6**, www.motel6.com.

In den **USA** kann man Hotels unter folgenden kostenlosen Nummern buchen:

Obere Preiskategorie (über 150 US$): **Hilton Hotels**, Tel. 1-800-445-8667; **Ritz-Carlton**, Tel. 1-800-542-8680; **Marriott Hotels**, Tel. 1-888-236-2427; **Sheraton**, Tel. 1-800-325-3535; **Westin**, Tel. 1-800-957-8461.

Gehobene Preiskategorie (bis 150 US$): **Radisson Hotels**, Tel. 1-800-967-9033; **Doubletree**, 1-800-445-8667; **Embassy Suites**, Tel. 1-800-445-8667.

Mittlere Preiskategorie (bis ca. 100 US$): **Best Western**, Tel. 1-800-780-7234; **Holiday Inn**, Tel. 1-800-465-4329; **Hampton Inn**, 1-800-445-8667; **Ramada Inns**, Tel. 1-800-854-9517; **Howard Johnson Hotels**, Tel. 1-800-221-5801.

Untere Preiskategorie (unter 70 US$)

Days Inns, Tel. 1-800-225-3297; **Travelodge**, Tel. 1-800-525-4055, **Motel 6**, Tel. 1-800-466-8356.

Die Preiskategorien in diesem Hotelverzeichnis bedeuten:

$$$ über 150 US$
$$ 100-150 US$
$ bis 100 US$

2 NEW YORK CITY

Downtown Manhattan (☎ 212)

$$ **Holiday Inn Downtown**, 138 Lafayette St., Chinatown, Tel. 966-8898, Fax 966-3933, www.hidowntown-nyc.com. Die Zimmer sind neu möbliert und mit TV, Telefon und Kaffeemaschinen ausgestattet.

Washington Square Hotel, 103 Waverly Pl., Tel. 777-9515, Fax 979-8373, www.wshotel.com. Mitten im Herzen von Greenwich Village.

Midtown Manhattan (☎ 212)

$$$ **New York Palace**, 455 Madison Ave, Tel. 888-7000, Fax 303-6000, www.newyorkpalace.com. Mit Spa, Healthcenter und 5-Sterne-Restaurant.

Plaza, 5th Ave./59th St., Tel. 759-3000, Fax 759-3001, www.fairmont.com. In dem Nobelhotel wurden Filme wie „Der große Gadsby" und „Crocodile Dundee" gedreht.

$$ **Chelsea**, 222 W 23rd St., New York 10011, Tel. 243-3700, www.hotelchelsea.com Kein Hotel wie jedes andere: große, spärlich, aber künstlerisch ausgestattete Räume.

Courtyard, 3 E 40th St., New York 10016, Tel. 447-1500, www.marriot.com. Im hauseigenen

Restaurant kann man gut frühstücken. **Milford Plaza**, 270 W 45th St., Tel. 869-3600, Fax 703-0644, www.milfordplaza.com. Riesenhotel mit über 1300 Zimmern im Theaterdistrikt.

Upper Manhattan und der Norden (☎ 212)

$$$ **Carlyle**, Madison Ave. 35 E 76th St., Tel. 744-1600, Fax 717-4682, www.thecarlyle.com. Hotel der Spitzenklasse mit allen Annehmlichkeiten. Im Café Carlyle treten berühmte Kabarettisten wie Woody Allen auf. **Lowell**, 28 E 63rd St., zwischen Madison und Park Ave., Tel. 838-1400, Fax 319-4230, www.lhw.com. 17stöckiges, elegantes Spitzenhotel in einer ruhigen Nebenstraße.

$$ **Empire**, 44 W 63rd St., Tel. 265-7400, Fax 265-7401, www.empirehotelnyc.com. Das am Central Park liegende, voll klimatisierte Hotel ist u. a. mit einem Fitnessstudio ausgestattet.

3 VON NEW YORK NACH RHODE ISLAND

New Haven und Connecticut (☎ 203)

$$ **Farnam Guesthouse**, 616 Prospect St., New Haven, Tel. 562-7121, www.farnamguesthouse.com. **Mohegan Sun**, 1 Mohegan Sun Blvd., Uncasville, Tel. 1-888-777-7922, www.mohegansun.com. Luxuriöses Casinohotel mit Spa, Pool und Golfplatz.

Old Mystic Inn, 52 Main St., Mystic, Tel. 860/572-9422, Fax 572-9954, www.oldmysticinn.com.

Foxwoods Resort Casino, 350 Trolley Line Blvd., Mashantucket, Tel. 1-800-369-9663, www.foxwoods.com. Casino mit luxuriösen Räumen oder Suiten, Spa und Golfplatz.

$ **Econo Lodge**, 100 Pond Lily Ave., New Haven, Tel. 387-6651, www.econolodge.com. Älteres Haus mit Pool.

Newport und Providence (☎ 401)

$$$ **Cliffside Inn**, 2 Seaview Ave., Newport, Tel. 847-1811, www.cliffsideinn.com. Exquisit ausgestattetes viktorianisches B&B mit Whirlpool, offenem Kamin und Dampfbad.

$$ **Marriott**, Charles/Orms Sts., Providence, Tel. 272-2400, Fax 272-2400, www.marriott.com. Gepflegtes Stadthotel im Zentrum mit eigenem Restaurant, Business Center und Parkplatz.

Newport Harbor Hotel & Marina, 49 America's Cup Ave., Newport, Tel. 847-9000. Direkt am Jachthafen gelegenes Hotel mit gediegener Ausstattung.

Yankee Peddler Inn, 113 Touro St., Newport, Tel. 846-1323, www.yankeepeddlerinn.com. Reizendes B&B, in der Nebensaison günstig.

$ **Christopher Dodge House**, 11 W. Park St., Providence, Tel. 351-6111, www.providence-inn.com. Nettes B&B, auch King- oder Einzelbetten, günstig gelegen.

4 VON MASSACHUSETTS NACH MAINE

Massachusetts / Cape Cod (☎ 508)

$$ **Captain's Manor Inn**, 27. W. Main St., Tel. 388-7336, http://captainsmanorinn.com. Gepflegtes B&B mit schönem Garten, kuscheligen Betten und gutem Frühstück. **Simmons Homestead**, 288 Scudder Ave., Hyannis Port, Tel. 778-4999, Fax 790-1342, www. simmonshomesteadinn.com. B&B in einem Haus vom Beginn des 19. Jh., ländliche Atmosphäre. **Lamb and Lion Inn**, 2504 Main St. (Route 6a), Barnstable, Tel. 362-6823, Fax 362-0227, www.lambandlion.com. Wunderbares B&B, individuell gestaltete Räume, Pool und Spa, TV, WIFI.

$ **Hyannis Inn Motel**, 473 Main St., Hyannis, Tel. 775-0255, www.hyannisinn.com. Zentral gelegen, mit Innenpool.

Atlantic Oaks Campground, Rte. 6, Eastham, Tel. 255-1437. **Martha's Vineyard Campground**, Edgartown Rd., Box 1557, Vineyard Haven, Tel. 693-3772.

Boston und Umgebung (☎ 617)

$$ **A Cambridge House**, 2218 Massachusetts Ave., Cambridge, Tel. 491-6300, www. acambridgehouse.com. Sehr gediegenes B&B im viktorianischen Stil mit Jacuzzi-Suiten. **Newbury Guest House**, 261 Newbury St., Boston, Tel. 670-6000, newburyguesthouse.com, Haus von 1882, beliebt, ideale Lage für Shopping.

Maine (☎ 207)

$$ **Portland Regency**, 20 Milk St., Portland, Tel. 774-4200, www.theregency.com. Im Historic Old Port District gelegenes elegantes Hotel mit klimatisierten Zimmern.

$ **Bar Harbor Motel**, 100 Eden St., Tel. 288-3453, www.barharbormotel.com. Schöne Anlage, ebenerdige Motelräume mit Kühlschrank. Pool, Busstation zum 1 Meile entfernten Bar Harbor.

5 VON NEW YORK NACH MONTREAL

Hudson River und Hudson Highlands (☎ 914 / 845)

$$ **Courtyard Tarrytown Greenburgh**, 475 White Plains Rd, Tarrytown, Tel. 631-1122, www.marriott.com. Gutes Hotel mit Swimmingpool, gratis DSL-Internetzugang und eigenem Restaurant. **Days Inn**, 62 Haight Ave., Poughkeepsie, Tel. 845-454-1010, www.daysinn.com. Ordentliches Kettenmotel mit bequemen Zimmern.

$ **Holiday Inn Express**, 2750 South Rd., Poughkeepsie, Tel. 845-473-1151, www.hiexpress.com. Mit Mikrowelle, Kühlschrank. **Golden Manor Motel**, an der US 9, Hyde Park, (bei Roosevelt Mansion), Tel. 845-229-2157, Motel mit 40 Zimmern ohne großen Komfort.

Rhinebeck (☎ 914) / Albany (☎ 518)

$$ **Beekman Arms & Delamater Inn**, an d. US 9, Rhinebeck, Tel. 876-7077, http://beekmandelamaterinn.com Historisches Gasthaus mit Taverne. **The Morgan State House**, 393 State St., Tel. 427-6063, www.statehouse.com. Gepflegt eingerichtetes B&B in einem viktorianischen Stadthaus.

Die Adirondacks (☎ 518)

$$ **Gideon Putnam**, Saratoga State Park, Tel. 584-3000, www.gideonputnam.com. Schönes historisches 5-Sterne-Hotel mit feinem Restaurant und schönem Spa. **Apple Tree B&B**, 49 W. High St., Ballston Spa, Tel. 866-451-4998, www. appletreebb. com. Viktorianisches Schmuckstück mit wohnlicher Ausstattung und familiärem Service. **Lewis House B&B**, 38 E. High St., Ballston Spa, Tel. 884-9857, www.lewishouse.com. Romantische Bleibe aus dem Jahr 1865 im viktorianischen Stil, nur für Nichtraucher.

⛺ **Fish Creek Pond State Campground** (beim Tupper Lake), NY 30, Adirondack Park, Tel. 891-4560. **Lake Eaton State Campground**, 20 Meilen südl. an NY 30, Tel. 624-2641.

Montreal

Landesvorwahl Kanada 001, Ortsvorw. 514

$$$ **Auberge de La Fontaine**, 1301 East Rachel St., Tel. 597-0166, www.aubergedelafontaine.com. Hübsches Hotel mit 21 klimatisierten Zimmern mit eigenem Bad. Die geräumigen Suiten sind farbenfroh und gemütlich eingerichtet.

$$ **Bob & Mariko's B&B**, 3458 Laval Ave., Tel. 289-9749, www.bbmontreal.qc.ca. Gemütliches B&B in Downtown.

6 VON DEN CATSKILLS NACH BUFFALO

Catskills

$$ **The Inn at Cooperstown**, 16 Chestnut St., Cooperstown, Tel. 607/547-5756, www.innatcooperstown.com. Sehr komfortables und gemütliches B&B. **Tunnicliff**, 36 Pioneer St., Cooperstown, Tel. 607/547-9611, www.cooperstownchamber.org/~tunnicliff. B&B mit beliebter historischer Bar. **Cooperstown Motel**, 101 Chestnut St., Cooperstown, Tel. 607/547-2301, www.cooperstownmotel.com. Gut ausgestattetes großes Motel mit sauberen Zimmern.

⛺ 7 Plätze im Catskill Park. **North/ South Lake** (an NY 23A, nordöstl. von Haines Falls, Tel. 518/589-5058. **Kenneth L. Wilson**, an NY 28 (östl. von Mt. Tremper), Tel. 845/679-7020.

Finger Lakes / Buffalo

$$ **Asa Ransom House**, 10529 Main St., Clarence/Buffalo, Tel. 716/759-2315, www.asaransom.com. Reizendes mit Antiquitäten ausgestattetes B&B, sehr romantische Atmosphäre.

$ **Econo Lodge**, 2303 N. Triphammer Rd., Ithaca, Tel. 607-257-1400, www.econolodge.com. Einfaches Motel mit Zimmern ohne großen Komfort.

7 VON DEN NIAGARA-FÄLLEN NACH TORONTO

Niagara Falls

$$ **Best Western Fallsview**, 5551 Murray St., kanadische Seite, Tel. 905/356-0551, Fax 356-7773, www.bestwesternfallsview.com. Nichtraucherhotel mit Swimmingpool und Sauna.

Sterlin Inn & Spa, 5195 Magdalen St., Tel. 289-292-0000, www.sterlingniagara.com, kanadische Seite. Komfortabel und angenehm, mit Parkplatz.

Ramada Plaza, 7389 Lundy's Lane, kanadische Seite, Tel. 905/356-6116, www.ramadaplazaniagara.com. Schöne Zimmer, Suiten mit Kühlschrank und Mikrowelle.

An der Lundy Lane in Niagara Falls (Kanada) liegen Dutzende Motels aller Preiskategorien.

$ **Liberty Inns**, 6408 Stanley Ave., Niagara Falls, kanadische Seite, Tel. 905/356-5877. Einfaches Motel mit über 100 Zimmern.

Candlelight Motor Inn, 7600 Lundy's Lane, Niagara Falls, Tel. 905-354-2211, www.candlelightniagara.com. Budgetmotel mit Pool.

Niagara-On-The-Lake (☎ 905)

$$$ **Prince of Wales**, 6 Picton St., Niagara-on-the-Lake, Tel. 468-3246, www.vintageinns.com. Luxuriös renoviertes viktorianisches Hotel mit Spa.

$$ **Williams Gate B&B**, 413 Gate St. Tel. 468-3086, www.williamsgate.com. Schönes B&B, Zimmer teilweise mit kompletter Küche.

Countryside B&B, 102 Line 1 Rd., Tel. 684-6218, 8 km außerhalb auf einer Farm gelegene Unterkunft mit großen Zimmern in sehr ländlicher Atmosphäre.

Britaly, 57 The Promenade, Tel. 468-8778, www.britaly.com. Geschmackvolles, relaxtes B&B mit Superfrühstück.

Toronto (☎ 416)

$$$ **Four Seasons**, 21 Avenue Rd./Bloor St., Tel. 964-0411, Fax 964-2301, www.fourseasons.com. Sehr exklusives Haus, zentrale Lage in der Innenstadt. **Royal Meridian King Edward**, 37 King St. E., Innenstadt, Tel. 863-9700, www.lemeridien-kingedward.com. Gediegener Luxus mit feiner Küche.

$$ **Best Western Primrose**, 111 Carlton St., Tel. 977-8000, Fax 977-6323. www.torontoprimrosehotel.com. Bestens ausgestattetes Stadthotel mit Restaurant, Sauna, Fitness-Studio, Außenpool und 342 geräumigen Zimmern. **Comfort Hotel Downtown**, 15 Charles St. E, Tel. 924-1222, Fax 927-1369, www.comforthotel.com. **A Sweet Dreams**, 390 Clinton St., Tel. 538-0417, www.suitedreamstoronto.com. Komfortables B&B mit 3 Suiten in Korea Town.

$ **Alexandra Hotel**, 77 Ryerson Ave., Tel. 504-2121, www.alexandrahotel.com. Zweckmäßige Zimmer mit kleiner Küche, WLAN, günstig gelegen und mit Parkplatz.

Motel 27, 650 Evans Ave., Tel. 255-5500, www.motel27.com. 47 renovierte Zimmer mit Kühlschrank und Satelliten-TV.

B&B: **Toronto Bed & Breakfast Reservation Service**, Box 269, 253 College St., Toronto, ON, M5T 1R5, Tel. 705/738-9449, www.torontobandb.com. Zentrales B&B-Vermittlungsbüro für die Region Toronto.

8 VON TORONTO NACH CHICAGO

Ontario und Lake Erie (☎ 519)

$$ **Idlewyld Inn**, 36 Grand Ave., London, Tel. 433-2891, www.idlewyldinn.com. Historisches Inn von 1878 mit eigenem Restaurant und Golfplatz. **Kettle Creek Inn**, 216 Joseph St., Port Stanley, Tel. 782-3388, www.kettlecreekinn.com. Historisches Gebäude mit Restaurant. **Holiday Inn Select**, 1855 Huron Church Rd., Windsor, Tel. 966-1200, www.holiday-inn-windsor.com. Großes Hotel mit über 200 Zimmern und hauseigenem Restaurant samt Cocktail-Bar.

⛺ **Big Otter Marina & Campground**, Port Burwell, Exit 218, Hwy. 401, S, Hwy. 19, Tel. 874-4034. **Windsor KOA**, Exit 14 Hwy. 401, Cty Rd. 46 E, 9th Con, Windsor, Tel. 735-3660.

Detroit (☎ 313)

$$ **Atheneum**, 1000 Brush St., Greektown, Tel. 962-2323, Fax 962-2424, www.atheneumsuites.com. Luxusherberge nur mit Suiten für gehobene Ansprüche. **Doubletree Dearborn**, 5801 Southfield Service Dr., Tel. 336-3340, http://doubletree1.hilton.com. Gepflegtes Bu-

sinesshotel mit Pool. **Best Western Sterlin Inn**, 34911 Van Dyke, Sterlin Heights, Tel. 586-979-1400, www.bestwestern.com. 15 Meilen nördlich von Detroit. Kinder lieben die Wasserparkhalle mit Riesenrutsche (im Preis inbegriffen).

$ **Shorecrest Motor Inn**, 1316 E Jefferson Ave., Tel. 568-3000, Fax 568-3001, www.shorecrestmi.com. Zentral gelegen, über 50 Zimmern mit Kühlschrank, Kaffeemaschine und Dataport. **Red Roof Inn**, 24130 Michigan Ave., Dearborn, Tel. 278-9732, www.redroof.com. Einfacheres Kettenhotel mit kostenlosem Frühstück, WIFI.

Michigan und die obere Halbinsel

$$ **Best Western Four Seasons Motel**, 305 Munson Ave., Traverse City, Tel. 231/946-8424, www.bestwestern.com. Renovierte, wohnliche Zimmer. **The Inn at Ludington**, 701 E Ludington Ave., Ludington, Tel. 231/845-7055, www.inn-ludington.com. B&B in historischem Haus. Man kann Packages für „Murder Mystery"-Wochenenden buchen.

$ **Nader's Lakeshore Motor Lodge**, 612 N. Lakeshore Dr., Ludington, Tel. 231/843-8757, www.nadersmotel.com. Nur wenige Schritte vom öffentlichen Badestrand entfernt, mit Pool.

Manistee Inn & Marina, 378 River St., Manistee, Tel. 231/723-4000, www.manisteeinn.com. Im viktorianischen Stadtzentrum gelegen mit einfacheren Zimmern. **Motel 6**, 1518 S. Stephenson Ave., Iron Mountain, Tel. 906/774-7400, www.motel6.com. Sauber, für Nichtraucher ohne allzu große Ansprüche, mit Pool.

Bay City, M247, Tel. 989/684-3020. **Interlochen**, M137, Tel. 231/276-9511. **Ludington State Park**, M116, Tel. 616/843-8671. **Tahquamenon Falls State Park**, Paradise, M123, Tel. 906/492-3415. (M= Meile).

Wisconsin (☎ 414)

$$$ **Pfister Hotel**, 424 E Wisconsin Ave., Milwaukee, Tel. 273-8222, Fax 273-5025, www.pfister-hotel.com. Grandhotel in einem viktorianischen Gebäude.

$$ **White Gull Inn**, Box 160, 3 Blocks westl., an der WI 42, Fish Creek, Tel. 920/868-3517, Fax 868-2367, www.whitegullinn.com, Stilvolle, gemütliche Unterkunft mit ländlichem Flair. Man kann auch in Cottages übernachten. **The Whistling Swan**, Fish Creek, Tel. 920/868-3442, Fax 868-1703, www.whistlingswan.com Das hübsche Haus wurde 1887 andernorts erbaut und 1907 an seinen heutigen Standort versetzt.

Chicago (☎ 312)

$$$ **Renaissance**, 1 W Wacker Dr., Tel. 372-7200. Grand Hotel mit einem herrlichen Ausblick auf die Großen Seen. **Intercontinental Chicago**, 505 N. Michigan Ave., Tel. 944-4100, Fax 944-1320, http://chicago.intercontinental.com. Luxuriöses Art-Deco-Hotel von 1927 mit Swimmingpool im römischen Stil und Zimmern für gehobene Ansprüche.

$$ **Best Western River North Hotel**, 125 W. Ohio St., Tel. 467-0800, Fax 467-1665, www.bestwestern.com. Zentral gelegenes Stadthotel mit 150 Zimmern. **Double Tree**, 300 E. Ohio St., Tel. 787-6100, www.doubletreemagmile.com. Nur einen Katzensprung von der Magnificent Mile entfernt gelegen mit sehr komfortablen Zimmern, Restaurant und Außenpool.

$ **Red Roof Inn**, 162 E. Ontario St., Tel. 787-3580, www.redroof-chicago-downtown.com. Downtown, ohne Parkplatz. **Club Quarters**, 111 West Adams St., Tel. 214-6400, www.clubquarters.com. Zentral im Loop gelegen, Restaurant und Starbucks im Haus, WIFI.

9 VON CHICAGO IN DIE PRÄRIE VON SOUTH DAKOTA

Wisconsin und Minnesota (☎ 608)

MADISON: $$ **Concourse**, 1 W Dayton St., Tel. 257-6000, www.concoursehotel.com. Bestes Hotel der Stadt mit 350 elegant ausgestatteten Gästezimmern inkl. Kaffeemaschine, Anrufbeantworter und Gratiszeitung.

Ruby Marie, 524 E Wilson, Tel. 608-327-7829, www.rubymarie.com. Viktorianisches B&B mit Pub im Haus.

$ **Econo Lodge**, 4726 E Washington Ave., Tel. 241-4171, www.econolodge.com, Kettenmotel nahe East Towne Mall.

WISCONSIN DELLS: $$$ **Chula Vista Resort**, 4031 N River Rd., Tel. 254-8366, www.chulavistaresort.com. Hotelresort mit einem breiten Freizeitangebot, besonders Wintersport. $$ **Black Hawk**, Broadway/Rate St., Tel. 254-7770. Motel mit Pool, Zimmer teilweise mit Whirlpool und Küche.

Minneapolis / St. Paul (☎ 612)

$$$ **Graves 601**, 601 1st Ave. N., Minneapolis, Tel. 677-1100, www.graves601hotel.com. Stylish, Doppelzimmer und Suiten im Auge des Sturms: dicht bei liegen Hard Rock Café und Target Center. **The Saint Paul Hotel**, 350 Market St., St. Paul, Tel. 1-800-292-9292, www.stpaulhotel.com. Das Hotel gehört zu den architektonischen Wahrzeichen der Stadt und lässt hinsichtlich Ausstattung und Service keine Wünsche offen.

$$ **Best Western Kelly Inn**, 161 St. Anthony Blvd., St. Paul, Tel. 651/227-8711, www.bestwestern.com. Das Hotel ist mit einem Innenpool und Restaurant ausgestattet. **Best Western Normandy Inn**, 405 South 8th St., Minneapolis, Tel. 370-1400, www.bestwestern.com. Klimatisierte Zimmer, Sauna und Gratis-Frühstück. **Millennium Hotel Minneapolis**, 1313 Nicollet Mall, Minneapolis, Tel. 332-6000, Fax 359-2160, www.millenniumhotels. com. Im Zentrum der Stadt gelegenes Hotel der gehobenen Klasse.

$ **Economy Inn**, 149 University Ave E., Saint Paul, Tel. 651-227-8801. Räume mit Kühlschrank und Mikrowelle. **Days Inn Roseville**, 2550 Cleveland Ave. N, Roseville (St. Paul), Tel. 651/636-6730, www.daysinn.com. Ordentliches Standardmotel.

Badlands und Black Hills (☎ 605)

$$ **American Presidents Resort**, Highway 16A, Custer, Tel. 673-3373, www.presidentsresort.com Familienresort mit Cabins/Campingplatz. **Bullock Hotel**, 633 Main St., Deadwood, Tel. 578-1745, www.historicbullock.com. Historisches Hotel im Western-Stil, in der Innenstadt. **Ghost Canyon B&B**, HCR 89, Hermosa, Tel. 666-4265, www.ghostcanyonbb.com. In Betrieb befindliche Western Ranch zwischen Custer State Park und Mount Rushmore.

$ **Deadwood Gulch**, 304 Cliff St., Deadwood, Tel. 578-1294, Casinohotel.

⛺ **Beaver Lake Campground**, Rte. 1, Box 55H, Custer, Tel. 673-2464, www.custer-sd.com/camp.html. **Custer Mountain Cabins & Campground**, HCR 83, Box 119, Custer, Tel. 673-5440, www.custermountain.com.

10 RUND UM DIE CHESAPEAKE BAY

Philadelphia (☎ 215)

$$$ **Four Seasons**, 1 Logan Square, Tel. 963-1500, Fax 963-9506, www.fourseasons.com. Das Hotel gehört zu den besten der Stadt. **Omni Hotel at Independence Park**, 401 Chestnut St., Tel. 925-0000, Fax 925-1263, www.omnihotels.com. Preisgekröntes Restaurant. **Rittenhouse Hotel**, 210 W Rittenhouse Square, Tel. 546-9000, Fax 732-3364, www.rittenhousehotel.com. Zentral gelegene Nobelherberge mit sehr gediegener Atmosphäre.

$$ **Best Western Independence Park Hotel**, 235 Chestnut St., Tel. 922-4443, Fax 922-4487, www.independenceparkhotel.com. Alle 36 Zimmer von Designern gestaltet. **Holiday Inn Historic District**, 400 Arch St., Tel. 923-8660, Fax 923-4633, www.ichotelsgroup.com. Im historischen Nationalpark gelegenes Hotel mit über 350 wohnlichen Zimmern. **Sheraton Society Hill**, 2nd / Walnut St., Tel. 238-6000, Fax 238-6652, www.sheraton.com/societyhill. Elegantes Stadthotel mit zwei Restaurants und Fitness-Club.

$ **Penn's View Inn**, Front / Market St., Tel. 922-7600, www.pennsviewhotel.com. Komfortables Haus, italienisches Restaurant. **Alexander Inn**, 2th and Spruce Streets, Philadelphia, Tel. 923-3535, www.alexanderinn.com. Frühstücksbuffet inklusive.

Baltimore (☎ 410)

$$$ **Harbor Court Hotel**, 550 Light St., Tel. 234-0550, Fax 659-5925, www.harborcourt.com. Renommiertes Nobelhotel mit allen Annehmlichkeiten.

$$ **Henderson's Wharf**, Tel. 522-7777, Fax 522-7087, www.hendersonswharf.com. Mit dem Wassertaxi gelangt man von diesem Edelhotel zum Inner Harbor.

$ **Holiday Inn Inner Harbor**, 301 W Lombard St., Tel. 685-3500, www.holiday-inn.com. Zentral gelegen mit Innenpool und Fitness-Raum.

Eastern Shore

$$$ **Inn at Perry Cabin**, 308 Watkins Lane, St. Michaels, Tel. 410/745-2200, www.perrycabin.com Sehr elegantes Resorthotel von 1812.

$$ **Parsonage Inn**, 210 N Talbot St., St. Michaels, Tel. 410/745-8383,www.parsonage-inn.com. Viktorianisches Ziegelsteinhaus mit stilecht eingerichteten Zimmern, teils mit offenem Kamin, Gourmet-Frühstück inklusive. **Comfort Inn**, 8523 Ocean Gateway, Easton, am US 50, Tel. 410/820-8333, www.comfortinn.com. Motelkette mit ordentlichen Zimmern.

Annapolis

$$ **Courtyard by Marriott**, 2559 Riva Rd., Tel. 410/266-1555, www.marriott.com. Gut ausgestattetes Drei-Sterne-Hotel mit Restaurant und Cocktail Lounge. **Loews Annapolis**, 126 West St., Tel. 410/263-7777, www.loewsannapolis.com. Elegantes Hotel mitten im historischen Distrikt.

$ **Gibson's Lodgings**, 110 Prince George St., Annapolis, Tel. 410/268-5555, www.gibsonslodgings.com. B&B im historischen Stadtkern.

Washington, D.C. (☎ 202)

$$$ **Willard Inter-Continental**, 1401 Pennsylvania Ave., Tel. 628-9100, Fax 637-7326, http://washington.intercontinental.com. Nur wenige Schritte vom White House entfernte Nobelherberge.

Renaissance-Mayflower, 1127 Connecticut Ave., Tel. 347-3000, www. marriott.com, Grandhotel, Innenstadtlage, historisches Gebäude.

$$ **Hampton Inn**, 901 6th St. NW, Tel. 842.2500, http://hamptoninn.hilton.com. Mit Pool und kleinem Fitnessraum, Frühstücksbuffett, Valet-Parking. **Morrison Clark**, 1015 L Street, Tel. 898-1200, www.morrisonclark.com. Viktorianisches Hotel von 1864. **Melrose Hotel**, 2430 Pennsylvania Ave., Tel. 955-6400, www. melrosehotelwashingtondc.com. Charmantes Hotel, am Weg nach Georgetown gelegen.

$ **Embassy Inn**, 1627 16th St., beim Dupont Circle, Tel. 234-7800. Ruhig gelegenes Hotel mit eleganter Innenausstattung.

11 ENTLANG DER KÜSTE NACH SÜDEN

Richmond

$$$ **The Jefferson**, Franklin/Adams St., Tel. 804/788-8000, 1-800-424-8014, www.jeffersonhotel.com. Historisches Grand Hotel im Herzen von Richmond.

$$ **Linden Row Inn**, 100 E Franklin St., Tel. 804/783-7000, 1-800-348-7424, www.lindenrowinn.com. B&B im historischen Richmond.

$ **Econo Lodge**, 7300 W Broad St., Tel. 804/672-8621, www.econolodge.com.

Williamsburg

$$$ **Williamsburg Inn**, Francis St., Tel. 757/229-1000, www.colonialwilliamsburg.org. Preisgekröntes Hotel im historischen Zentrum.

$$ **Bentley Manor Inn**, 720 College Terrace, Tel. 757-253-0202,www.bentleymanorinn.com. Angenehmes B&B.

Anvil Campground, 5243 Mooretown Rd., Tel. 757/565-2300.

Outer Banks und Cape Fear

$$ **Anchorage Inn**, Ocracoke, Tel. 252/928-1101, www.theanchorageinn.com Motel mit eigener Marina. **Holiday Inn Express**, 3919 N Croatan Hwy., MP 4, Kitty Hawk, Tel. 252/261-4888, Fax 261-3387, www.hiexpress.com. Angenehmes Hotel mit freundlichen Zimmern.

$ **First Flight Inn**, 805 Virginia Dare Dr, Kill Devil Hills, Tel. 252/ 441-5007, Fax 441-9458. Klimatisierte Zimmer mit Satelliten-TV.

South Carolina und Charleston

Hotels aller Preiskategorien finden sich in Myrtle Beach, Mt. Pleasant, Hilton Head Island und rund um Charleston.

$$$ **John Rutledge House**, 116 Broad St., Charleston, Tel. 843/723-7999, Fax 720-2615, www.johnrutledgehouseinn.com. Das Haus wurde 1763 von einem Unterzeichner der US-Verfassung erbaut. Im Haupthaus und zwei Nebengebäuden befinden sich 19 sehr gediegen ausgestattete Gästezimmer.

Savannah

$$$ **Foley House Inn**, 14 West Hull St., Tel. 912/232-6622, Fax 232-1218, www.foley inn.com. Ein traumhaftes Interieur sorgt in diesem B&B für eine romantische Südstaatenatmosphäre.

$$ **River Street Inn**, 124 East Bay St., Tel. 912/234-6400, Fax 234-1478, www.riverstreet inn.com. Am Ufer des Savannah River gelegen übernachten die Gäste in altmodischen Himmelbetten und können von den Balkonen den Schiffen auf dem Fluss zusehen.

$ **Days Inn**, 201 W Bay St., Tel. 912/236-4440, www.innatellissquare.com. Günstig gelegen mit Pool, Fitnessraum, WIFI, Garage. Die Suiten haben Mikrowelle und Kühlschrank.

12 VON WASHINGTON, D.C. NACH ATLANTA

Shenandoah Valley

$$ **Big Meadows Lodge**, Tel. 540/999-2221, www.visitshenandoah.com. Rustikales Hotel in landschaftlich schöner Umgebung, direkt im Shenandoah Nationalpark. **The Iris Inn**, 191 Chinquapin Dr., Waynesboro, Tel. 540/943-1991, www.irisinn.com. Elegantes Bed & Breakfast. **Omni Charlottesville Hotel**, 235 West Main Street, Charlottesville, Tel. 434/971-5500, www.omnihotels.com. Innenstadtlage, in der Nähe von Monticello, sehr gutes Essen.

$ **Microtel Inn**, 200 Frontier Dr, Staunton, Tel. 540/887-0200. Einfaches, zweigeschossiges Motel mit 58 Zimmern.

⛺ Campingplätze im Shenandoah Nationalpark sind von Mai bis Oktober geöffnet in Mathews Arm, Big Meadows, Lewis Mountain sowie in Left Mountain. Camper müssen sich vorher anmelden, dies ist bis zu 6 Monate im Voraus möglich. Reservierungen unter Tel. 1-877-444-6777 oder online bei www.recreation.gov.

Blue Ridge Parkway

$$ **Beaufort House**, 61 N Liberty St, Asheville, Tel. 828/254-8334, www.beauforthouse.com. Reizvolles viktorianisches B&B mit Gourmet-Frühstück. **Cambria Suites**, 301 Reserve Ave., Roanoke, Tel. 540/400-6226, www.cambriasuites.com. Moderne Zimmer und Suiten, Pool, Fitness, Bar, Coffeeshop.

⛺ U. a. in Otter Creek, Peaks of Otter, Roanoke Mt, Rocky Knob and Mt. Pisgah.

Great Smoky Mountains

$$ **Holiday Inn Express**, 376 Painttown Rd., Cherokee, Tel. 828/497-3113, www.hiexpress.com. Nahe von von Casino und Restaurants. Große Zimmer, Pool, Frühstück inbegriffen. **Cataloochee Ranch**, Maggie Valley, Rt1, 3 Meilen nordöstl. an der US 19, Tel. 828/926-1401, www.cataloochee-ranch.com. Ranchähnliche Berghütten zur Vermietung.

$ **River's Edge Motel**, 1026 Tasli Blvd, Cherokee, Tel. 828/497-7995, www.riversedgecherokee.com. Angenehme Räume mit Kühlschrank und Kaffeemaschine, WIFI. Jedes Zimmer mit Balkon zum Fluss. Die einzige Unterkunft im Nationalpark ist das **LeConte Lodge**, Sevierville, Tel. 865/429-5704, www.leconte-lodge.com. Die Lodge ist von Ende März bis Mitte November geöffnet.

⛺ Campingplätze im Park: in Cades Cove, Elkmont und Smokemont. Weitere Informationen: Tel. 1-800-365-CAMP, www.nps.govgrsm

Atlanta

$$$ **The Ritz-Carlton Buckhead**, 3434 Peachtree Rd. NE, Tel. 404/237-2700, Fax 239-0078, www.ritzcarlton.com. Äußerst zuvorkommendes Personal; im Nobelviertel Buckhead. **Marriott Marquis**, 265 Peachtree Center Ave., Tel. 404/521-0000, Fax 586-6299, www.marriott.com. Nobeladresse mit 1675 Zimmern, Business Center und hauseigenem Restaurant.

$$ **Shellmont Inn**, 821 Piedmont Ave. NE, , Tel. 404/872-9290, Fax 872-5379, www.shellmont.com. Grandios ausgestattetes viktorianisches B&B von 1891 mit stilvollem Flair und breiten Veranden.

$ **Motel 6 Downtown**, 311 Courtland St., Tel. 404/659-4545, www.motel6.com. Schöne Zimmer mit WLAN in guter Lage, Parkplatz vorhanden.

13 FLORIDAS SÜDEN

Miami und Miami Beach (☎ 305)

$$$ **The Biltmore**, 1200 Anastasia Ave., Coral Gables, Tel. 445-1926, Fax 913-3110, www.biltmorehotel.com. Historisches Hotel mit

bester Küche. **Doral Golf Resort & Spa**, 4400 NW 87th Ave., Miami, Tel. 592-2000, www.doralresort.com. Golf- und Tennisresort.

$$ Courtyard Miami, 2649 S Bayshore Dr., Coconut Grove, Tel. 858-2500, www.marriott.com. Mit Pool, Fitness, Tennis, Restaurants in der Nähe. **Seville Beach**, 2901 Collins Ave., Miami Beach, Tel. 532-2511. Beachresort, neben normalen Räumen gibt es auch kleine Villen.

$ Deco Walk Hotel, 928 Ocean Dr., Miami Beach, Tel. 531-5511, www.decowalkhostel.com. Hostel in bester Lage für Party und Strand, preiswert, lebhaft! **Miami River Inn**, 118 SW South River Dr., Tel. 325-0045, Fax 325-9227, www.miamiriverinn.com. Historisches B&B.

Everglades

$$$ Ivey House, 107 Camellia St., Everglades City, Tel. 239/695-3299, http://iveyhouse.com. Schönes B&B.

CAMPING: Everglades Nationalpark, Long Pine Key Area Turnoff und Flamingo.

Florida Keys

$$$ Wyndham Casa Marina Resort, 1500 Reynolds St,. Key West, Tel. 305/296-3535, www.casamarinakeywest.com. Großzügige Anlage am Strand.

$$ Southernmost Hotel, 1319 Duval St., Key West, Tel. 305/296-6577, www.southernmostresorts.com. Schöne Zimmer, Pool, Strand und Tiki Bar. Ca. 10 Gehminuten vom Mallory Square entfernt.

$ Fairfield Inn, 2400 N Roosevelt Blvd., Key West, Tel. 305/296-5700, 1-800-228-2800, Fax 292-9840, www.fairfieldinnkeywest.com. Tropisches Ferienparadies mit Bar im polynesischen Stil am Außenpool.

St. Petersburg / Tampa

$$$ The Don Cesar, 3400 Gulf Blvd., St. Petersburg Beach, Tel. 727/360-1881, Fax 367-6952, www.doncesar.com. Pinkfarbenes Resort mit Spa und eigenem Strand.

$$ Quality Inn, 1020 S. Dale Mabry Hwy., Tampa, Tel. 813/254-3005, www.qualityinn.com. Ca. 5 km von Downtown entfernt mit sauberen Zimmern. **Howard Johnson Plaza**, 111 W. Fortune St., Tampa, Tel. 813/223-1351, Fax 221-2000, www.hojo.com. Großes Stadthotel in zentraler Lage. **Don Vicente de Ybor Historic Inn**, 1915 Republica de Cuba, Tampa, Tel. 813/241-4545, www.donvicenteinn.com. Boutiquehotel mitten im Entertainmentviertel.

14 FLORIDAS NORDEN

Orlando und Umland (☎ 407)

$$$ The Peabody, 9801 International Dr., Tel. 352-4000, Fax 351-0073, www.peabodyorlando.com. Berühmt für seine Enten, die täglich durch die Lobby marschieren. **Radisson Celebration**, 2900 Parkway Blvd., Kissimmee, Tel. 396-7000, www.radisson.com. Luxuriöses Hotel mit Pool inkl. Wasserfällen, Fitness-Studio und über 700 bequemen Gästezimmern.

$$ Lakeside Inn, 100 N Alexander St., Mount Dora, Tel. 1-800-556-5016, www.lakeside-inn.com. Die zahlreichen Hotels in Disney World sind zentral unter der Nummer 407/W-DISNEY (407/934-7639) oder bereits im Heimatland zu reservieren, wobei sich Paketangebote, in die der Eintritt in die Parks inbegriffen ist, lohnen.

$ Golden Link Motel, 4914 West Irlo Bronson HWY 192, Kissimmee, Tel. 396-0555, Motel mit Pool.

Daytona Beach (☎ 386)

$$ Plaza Resort & Spa, 600 N Atlantic Ave., Tel. 255-4471, Fax 253-7543, www.plazaresortandspa.com. Am Meer, mit großem Pool und vier Bars.

$ Comfort Inn & Suites, 730 N Atlantic Ave., Tel. 255-5491, Fax 904/252-7188, www.comfortinn.com. Kettenmotel mit ordentlichen Zimmern ohne großen Komfort.

St. Augustine (☎ 904)

$$$ Westcott House, 146 Avenida Menendez, Tel. 825-4602, www.westcotthouse.com. Elegantes B&B mit Blick auf die Bay.

$$ Ramada Inn Downtown, 116 San Marco Ave., Tel. 824-4352.

$ Monterey, 16 Avenida Menendez, Tel. 824-4482, www.themontereyinn.com. Günstig in der Altstadt gelegen.

Cape Canaveral
Viele Motels/Hotels in Cocoa and Titusville.

Jacksonville und Umgebung Amelia Island (☎ 904)
$$$ **Amelia Island Plantation**, 3000 First Coast Hwy., Tel. 261-6161, Fax 277-5945, www.aipfl.com Sehr schönes Resort mit vielen Sportmöglichkeiten.
$$ **Florida House Inn**, 22 S 3rd St., Amelia Island, Tel. 491-3322, www. floridahouse.com. Nettes B&B mit kleinem Pub und Garten.
$ **Hampton Inn**, 6135 Youngerman Circle, Jacksonville, Tel. 777-5313.

Tallahassee und Umgebung
$$ **Wakulla Springs Lodge**, 550 Wakulla Park Dr., Wakulla Springs, Tel. 850/421-2000, www.wakullaspringslodge.com. 20 Meilen südl. an FL 61. Gemütliche 27-Zimmer-Lodge mit Kamin in der Lobby.
$ **Cabot Lodge**, 1653 Raymond Diehl Rd., Tallahassee, Tel. 850/386-7500, www.cabotlodge.com. Gemütliches Motel der mittleren Preisklasse.

Panhandle / Golfküste
$$$ **Hard Rock Hotel & Casino**, 777 Beach Blvd., Biloxi, Tel. 228/374-7625, www.hardrockbiloxi.com. Schlafen, Essen, Schwimmen und Gamblen unter einem Dach.
$ **Comfort Suites**, 225 Richard Jackson Blvd., Tel. 850/249-1234, www.comfortsuites.com. Knapp 1 km zum Strand, Suiten mit Kühlschrank, Mikrowelle.

15 VON NEW ORLEANS NACH ST. LOUIS

New Orleans (☎ 504)
$$$ **Omni Royal Orleans**, 621 St. Louis St., Tel. 529-5333, Fax 529-7089, www.omnihotels.com. Komfortables Luxushotel im Herzen des French Quarter.
$$ **Hotel Ste. Hélène**, 508 Chartres St., Tel. 523-6777, www.frenchquarterhotelgroup.com. Ruhiges Haus, 16 Zimmer. **Harrah's**, 228 Poydras St., Tel. 533-6000, www.harrahsneworleans.com, Casinohotel mit Parkgarage, nahe beim French Quarter.
$ **Chateau Motor Hotel**, 1001 Chartres St., Tel. 524-9636, Fax 525-2989, www.chateauhotel.com. Wenige Blocks vom Jackson Square, mit Pool und Restaurant. **Bed & Breakfast**: über die Touristeninformation können Hotelzimmer und B&B reserviert werden, Tel. 566-5011, www.neworleanscvb.com/hotels/bbs-guest-houses.

Plantagen rund um New Orleans
Einige der im folgenden aufgelisteten Plantagen bieten auch Übernachtungsmöglichkeiten (B&B) an.
$$ **St. Francisville Inn**, 5720 Commerce, St. Francisville, Tel. 225/635-6502. www.stfrancisvilleinn.com.
PLANTAGEN: **Destrehan**, 9999 River Rd., Destrehan, Tel. 985/764-9315, www.destrehanplantation.org. **Houmas House**, 40136 Highway 942, Darrow, Tel. 225/473-9380, www.houmashouse.com. **Madewood**, 4250 Highway 308, Napoleonville, Tel. 985/369-7151, www.madewood.com. **Nottoway Plantation**, 160 West River Rd., White Castle, Tel. 225/545-2730, www.nottoway.com. **Oakley Plantation**, Audubon State Park, St. Francisville, Tel. 225/635-3739, www.oakalleyplantation.com, B&B in schönen Cottages. **Oak Alley Plantation**, 3645 LA 18, Vacherie, Tel. 225/265-2151. **Rosedown**, St. Francisville, Tel. 225/635-3332. **San Francisco**, Garyville, 2646 Hwy. 44, Tel. 985/535-2341, www.sanfranciscoplantation.org. **Laura Plantation**, Vacherie, 2247 Highway 18, Tel. 225/265-7690, www.lauraplantation.com.

Memphis
$$$ **The Peabody**, 149 Union Ave., Memphis, Tel. 901/529-4000, Fax 529-3600, www.peabodymemphis.com Grand Hotel in historischem Herrenhaus.
$$ **Elvis Presley's Heartbreak Hotel-Graceland**, 3677 Elvis Presley Blvd., Tel. 901/332-1000, www.elvis.com. Gegenüber Graceland und für Elvisfans das einzig Wahre. Honeymooners lieben die „Burning Love Suite". **Radisson Hotel**, 200 N 4th St., St. Louis, Tel. 314/621-8200, www.radisson.com
$ **Motel 6**, 2889 Austin Peay Hwy., Memphis, Tel. 901/386-0033.

Nelles Map
1:4,500,000
South America
The Andes
Nelles

Nelles Map
1:2,500,000
Brazil
Amazon
Nelles

Nelles Map
1:775,000
Cuba
Nelles

Nelles Map
1:2,500,000
Caribbean
Lesser Antilles
Nelles